集人文社科之思　刊专业学术之声

集 刊 名：日本文论

主办单位：中国社会科学院日本研究所

主　　编：杨伯江

执行主编：唐永亮

# COLLECTION OF JAPANESE STUDIES

## 2019年第2辑（总第2辑）

集刊序列号：PIJ-2019-365

中国集刊网：www.jikan.com.cn

集刊投约稿平台：www.iedol.cn

日本文论

COLLECTION OF JAPANESE STUDIES

2 2019
（总第2辑）

杨伯江 主编

社会科学文献出版社
SOCIAL SCIENCES ACADEMIC PRESS (CHINA)

# 目 录

# CONTENTS

《日本文论》（总第 2 辑）
第 1 ～ 19 页
© SSAP, 2019

# 复杂关系的开端时代：两汉三国时期的华夏帝国和亚帝国与东北亚诸邦<sup>*</sup>

## 时殷弘

**内容提要：**华夏帝国与东北亚诸邦的政治关系始于西汉武帝，始于他对卫满朝鲜代价高昂的征服。其后，东汉帝国与东夷之间的关系松散、起伏，而帝国有关政策的根本是"羁縻"。再后，华夏亚帝国——未能基本统一华夏的曹魏——在这一开端时代的末期明显加强了对东北亚区域的武力使用和外交，特别是毌丘俭远征和近乎击灭高句骊、加强始于东汉的与古代日本的正式交往关系。某种意义上特别重要的是，东汉初至曹魏末，伴随政治、外交和社会文化交往的增进，关于东北亚诸邦诸族的华夏知识显著丰富化，产生了华夏关于夫馀、挹娄、高句骊、沃沮、濊、韩（马韩、辰韩、弁韩）和倭的最早的"民族志"。基于本文涉及的和更广泛的史实，或可就传统的华夏或者说中华帝国的朝贡体系问题做一些与俗见不同的透视和谈论。

**关 键 词：**华夏帝国　东北亚　两汉　曹魏　华夏知识　朝贡体系

**作者简介：**时殷弘，中国人民大学国际关系学院教授，南京大学政府管理学院特任教授。

我们如今所说的东北亚，狭义上主要包括中国和西太平洋西北区域的朝鲜半岛、日本、俄罗斯以及在太平洋全境有巨大的权势存在和频繁干预的美

---

\* 本文所据史料不做特殊说明的，均出自：《史记》，中华书局，1959 年；《汉书》，中华书局，1967 年；《后汉书》，中华书局，2000 年；《三国志》，中华书局，1982 年。

国。从现当代至庶可预见的未来很长一段时间，对中国而言，狭义的东北亚地区大抵上一直是最紧要的区域之一，不仅是在地缘政治、国家安全和战略权力意义上，也颇大程度在地缘经济意义上。

这种情况总的来说与传统中国大为不同，毕竟受前现代的几乎所有最基本要素，尤其是地理和基本生产方式等要素影响，在大部分历史时期里，无论是华夏帝国，还是华夏亚帝国（即只统治大约半个或小半个华夏，但仍行使对华夏区域以外诸异族的统治权或者说宗主权的王朝国家），其面对的主要"蛮夷"是居于边疆内外两侧的大陆（特别是内陆），过着或游牧或农耕生活的人民。

华夏帝国或亚帝国与东北亚诸邦的交往源远流长、复杂多变，在大部分历史时期里有其不可替代的重要性，既体现在安全方面，也反映在维系帝国光荣、影响国内政治功能等方面。不仅如此，这一历史过程还具有明显的阶段性。其早期历史发端于西汉武帝时期，始于他征伐四方的大扩张过程中一次掉以轻心、代价沉重的冒险，即派遣两栖大军征服卫满朝鲜，由此开始了近两个世纪的对朝鲜半岛北部的统治。其后直至曹魏结束，华夏帝国和亚帝国与东北亚诸邦的复杂能动的关系延续不绝。它首先由东汉帝国与东夷之间松散和起伏的关系构成，根据其开创者、"方平诸夏，未遑外事"的光武帝的对外政策"总纲"，其根本特征是"羁縻之义，礼无不答"。在这一阶段的末期即三国割据时代，华夏亚帝国曹魏对东北亚诸邦进行了深度介入，明显改变了该地区的势力版图，并同古代日本建立了较之以往更为频繁的外交关系（虽然仍属于名义上的宗主权）。

某种意义上特别重要的是，东汉初至曹魏末，伴随政治、外交和社会文化交往的增进，关于东北亚诸邦诸族的华夏知识显著丰富化，产生了华夏关于夫馀、挹娄、高句骊、沃沮、濊、韩（马韩、辰韩、弁韩）和倭的最早的"民族志"（ethnology），而且对其中的多数来说，大概是它们自己可见的唯一最早的"民族志"。正是考虑到这段开端历史的重要性，本文对这一历史时期内的中国与东北亚区域诸邦互动过程中的重要事件逐一论述，进而就古代中华帝国的外交特征做一整体式概论。

# 一　西汉武帝对朝鲜国家的"皮洛士式"征服①

对中国而言，与朝鲜的关系复杂棘手。在汉代，两国关系通过战争而深化。公元前109年，汉帝国征服朝鲜，并将其并入一个颇为松散的、由几个郡构成的统治区域内，但在两个世纪后西晋王朝覆灭时为高句骊所获得。从国际关系史的角度看，这次征服行动中充斥着一系列可怕的外交失败和拙劣的军事行动，似乎从未取得任何真正的战略胜利，但开启了华夏帝国和亚帝国与东北亚地区在政治领域的互动历程。

在战国时代后期，朝鲜据说曾是燕王国的东北边郡。"朝鲜王满者，故燕人也。自始全燕时尝略属真番、朝鲜，为置吏，筑鄣塞。秦灭燕，属辽东外徼。汉兴，为其远难守，复修辽东故塞，至浿水为界，属燕。"这说明，自先秦至汉代伊始，朝鲜很可能是华夏帝国的一个联系松散的附庸国。此后，由于"燕王卢绾反，入匈奴，满亡命，聚党千余人，魋结蛮夷服而东走出塞，渡浿水，居秦故空地上下鄣，稍役属真番、朝鲜蛮夷及故燕、齐亡命者王之，都王险"，作为卫满朝鲜而独立。

在"宗主权"外观下，西汉帝国对新成立的朝鲜政权，有着充实边防的战略和外交期待。这种双边关系不仅大大强化了卫氏朝鲜国家的独立性，而且有利于它在半岛的扩张："会孝惠、高后时天下初定，辽东太守即约满为外臣，保塞外蛮夷，无使盗边；诸蛮夷君长欲入见天子，勿得禁止。以闻，上许之，以故满得兵威财物侵降其旁小邑，真番、临屯皆来服属，方数千里。"

到了颇负雄略的汉武帝时代，两国关系逐渐恶化。当时朝鲜政权"传子至孙右渠，所诱汉亡人滋多，又未尝入见"，拒不成为真正的或名义的附庸国。不仅如此，"真番旁众国欲上书见天子，又拥阏不通"，因而朝鲜成为击破匈奴之后，汉帝国的扩张之路在东北方向上的阻碍。元封二年（前109年），"汉使涉何谯谕右渠，终不肯奉诏"，朝鲜顽固蔑视帝国的态度表露无遗。结果，"何去至界上，临浿水，使御刺杀送何者朝鲜裨王长，即渡，驰入塞，遂归报天子曰'杀朝鲜将'"。帝国使节通过施行谋杀的方式，

---

①　本节援引的史料俱见于《史记》卷115《朝鲜列传》。

作为对上述蔑视的不体面的报复。汉武帝对涉何的作为并不反感，反而"为其名美，即不诘，拜何为辽东东部都尉"。谋杀者得到君主晋升而非惩罚，对独立的朝鲜国的敌视自然更上一层楼。结果"朝鲜怨何，发兵袭攻杀何"。谋杀导致攻袭，攻袭反过来又为帝国远征提供了发动理由。

武帝派遣大军，两栖作战征讨朝鲜。"其秋，遣楼船将军杨仆从齐浮渤海；兵五万人，左将军荀彘出辽东：讨右渠。"朝鲜进行了坚决有效的抵抗："右渠发兵距（据）险。左将军卒正多率辽东兵先纵（如后所述违合军之约，擅自先发兵攻袭——笔者注），败散，多还走，坐法斩。楼船将军将齐兵七千人先至王险。右渠城守，窥知楼船军少，即出城击楼船，楼船军败散走。将军杨仆失其众，遁山中十余日，稍求收散卒，复聚。左将军击朝鲜浿水西军，未能破自前。"征讨大军遭遇非常严重的挫折，几近惨败。

帝国行外交劝降，但也因为战时自然深嵌的强烈互疑而收效甚微。"天子为两将未有利，乃使卫山因兵威往谕右渠。右渠见使者顿首谢：'愿降，恐两将诈杀臣；今见信节，请服降。'遣太子入谢，献马五千匹，及馈军粮。人众万余，持兵，方渡浿水，使者及左将军疑其为变，谓太子已服降，宜命人毋持兵。太子亦疑使者左将军诈杀之，遂不渡浿水，复引归。山还报天子，天子诛山。"

之后，汉军在王险城下展开了一场旷日持久的围城战："左将军破浿水上军，乃前，至城下，围其西北。楼船亦往会，居城南。右渠遂坚守城，数月未能下。"

伴随着军事上的一筹莫展，两位帝国指挥将领及其各自麾下大军之间也渐生龃龉，不仅完全互不协调，而且事实上彼此暗中损害："左将军素侍中，幸，将燕代卒，悍，乘胜，军多骄。楼船将齐卒，入海，固已多败亡；其先与右渠战，因辱亡卒，卒皆恐，将心惭，其围右渠，常持和节。左将军急击之，朝鲜大臣乃阴间使人私约降楼船，往来言，尚未肯决。左将军数与楼船期战，楼船欲急就其约，不会；左将军亦使人求间郤降下朝鲜，朝鲜不肯，心附楼船：以故两将不相能。左将军心意楼船前有失军罪，今与朝鲜私善而又不降，疑其有反计，未敢发。"

不仅如此，这种龃龉还从军中扩散到军政层面，进一步起了互相拆台的效果："天子曰将率（帅）不能，前使卫山谕降右渠，右渠遣太子，山使不能剸决，与左将军计相误，卒沮约。今两将围城，又乖异，以故久不决。"

至最后，内斗逐步升级，最终以阴谋和血腥收场："使济南太守公孙遂往之，有便宜得以从事。遂至，左将军曰：'朝鲜当下久矣，不下者有状。'言楼船数朝不会，具以素所意告遂，曰：'今如此不取，恐为大害，非独楼船，又且与朝鲜共灭吾军。'遂亦以为然，而以节召楼船将军入左将军营计事，即命左将军麾下执捕楼船将军，并其军，以报天子。天子诛遂。"

幸亏，汉帝国对手的抵抗意志终告瓦解。大军压境之下，敌方阵营内"叛徒"发起的内斗和弑君拯救了这场远征："左将军已并两军，即急击朝鲜。朝鲜相路人、相韩阴、尼谿相参、将军王唊相与谋曰：'始欲降楼船，楼船今执，独左将军并将，战益急，恐不能与，王又不肯降。'阴、唊、路人皆亡降汉。路人道死。元封三年（前108年）夏，尼谿相参乃使人杀朝鲜王右渠来降。王险城未下，故右渠之大臣成巳又反，复攻吏。左将军使右渠子长降、相路人之子最告谕其民，诛成巳，以故遂定朝鲜，为四郡。"最终，汉帝国实现了征服的目的。这场代价巨大的征战的最终结果是，朝鲜被并入一个颇为松散的、由几个郡构成的统治区域。

令人唏嘘，整个征伐期间不但全无真正的军事和外交成功，亦无留名的英雄。涉事将领几无善终："左将军徵至，坐争功相嫉，乖计，弃市。楼船将军亦坐兵至洌口，当待左将军，擅先纵，失亡多，当诛，赎为庶人。"正如司马迁总结的那样，"两军俱辱，将率莫侯矣"。

# 二 "羁縻之义"：东汉帝国与东夷之间
## 松散和起伏的关系①

"陈涉起兵，天下崩溃，燕人卫满避地朝鲜"，从此朝鲜国家开始出现在华夏视野中。之后，"因王其国。百有余岁"，汉武帝经过一番"皮洛士式"征服而征服之。此后，东北亚诸邦即"东夷"始通上京。尽管王莽篡位使边疆一度陷入动荡，但东汉帝国建立后，"建武（光武帝年号，25～56年）之初，复来朝贡"。可以看出，华夏帝国的相对国际权势，是由华夏的内部基本形势决定的。整个东汉一朝，"濊（huì）、貊、倭、韩，万里朝献，故章、和已（以）后，使聘流通。逮永初（安帝年号，107～113年）

---

① 本节援引的史料除一项外，俱见于《后汉书》卷85《东夷列传》。

多难，始入寇钞；桓、灵失政，渐滋曼焉"。

东汉时期，关于东北亚区域的华夏知识体系在以下三方面被大大丰富化了：一是广义的朝鲜（Chosun）（包括当时地理位置纵联当今中国东北和朝鲜半岛的高句骊），二是古代东北诸族，三是日本。比较几个世纪前的《史记·朝鲜列传》（《汉书·朝鲜传》大致是其复制）就能看出，就前两项而言这种丰富化何等明显。通过梳理这些愈益丰富的史料，可试着对这一时段华夏帝国与东北亚诸邦的关系分类略做评论。

### （一）夫馀和挹娄

夫馀国"在玄菟北千里。南与高句骊，东与挹娄，西与鲜卑接，北有弱水。地方二千里，本濊地也"。按今日的地理概念来说，该民族的主要活动区域在松花江上游平原。东汉建立初期，夫馀就出现在华夏帝国的视野内："建武中，东夷诸国皆来献见。二十五年（49），夫馀王遣使奉贡，光武厚答报之，于是使命岁通。"然而，这种关系不稳定，在半个世纪多的时间里作为一个驯顺的附庸后，"至安帝永初五年（111），夫馀王始将步骑七八千人寇抄乐浪，杀伤吏民，后复归附"。由此，夫馀面对东汉时叛时附。"永宁元年（120，安帝时），乃遣嗣子尉仇台诣阙贡献，天子赐尉仇台印绶金彩。顺帝永和元年（136），其王来朝京师，帝作黄门鼓吹、角抵戏以遣之。桓帝延熹四年（161），遣使朝贺贡献。永康元年（167，桓帝时），王夫台将二万余人寇玄菟，玄菟太守公孙域击破之，斩首千余级。至灵帝熹平三年（174），复奉章贡献。夫馀本属玄菟，献帝时，其王求属辽东云。"如此，关系始终难以稳定。

在《后汉书》中，挹娄对华夏帝国而言，似乎更不值得一提。一句"法俗最无纲纪者也"表明，在华夏知识体系眼中，这个比夫馀更东北的族裔，较之夫馀更为原始和野蛮，甚至连一丝一毫的"前近代性"都没有。

### （二）高句骊

直至今日，对这个曾存在 8 个世纪之久的扩张主义王国的争议性讨论仍在持续。在民族主义视域下，人们在争议其历史的族裔/政治属性的同时，也为这个千年前的族落赋予了更多被提前设想的当代含义。

在东汉时期，高句骊这个国度还处于最早期发展阶段，与它权势顶峰时相比弱小得多。尽管如此，它与东汉帝国的关系已经颇不稳定，反叛、入侵、掳掠和反击时有发生。

华夏典籍对于高句骊的记载，可以被视作它在最早期阶段的"民族志"。首先是对其地理位置和地形的记录。"高句骊，在辽东之东千里，南与朝鲜、濊貊，东与沃沮（朝鲜半岛北部的部落；东沃沮大致位于今朝鲜咸镜道，北沃沮大致位于图们江流域——笔者注），北与夫馀接。地方二千里，多大山深谷，人随而为居。"其次，从国体制度看，它应是一个经济贫瘠的、部落性"国家主义"（statist）国度。"少田业，力作不足以自资，故其俗节于饮食，而好修宫室。东夷相传以为夫馀别种，故言语法则多同，而跪拜曳一脚，行步皆走。凡有五族，有消奴部、绝奴部、顺奴部、灌奴部、桂娄部。本消奴部为王，稍微弱，后桂娄部代之。其置官，有相加、对卢、沛者、古邹大加、主簿、优台、使者、帛衣先人。"在与"东夷"区域的其他某些部分一起被武帝征服后，高句骊在华夏帝国的行政秩序中处于较低等级。"武帝灭朝鲜，以高句骊为县，使属玄菟，赐鼓吹伎人。"在华夏儒家文化精英的眼中，这是一个有其淫俗、群歌和鬼神天地崇拜的异质文化的族裔："其俗淫，皆洁净自意，暮夜辄男女群聚为倡（唱）乐。好祠鬼神、社稷、零星（即灵星，主稼穑——笔者注），以十月祭天大会，名曰'东盟'。其国东有大穴，号檖（suì）神，亦以十月迎而祭之。其公会衣服皆锦绣，金银以自饰。大加、主簿皆著帻，如冠帻而无后；其小加著折风，形如弁（biàn）。"而且，奉行原始而残酷的"司法"惯例："无牢狱，有罪，诸加评议便杀之，没入妻子为奴婢。"家庭制度也颇为原始，不无准母系社会风貌："其昏（婚）姻皆就妇家，生子长大，然后将还，便稍营送终之具。金银财币尽于厚葬，积石为封，亦种松柏。"然而，考虑到他们后来强烈的扩张主义，最重要的应是他们凶猛好斗好掠的天性："其人性凶急，有气力，习战斗，好寇钞（抄），沃沮、东濊皆属焉。"

西汉之后，从肆开外衅的篡夺者王莽到东汉终结，高句骊与华夏帝国的关系始终处于一种颇不稳定的状态，具体表现为断断续续、周期式的反叛、入侵、掳掠和反击，然后归于短暂的和平。王莽代汉后，"发句骊兵以伐匈奴，其人不欲行，强迫遣之，皆亡出塞为寇盗。辽西大尹田谭追击，战死。莽令其将严尤击之，诱句骊侯驺入塞，斩之，传首长安。莽大说（悦），更名高句骊王为下句骊侯"。王莽的挑衅和盘剥，导致高句骊的反叛、入侵和掳掠必不可免，"寇边愈甚"。

东汉光武政权成立后拨乱反正，王莽的狂野政策被彻底扭转，并代之以"祭肜（róng）"等施行得更为行之有效的软实力外交方针，于是华夏与高句骊的关系复又平静。"建武八年（32），高句骊遣使朝贡，光武复其王号。二十三年冬，句骊蚕支落大加戴升等万余口诣乐浪内属。二十五年春，句骊寇右北平、渔阳、上谷、太原，而辽东太守祭肜以恩信招之，皆复款塞。"

两国的平稳关系持续了近半个世纪，但随东汉帝国由盛转衰，在"宫"——一位颇具侵略性同时又在战略上灵活或者说无常易变（"桀黠"）的国王——之下，高句骊对华夏帝国的威胁突然变得严重起来。从此，连同来自鲜卑的攻击，东北区域成了那个时代最受威胁的帝国边疆。"后句骊王宫生而开目能视，国人怀之，及长勇壮，数犯边境。和帝元兴元年（105）春，复入辽东，寇略（掠）六县，太守耿夔击破之，斩其渠帅。安帝永初五年（111），宫遣使贡献，求属玄菟。元初五年（118），复与濊貊寇玄菟，攻华丽城。"

面对很具谋略的宫及其子，华夏帝国付出了沉重的军事代价。"建光元年（121）春，幽州刺史冯焕、玄菟太守姚光、辽东太守蔡讽等，将兵出塞击之，捕斩濊貊渠帅，获兵马财物。宫乃遣嗣子遂成将二千余人逆光等，遣使诈降；光等信之，遂成因据险厄以遮大军，而潜遣三千人攻玄菟、辽东，焚城郭，杀伤二千余人。于是发广阳、渔阳、右北平、涿郡属国三千余骑同救之，而貊人已去。夏，复与辽东鲜卑八千余人攻辽队（亦作辽隧，县名，故址在今辽宁海城市一带——笔者注），杀略（掠）吏人。蔡讽等追击于新昌，战殁，功曹耿耗、兵曹掾龙端、兵马掾公孙酺以身扞讽，俱殁于阵，死者百余人。"在战争的危急时刻，夫馀这一当时华夏帝国的附属起了重要甚或决定性的战略作用，帮助帝国取得了一场关键胜利。"秋，宫遂率马韩、濊貊数千骑围玄菟。夫馀王遣子尉仇台将二万余人，与州郡并力讨破之。斩首五百余级"，并最终迫使"高句骊降"。

之后，高句骊掌权者换代，"是岁宫死，子遂成立"。在国家实力得到加强的基础上，华夏帝国改行方针，以充分的威严容纳已降的高句骊。"姚光上言欲因其丧发兵击之，议者皆以为可许。尚书陈忠曰：'宫前桀黠，光不能讨，死而击之，非义也。宜遣吊问，因责让前罪，赦不加诛，取其后善。'安帝从之。明年（122），遂成还汉生口，诣玄菟降。诏曰：'遂成等桀逆无状，当斩断菹醢（zūhǎi，酷刑——笔者注），以示百姓，幸会赦令，乞罪请降。鲜卑、濊貊连年寇钞，驱略（掠）小民，动以千数，而裁（才）送数十百人，非向化之心也。自今已（以）后，不与县官战斗而自以亲附送生口者，皆与赎直（值），缣人四十匹，小口半之。'"

这一政策取得了效果，等到"遂成死，子伯固立。其后濊貊率服，东垂少事。顺帝阳嘉元年（132），置玄菟郡屯田六部。质、桓之间，复犯辽东西安平，杀带方令，掠得乐浪太守妻子。建宁（灵帝年号）二年（169），玄菟太守耿临讨之，斩首数百级，伯固降服，乞属玄菟云"。困扰多年的高句骊边患总算暂告一段落。

## （三）沃沮（东沃沮、北沃沮）

沃沮同为东北朝鲜族民之地，在"高句骊盖马大山之东，东滨大海，北与挹娄、夫馀，南与濊貊接"。西汉武帝征服朝鲜后，"以沃沮地为玄菟郡。后为夷貊所侵，徙郡于高句骊西北，更以沃沮为县，属乐浪东部都尉"。至光武罢都尉官，后皆以封其渠帅，为沃沮侯。光武帝愿意接受帝国边疆威势的减弱，将先前的帝国"主权"改变为松弛的"宗主权"或者说仅在名义上的"宗主权"。随着东汉政权的战略收缩，沃沮也进行了外交转向。"其土迫小，介于大国之间，遂臣属句骊。句骊复置其中大人为使者，以相监领，责其租税，貂、布、鱼、盐、海中食物，发美女为婢妾焉。"这说明，当时沃沮的真正统治者是奉行盘剥性扩张主义的高句骊。

## （四）濊

濊位于朝鲜半岛东部，"濊北与高句骊、沃沮，南与辰韩接，东穷大海，西至乐浪。濊及沃沮、句骊，本皆朝鲜之地也"。华夏知识体系将其视为传奇中的"箕子朝鲜"，是一个早在传奇时代就已接受了华夏文明的"教化"与"靖安"、文化程度高于其他边疆化外之民的国度。"昔武王封箕子于朝鲜，箕子教以礼义田蚕，又制八条之教。其人终不相盗，无门户之闭。妇人贞信。饮食以笾豆。其后四十余世，至朝鲜侯准自称王。"濊民创造了他们自己的国家。以后，它被双族裔的卫满朝鲜兼并，华夏影响愈益具有决定性。"汉初大乱，燕、齐、赵人往避地者数万口，而燕人卫满击破准，而自王朝鲜，传国至孙右渠。元朔元年（前128年），濊君南闾等畔（叛）右渠，率二十八万口诣辽东内属，武帝以其地为苍海郡，数年乃罢。"

历史性转折出现在汉武帝治下，华夏帝国征服和兼并该地区，试图施行直接统治。"至元封三年（前126年），灭朝鲜，分置乐浪、临屯、玄菟、真番四郡。至昭帝始元五年（前82年），罢临屯、真番，以并乐浪、玄菟。玄菟复徙居句骊。自单单大领（岭）（即长白山——笔者注）已（以）东，沃沮、濊貊悉属乐浪。后以境土广远，复分领（岭）东七县，置乐浪东部都尉。自内属已（以）后，风俗稍薄，法禁亦浸多，至有六十余条。"

然而，这一直接统治维系的时间并不长。如前所述，东汉光武帝愿意接受帝国边疆威势大为减弱的现实，将先前的帝国"主权"改为一种松弛的"宗主权"，甚至是仅仅名义上的"宗主权"："建武六年（30），省都尉官，遂弃领（岭）东地，悉封其渠帅为县侯，皆岁时朝贺。"在光武帝的战略收缩之后，濊成为一个事实上独立的"邦联"。"无大君长，其官有侯、邑君、三老。耆旧自谓与句骊同种，言语法俗大抵相类。"

## （五）三韩

半岛南半部，族裔和文化上是独立的"近乎充分"的韩（Korean）。韩有三种："一曰马韩、二曰辰韩、三曰弁辰。马韩在西，有五十四国，其北与乐浪，南与倭接。辰韩在东，十有二国，其北与濊貊接。弁辰在辰韩之南，亦十有二国，其南亦与倭接。凡七十八国，伯济（百济）是其一国焉。大者万余户，小者数千家，各在山海间，地合方四千余里，东西以海为限，皆古之辰国也。马韩最大，共立其种为辰王，都目支国，尽王三韩之地。其诸国王先皆是马韩种人焉。"它们大都由当时较零碎的氏族社会构成，在"原始王国"马韩的大体仅名义上的统治之下。

马韩比辰韩和弁韩大得多，但远不如它们"文明"。"马韩人知田蚕，作绵布。出大栗如梨。有长尾鸡，尾长五尺。"令人印象最深的是其原始性："邑落杂居，亦无城郭。作土室，形如冢，开户在上。不知跪拜。无长幼男女之别。不贵金宝锦罽（jì，毛毡），不知骑乘牛马，唯重璎珠，以缀衣为饰，及县（悬）颈垂耳。大率皆魁头（不戴帽子）露紒（jiè，发结），布袍草履。其人壮勇，少年有筑室作力者，辄以绳贯脊皮，缒以大木，欢呼为健。"

辰韩比马韩先进得多，"有城栅屋室。诸小别邑，各有渠帅，大者名臣智，次有俭侧，次有樊秖，次有杀奚，次有邑借。土地肥美，宜五谷。知蚕桑，作缣布。乘驾牛马。嫁娶以礼。行者让路"。这种先进性的来源，大概是因为华夏移民。"辰韩，耆老自言秦之亡人，避苦役，适韩国，马韩割东界地与之。其名国为邦，弓为弧，贼为寇，行酒为行觞，相呼为徒，有似秦语，故或名之为秦韩。"

弁韩与辰韩较为相似，且常杂居在一起，"城郭衣服皆同，言语风俗有异"。文明程度也较高，"其人形皆长大，美发，衣服洁清。而刑法严峻。其国近倭，故颇有文身者"。

三韩部落，特别是马韩人，一度被卫满朝鲜对半岛的征服行动间接波及，但此后恢复了独立。"初，朝鲜王准为卫满所破，乃将其余众数千人走入海，攻马韩，破之，自立为韩王。准后灭绝，马韩人复自立为辰王。"之后，曾暂时臣属于东汉帝国（肯定是很松散地臣属），作为名义上的帝国领土和实质上的附庸而存在。"建武二十年（44），韩人廉斯人苏马諟（dì）等，诣乐浪贡献。光武封苏马諟为汉廉斯邑君，使属乐浪郡，四时朝谒。灵帝末，韩、濊并盛，郡县不能制，百姓苦乱，多流亡入韩者。"

## （六）倭

倭与华夏帝国的正式关系开始于光武帝统治末期。"建武中元二年（57），倭奴国奉贡朝贺，使人自称大夫……光武赐以印绶。"这是典型的东汉帝国外交，满足于名义上的"宗主权"。当然，也可能是基于这样一种心理，即帝国为向国内听众宣扬国威而将一种单纯的双边接触予以夸大。不过，双方确实存在进一步的真实交往。"安帝永初元年（107），倭国王帅升等献生口百六十人，愿请见。"直到"桓、灵间，倭国大乱，更相攻伐，历年无主。有一女子名曰卑弥呼（即邪马台国女主），年长不嫁，事鬼神道，能以妖惑众，于是共立为王"。这或许是中国历史编纂中关于古代日本的首项相对详细的记述，也是倭与华夏帝国和亚帝国的正式关系的开端。

## （七）州胡国

州胡（济州），是当时一个很原始的部落："马韩之西，海岛上有州胡国。其人短小，髡头，衣韦衣，有上无下。好养牛豕。乘船往来，货市韩中。"晚至中国唐代，他们仍无多大发展。《新唐书·流鬼传》记其古代民俗："俗朴陋，衣大豕皮；夏居革屋，冬窟室。地生五谷，耕不知用牛，以铁齿耙土。"①

## 三 华夏亚帝国曹魏对东北亚区域的武力进击和外交②

汉末三国时期，大一统政权瓦解，群雄割据，但作用于东北亚区域的华夏势力——无论是华夏地方军阀还是曹魏亚帝国政权——不减反增。在本文所说的开端时代的末期，华夏亚帝国对东北亚区域的影响长久而不可磨灭。

### （一）汉末三国割据时代的东北亚局势

汉末三国时代，与东北亚区域的代表性势力高句骊进行互动的主体是领有东北边疆的华夏独立军阀和曹魏。"宫死，子伯固立……灵帝建宁二年，玄菟太守耿临讨之，斩首虏数百级，伯固降，属辽东。"高句骊一度成为东北军阀的一个附庸，为其效命。"公孙度之雄海东也，伯固遣大加优居、主簿然人等助度击富山贼，破之。"

之后，高句骊国内发生分裂。高句骊王伯固死，长子拔奇和幼子伊夷模皆欲为王，结果国人共立伊夷模为王。"建安中，公孙康出军击之，破其国，焚烧邑落。"此时，拔奇因怨自己"为兄而不得立，与涓奴加各将下户三万余口诣康降，还住沸流水（大概即今辽宁浑江——笔者注）"，后往辽东，"降胡亦叛伊夷模"。伊夷模于是"更作新国"。这位合法国王建立的新高句骊国不甘于继续做附庸，向曹魏发动攻击，却惨败，"其后复击玄菟，玄菟与辽东合击，大破之"。

伊夷模死后，其国内涓灌奴部（部落名）"生子名位宫"，被立以为王。位宫"生堕地，亦能开目视人……有力勇，便鞍马，善猎射"，高句骊人在这位新王身上，看到其曾祖——那位在东汉帝国衰落时期有着强烈侵略性且灵活易变的国王宫——的影子。这使新高句骊与华夏曹魏王国的关系更具不确定性，双方的新一轮冲突在所难免。"景初（明帝年号）二年（238），太

---

① 《新唐书》卷 220《流鬼传》，中华书局，1975 年。
② 本节援引的史料俱见于《三国志·魏书·乌丸鲜卑东夷传》、《三国志·魏书·王毌丘诸葛邓锺传》和《后汉书·东夷列传》。

尉司马宣王（司马懿——笔者注）率众讨公孙渊，宫遣主簿大加将数千人助军。正始三年（242），宫寇西安平（今辽宁丹东九连城——笔者注），其五年（244），为幽州刺吏毌丘俭所破。语在俭传。"

### （二）曹魏亚帝国时期毌丘俭远征东北亚

"青龙（233～237年）中，帝图讨辽东，以俭有干策，徙为幽州刺史，加度辽将军，使持节，护乌丸校尉。"在作为边疆总督和军区司令调往东北后，毌丘俭245年前后对高句骊发动纵深进击，粉碎敌军并几乎摧毁该国。

毌丘俭往辽东赴任后，初期主要同当地割据势力公孙渊作战。"（俭）率幽州诸军至襄平，屯辽隧……公孙渊逆与俭战，不利，引还。"此后，曹魏遣太尉司马懿讨伐公孙渊，不仅毌丘俭随之出征，高句骊新王"宫遣主簿大加将数千人助军"。平定辽东后，俭"以功进封安邑侯，食邑三千九百户"。

然而，在失去共同的对手后，两国关系迅速走向激化。"正始（240～249年）中，俭以高句骊数侵叛，督诸军步骑万人出玄菟，从诸道讨之。句骊王宫将步骑二万人，进军沸流水（古水名，高句骊始祖朱蒙居于此，大概即今辽宁浑江——笔者注）上，大战梁口（今吉林通化市江口村，梁音渴——笔者注），宫连破走。俭遂束马县（悬）车，以登丸都（丸都山城，位于今吉林集安市区外 2.5 公里处，修建在起伏险峻的丸都山上，曾作为高句骊王都使用——笔者注）。"在攻占敌首都后，"屠句骊所都，斩获首虏以千数"。"宫单将妻子逃窜。俭引军还。"

245 年，毌丘俭又对高句骊发起第二次征伐，迫使高句骊王"宫遂奔买沟（今朝鲜咸北会宁——笔者注）。俭遣玄菟太守王颀（qí）追之，过沃沮千有余里，至肃慎氏南界（约在黑龙江伊春至俄罗斯符拉迪沃斯托克一线——笔者注），刻石纪功，刊丸都之山，铭不耐之城（今吉林集安市，高句骊都城——笔者注）"。此乃一个华夏王朝向东北亚区域纵深进击的最远的一次。

### （三）曹魏亚帝国介入东北亚诸邦的影响

东沃沮、北沃沮指的是东北朝鲜（Northeastern Chosun）人，受扩张主义的高句骊支配和盘剥。因此，他们有格外不幸的经历，即遭毌丘俭远征予以的毁伤。"毌丘俭讨句丽，句丽王宫奔沃沮，遂进师击之。沃沮邑落皆破之，斩获首虏三千余级，宫奔北沃沮……王顾别遣追讨宫，尽其东界。"

位于朝鲜半岛东部的濊，同样被毌丘俭击溃高句骊的附带效应波及。曹魏军队对高句骊的全境征讨，令这个高句骊的附庸国也饱尝曹魏的征伐并臣服："正始六年（245），乐浪太守刘茂、带方太守弓遵以领东濊属句丽，兴师伐之，不耐（濊人种落）侯等举邑降。其八年（247），诣阙朝贡，诏更拜不耐濊王。居处杂在民间，四时诣郡朝谒。二郡有军征赋调，供给役使，遇之如民。"

在朝鲜半岛分立和相对原始的三韩（马韩、辰韩、弁韩）部落政权，其政治独立性也因曹魏介入而被大致取消。"桓、灵之末，韩濊强盛，郡县不能制，民多流入韩国。建安中，公孙康分屯有县以南荒地为带方郡（治所在今朝鲜黄海北道——笔者注），遣公孙模、张敞等收集遗民，兴兵伐韩濊，旧民稍出，是后倭韩遂属带方。景初（237～239 年）中，明帝密遣带方太守刘昕、乐浪太守鲜于嗣越海定二郡，诸韩国臣智（韩人大部落长帅名称——笔者注）加赐邑君印绶，其次与邑长……部从事吴林以乐浪本统韩国，分割辰韩八国以与乐浪，吏译转有异同，臣智激韩忿，攻带方郡崎离营。时太守弓遵、乐浪太守刘茂兴兵伐之，遵战死，二郡遂灭韩。"

### （四）曹魏亚帝国对古代日本的外交及干预

如上所述，古代日本与华夏帝国的正式关系开始于光武帝统治末期，但华夏知识界对弥生时代的古代日本的首次较详细叙述（同时也可能称得上是中国关于日本的知识起源和大和民族最早的"民族志"），是由成书于西晋的《三国志》提供的。曹魏与古代日本之间形成的明显较为频繁的正式外交关系，应该为该书作者陈寿的撰写过程带来不少方便。

"倭人在带方东南大海之中，依山岛为国邑。旧百余国，汉时有朝见者，今使译所通三十国。从郡至倭，循海岸水行，历韩国，乍南乍东，到其北岸狗邪韩国（《魏志》作倭人传重，在今韩国金海市附近；《后汉书》作拘邪韩国——笔者注），七千余里，始度一海，千余里至对马国（今日本长崎县之对马岛——笔者注）。其大官曰卑狗，副曰卑奴母离。所居绝岛，方可四百余里，土地山险，多深林，道路如禽（擒）鹿径。有千余户，无良田，食海物自活，乖船南北市籴（dí）。又南渡一海千余里，名曰瀚海，至一大国，官亦曰卑狗，副曰卑奴母离。方可三百里，多竹木丛林，有三千许家，差有田地，耕田犹不足食，亦南北市籴。又渡一海，千余里至末卢国（即今日本佐贺县唐津市——笔者注），有四千余户，滨山海居，草木茂盛，行不见前人。好捕鱼鳆，水无深浅，皆沉没取之。东南陆行五百里，到伊都国（即今日本福冈县行桥市——笔者注），官曰尔支，副曰泄谟觚、柄渠觚。有千余户，世有王，皆统属女王国，郡使往来常所驻。东南至奴国百里，官曰兕马觚，副曰卑奴母离，有二万余户。东行至不弥国百里，官曰多模，副曰卑奴母离，有千余家。南至投马国，水行二十日，官曰弥弥，副曰弥弥那利，可五万余户。南至邪马台国，女王之所都，水行十日，陆行一月。官有伊支马，次曰弥马升，次曰弥马获支，次曰奴佳鞮，可七万余户。自女王国以北，其户数道里可得略载，其余旁国远绝，不可得详。次有斯马国，次有已百支国，次有伊邪国，次有都支国，次有弥奴国，次有好古都国，次有不呼国，次有姐奴国，次有对苏国，次有苏奴国，次有呼邑国，次有华奴苏奴国，次有鬼国，次有为吾国，次有鬼奴国，次有邪马国，次有躬臣国，次有巴利国，次有支惟国，次有乌奴国，次有奴国，此女王境界所尽。其南有狗奴国（《后汉书》作拘奴国——笔者注），男子为王，其官有狗古智卑狗，不属女王。自郡至女王国万二千余里。"

邪马台国是所有从东汉到 5 世纪《后汉书》成书时候华夏已知的日本诸国的霸主或"宗主"，对其的华夏记述自然较详。除上面的（"官有伊支马，次曰弥马升，次曰弥马获支，次曰奴佳鞮，可七万余户"）以外，还有："其国本亦以男子为王，住七八十年，倭国乱，相攻伐历年，乃共立一女子为王，名曰卑弥呼，事鬼道，能惑众，年已长大，无夫婿，有男弟佐治国。"这些史料不仅记载了邪马台国的地理风貌，也透露出其国家构造、政治属性、宗教面貌和在日本列岛上的"国际"地位——一个由女王卑弥呼为首的较原始的部落国家，同时也是 30 多个部落国的霸主或"宗主"。

曹魏与邪马台国的外交，首要目标仍是取得名义上的"宗主权"。"景初二年（238）六月，倭女王遣大夫难升米等诣郡，求诣天子朝献……其年十二月，诏书报倭女王曰：'制诏亲魏倭王卑弥呼：……汝所在逾远，乃遣使贡献，是汝之忠孝，我甚哀汝。今以汝为亲魏倭王，假金印紫绶，装封付带方太守假授汝。其绥抚种人，勉为孝顺。汝来使难升米、牛利涉远，道路勤劳，今以难升米为率善中郎将，牛利为率善校尉，假银印青绶，引见劳赐遣还。'"正始四年（243），"倭王复遣使大夫伊声耆、掖邪狗等八人……掖邪狗等壹拜率善中郎将印绶。其六年，诏赐倭难升米黄幢，付郡假授"。

　　然而，随着双边交往的相对发展，曹魏对古代日本更进一步采取了主动积极的外交行动。"倭女王卑弥呼与狗奴国男王卑弥弓呼素不和，遣倭载斯、乌越等诣郡说相攻击状。遣塞曹掾史张政等因赍诏书、黄幢，拜假难升米为檄告喻之。"之后倭国政权出现继承危机，曹魏使节进行了干预。"卑弥呼以（已）死……更立男王，国中不服，更相诛杀……复立卑弥呼宗女壹与……"作为帝国使节，"政等以檄告喻壹与，壹与遣倭大夫率善中郎将掖邪狗等二十人送政等还，因诣台，献上男女生口三十人，贡白珠五千，孔青大句珠二枚，异文杂锦二十匹"。曹魏对古代日本明显加强的外交行动，可能蕴含着在割据时代背景下，向华夏国内民众彰显其自身帝国合法性的动机。

# 结　语

　　华夏帝国和亚帝国与东北亚诸邦的政治关系始于西汉武帝，始于他征服卫满朝鲜，尽管这一过程以征伐大军几近惨败、劝降外交同样受挫为主要特征。其后，东汉帝国与东夷之间的关系松散、起伏，而帝国有关政策的根本是"羁縻"。再后，华夏亚帝国曹魏在这一复杂关系开端时代的末期明显加大了对这一区域的干预力度，特别是毌丘俭远征和近乎击灭高句骊，并且进一步加强始于东汉的对日外交（尽管其实质仍是希望取得大致名义上的"宗主权"，甚或只是单纯的外交）。不仅如此，通过《后汉书·东夷列传》和成书更早的《三国志·魏书·乌丸鲜卑东夷传》，我们似可认为，东汉初至曹魏末，随着东汉年间双方政治、外交和社会文化交往的增进，关于东北亚诸邦诸族的华夏知识显著丰富化。因而，这两个篇章也成了华夏关于夫馀、挹娄、高句骊、沃沮、濊、韩（马韩、辰韩、弁韩）和倭的最早的"民族志"，而且对其中的多数书写对象来说，这大概也是它们自己可见的最早的"民族志"。

　　通过对这一开端时代的评论总结，我们似可基于本文涉及的和更广泛的史实，就传统的华夏或者说中华帝国的对外关系做些较普遍、较宏观的谈论。华夏帝国的明显特征——朝贡体系——肇始于西汉宣帝甘露三年（前

52 年），其时经过宣帝的大规模远征打击、匈奴内部的大分裂和大冲突以及宣帝的协调/包容性外交，"匈奴呼韩邪单于稽侯狦来朝，赞谒称藩臣而不名。赐以玺绶、冠带、衣裳、安车、驷马、黄金、锦绣、缯絮"。① 同样，优势力量的行使或依凭这样的力量施加的实在或潜在威胁，加上至关重要的协调/包容性外交，导致上述"建武之初……辽东太守祭肜威詟北方，声行海表，于是濊、貊、倭、韩，万里朝献，故章、和已（以）后，使聘流通"。在此之前，虽有华夏帝国与"蛮夷"间的朝贡关系，却是前者对后者朝贡，即初汉高祖、吕后、文帝、景帝向匈奴帝国朝贡，以求弱者忍辱负重的和平。

无论如何，朝贡体系只是华夏或者说中华帝国对外关系体系的一部分，它们与帝国间的对抗和冲突并存。例如，汉武帝和唐太宗时，有对朝鲜、南越、西南夷等的经帝国征服得来的统治或宗主控制，但对北方强蛮——最强劲、最危险的外部力量——不存在同类关系。顺便提一下，附庸国有时可发挥的一大功用，是被用作帝国对付外部强蛮的战略/军事辅助，例如前述 121 年高句骊王"宫遂率马韩、濊貊数千骑围玄菟。夫馀王遣子尉仇台将二万余人，与州郡并力讨破之。斩首五百余级"。不仅如此，中国历史上存在"分裂的时代"，这样的时代反复出现，且往往漫长甚而非常持久，其间大致不存在中华帝国及其朝贡体系。朝贡体系只真正存在于它的四个典型时代：一是西汉在近乎永久性地将北匈奴驱至远西之后，二是唐初至唐中期，在将北方和西方的蛮族驱至远西或予以宗主式征服之后，三是元帝国，四是全盛时代的清帝国（即康熙年间至鸦片战争爆发）。

粗略地说，传统的华夏或者说中华帝国的对外战略主要有四大形态："羁縻"、"怀柔"、干预和征伐。"羁縻"被中国历来最佳的对外战略论文之一——班固《汉书·匈奴传》末长篇评论称作"圣王制御蛮夷之常道"，即"外而不内，疏而不戚，政教不及其人，正朔不加其国；来则惩而御之，去则备而守之。其慕义而贡献，则接之以礼让，羁縻不绝，使曲在彼"。② 这颇有道理。前面的史录就记述了光武帝对高句骊的"羁縻"政策，即

① 《汉书·宣帝纪》。
② 《汉书·匈奴传》。

"建武八年（32），高句骊遣使朝贡，光武复其王号……二十五年春，句骊寇右北平、渔阳、上谷、太原，而辽东太守祭肜以恩信招之，皆复款塞"。"羁縻"首先注重成本和风险的最小化，同时高度警觉意中得益所包含的虚幻成分。再有"怀柔"，往往有其华夏或者说中华版本的偏颇性，因为己方自觉的"柔"不一定被彼方亦认作"柔"，而且它往往是暂时而非经久的。它有时出自"绥靖"的需要，反过来又被用来辩护"绥靖"。干预一般基于帝国对附庸的实力优势及威望优势，旨在从帝国的利益出发，塑造附庸国内部的政治秩序，无论是维护还是改造，连同塑造附庸国与外部强蛮之间或不同附庸国互相之间的关系。至于征伐，在此要说的只是在真正的朝贡体制存在时，它大致为施行惩罚的"警察行动"，其代价往往高昂，有时高到综合而论得不偿失的地步，从而令人怀疑其原初的必要性。

还要指出的是，朝贡体系在世界史上广泛存在，并非东亚和中国特有。帝国是人类最悠久的政治实体形态之一，作为帝国的常有维度之一的朝贡体系也是如此，不管它被称作什么。它以不同的具体方式，可见于居鲁士创始的阿契美尼亚波斯帝国、古典希腊世界的雅典帝国、罗马帝国初中期、某种意义上的神圣罗马帝国（最松散的和几乎仅仅是名义上的）、印度莫卧儿帝国、19 世纪埃及的阿里面对的奥斯曼帝国等。

最后，还需讨论朝贡体系或"华夷体系"的视点和相对性问题，华夏人或者说中国人从帝国中心看问题，与有关"蛮夷"在那些拥有内政和外交自治权甚或实际"主权"的朝贡国看问题，图景往往大为两样。例如，后者大概包括上述 49 年在"寇右北平、渔阳、上谷、太原"之后接受祭肜"恩信"而"皆复款塞"的高句骊酋首，还有上述 236 年"求诣天子朝献"和被授予"亲魏倭王，假金印紫绶"的倭女王卑弥呼。换言之，对朝贡体系乃至帝国/附庸关系的全面和精当的考察要求多维度而非单维度的视野，要求多国的而非单独一国的史料收集和审阅，而在只有单独一国的书写史料存在的场合，需要尽可能地以多国的考古类史料甚至妥当的想象力予以补充。

（审校：孟明铭）

# The Beginning of An Era of Complicated Relations:
# The Chinese Empire, Sub-empires and the
# Northeast Asian States in the Periods of
# Han Dynasties and Three Kingdoms

*Shi Yinhong*

**Abstract**: The political relations between the Chinese empire and the Northeast Asian states started with Emperor Wu of the West Han dynasty, with his costly conquest of Weiman Chosun. Then, there were the relations between the East Han empire and so-called Barbaroi, being loose and fluctuant, with jimi (slack control) as the essence of the related imperial policy. What followed was that toward the end of this inaugural ear, a Chinese sub-empire, the Kingdom of Wei which did not unify the Chinese country as a whole, remarkably intensified use of force and diplomacy toward the Northeast Asian region, especially in General Guanqiu Jian's expedition against Goguryeo and almost destroy it, together with the intensifying the formal diplomatic intercourse with the ancient Japan. What is particularly important in a sense is that from early East Han toward the end of the Kingdom of Wei and accompanied with the increasing intercourse in political, diplomatic, and social-cultural sense, the Chinese knowledge on the Northeast Asian states and peoples enriched remarkably, producing the earliest "ethnologies" made by the Chinese about various Barbaroi, i. e., Puyo, Yilou, Goguryeo, Woju, Hui, Korean (Mahan, Chinhan, and Bianhan confederacies) and Wakoku (Japan). Some unconventional examination and discussion could be made, about the traditional tributary system of the Imperial China, based on the historical facts touched in that article and beyond.

**Keywords**: The Chinese Empire; Northeast Asia; Han Dynasties; Kingdom of Wei; The Chinese Knowledge; Tributary System

《日本文论》（总第 2 辑）
第 20 ~ 59 页
© SSAP，2019

# 中日文化交流中的道文化东传问题（下）

蒋立峰

**内容提要：** 中国道文化东传问题是中日文化交流史研究中的一项重要专题。本文梳理多方面的历史资料及考古成果，对中国道文化东传日本的时间、规模及影响等问题提出了独到的见解。本文上篇以《日本国见在书目录》为分析基点，认为中国道文化东传日本，在日本弥生时代至平安时代，其规模之盛，超过儒文化、释文化在日本的传播，对古代日本政治和社会发展的影响，也绝不在儒文化、释文化的影响之下。"日本六国史"的翔实记录充分反映出这一点。本文下篇则从道文化中的四神兽特殊作用和日本天皇的饮食起居两个方面来分析中国道文化对古代日本统治集团的影响是何等深刻、全面。本文的重点是中国道文化东传与日本神道的形成和发展的关系问题。日本神道的形成与发展，绝不仅仅是"借用"词汇这么简单。丰富多彩的史料证明，中国道文化东传对日本神道的形成和发展具有决定性意义。可以说，没有中国道文化的东传，就没有日本神道。当然，日本有识集团对于东传的中国道文化，并没有刻板照搬，而是充分吸收了中国道文化的营养，结合日本的国情及现实需要进行改造、创新，从而形成既保持传统又独具特色的日本宗教——神道，这也是不容否认的。

**关 键 词：** 道文化 道教 东传日本 天皇 神道 四神兽

**作者简介：** 蒋立峰，中国社会科学院日本研究所研究员。

## 四 关于四神兽和壁画墓

前记大宝元年（701）文武天皇的元旦朝贺（贺正）仪式中，"天皇御太极殿受朝，其仪，于正门树乌形幢，左日像、青龙、朱雀幡，右月像、玄武、白虎幡"。此所谓青龙、朱雀、玄武、白虎幡即在四面幡旗上分别画有青龙、朱雀、玄武、白虎"四神兽"的图形，亦称为"四神旗"。

关于四神兽，早在距今 6500 年前的"中华龙乡"濮阳的西水坡墓葬群中已发现墓主坑两侧有用蚌壳堆摆出的龙虎图。在殷墟出土的约 3500 年前的甲骨文字中，龙、虎、雀、龟的字体形象生动逼真。相传 3000 年前周公旦著《周礼》，其中《春官·宗伯·司常》则规定司常"掌九旗之物名，各有属，以待国事。日月为常，交龙为旂……熊虎为旗，鸟隼为旟，龟蛇为旐"①，各类活动用旗不得错乱。而公元前 239 年前后完成的《吕氏春秋》是先秦时期黄老道家的重要著作，《孟春纪》记曰："天子居青阳左个，乘鸾辂，驾苍龙，载青旂，衣青衣，服青玉……"② 也出现了关于青龙旗的记录。西汉刘安著道家集大成之书《淮南子》，其中讲述星宿崇拜及阴阳律历的《天文训》记曰：东方其兽苍龙，南方其兽朱鸟，中央其兽黄龙，西方其兽白虎，北方其兽玄武。"天神之贵者，莫贵于青龙。"③ 西汉戴圣编著、记载先秦礼制的《礼记》，其中《曲礼上第一》记曰："行，前朱鸟而后玄武，左青龙而右白虎，招摇在上，急缮其怒。进退有度，左右有局，各司其局。"④ 东汉郑玄作注后，《礼记》地位日升，至唐代时被尊为"经"。孔颖达又在《尚书正义》中解释道："是天星有龙虎鸟龟之形也。四方皆有七宿，各成一形。东方成龙形，西方成虎形，皆南首而北尾；南方成鸟形，北方成龟形，皆西首而东尾。"⑤ 其促进了四神兽说的进一步传播。

至于四神兽的实际作用，东汉道教兴起后，将青龙、白虎、朱雀、玄武纳入其神系，作为护卫之神，道士行法，便有四象（神）护卫。东晋葛洪《抱朴子·杂应》称：《仙经》描绘太上老君出行时，"从黄童百二十人，左有十二青龙，右有二十六白虎，前有二十四朱雀，后有七十二元玄武。前道十二穷奇，后从三十六辟邪，雷电在上，晃晃昱昱。此事出于《仙经》中

---

① 旂、旗、旟、旐为种类、式样各异之旗帜。参见《周礼》，《四部备要》（第 1 册），中华书局，1989 年，第 172 页。
② 《吕氏春秋》，《四部备要》（第 53 册），第 9 页。
③ 《淮南子》，《四部备要》（第 54 册），第 24、30 页。
④ 《礼记》，《四部备要》（第 1 册），第 8 页。
⑤ 《尚书注疏》，《四部备要》（第 3 册），第 17 页。

也"。① 太上老君出行由众多四神护卫，真是威风八面，气派十足。汉魏间《三辅黄图》卷三《未央宫承明殿》称："苍龙、白虎、朱雀、玄武，天之四灵，以正四方，王者制宫阙殿阁取法焉。"② 东晋郭璞在《葬书》中将四神兽结合到葬式中，称："经（《汉青乌子葬经》）曰：地有四势，气从八方。""夫葬以左为青龙，右为白虎，前为朱雀，后为玄武。玄武垂头，朱雀翔舞，青龙蜿蜒，白虎驯俯。形势反此，法当破死。"③ 显然，隋唐之前四神兽早已定型，据《隋书·礼仪志五》记："凡旗，太常画三辰（日月五星），旃画青龙（皇帝升龙，诸侯交龙），旗画朱雀，旌画黄麟，旗画白兽，旐画玄武，皆加云……司常掌旗物之藏，通帛之旗六，以供郊丘之祀……一曰三辰之常，二曰青龙之旃，三曰朱鸟之旗，四曰黄麟之旌，五曰白兽之旗，六曰玄武之旐……玉辂、青质，以玉饰诸末，重箱盘舆，左青龙，右白虎……"④ 可见，四神兽在天上、人间、地下的作用已固定，并成为道文化的重要象征性存在。

　　虽然在"日本六国史"及其他史书中，关于贺正仪式中使用四神旗的记录仅此一例，但在 821 年右大臣藤原冬嗣等编撰的规定朝廷各类仪式的《内里式》中有明确记载："元正受群臣朝贺式：……又当殿中阶南去十五丈四尺，树铜乌幢，东树日像幢，次朱雀旗，次青龙旗（此旗当殿东头楹，玄武旗当西头楹）；铜乌幢西树月像幢，次白虎旗，次玄武旗（相去各二丈许，与苍龙、白虎两楼南端楹平头）。"⑤ 据此一般认为，7 世纪后期天武朝改革中制定的《飞鸟净御原律令》可能已对朝廷仪式做出规范，至 701 年的《大宝律令》，其规定更加成文化。而《内里式》则是这些已遗佚条文的记录。故可认定，701 年之后的贺正仪式均在使用四神旗，只因内容相同而略之未记而已。另外，10 世纪初的《延喜式》是平安时代中期各项律令制度实施细则的总汇，《延喜式》将贺正、天皇即位、大尝祭同视为"大仪"，称践祚、大尝祭时"诸卫立仗，诸司陈威仪物，如元日仪"，兵库寮"凡元

---

① 《抱朴子》，《四部备要》（第 55 册），第 56 页。
② 《三辅黄图》，《景印文渊阁（钦定）四库全书》（第 468 册），台湾商务印书馆，1986 年，第 14 页。
③ 郭璞：《葬书》，《景印文渊阁（钦定）四库全书》（第 808 册），第 34、29 页。
④ 《隋书》，上海古籍出版社，1986 年，第 3274 页。
⑤ 塙保己一编『群書類従』（第五輯）、経済雑誌社、1898 年、再刻版、第七十九卷、2 頁。

日及即位构建宝幢等者……待官符到，寮与木工寮共建幢柱管于大极殿前庭龙尾道上。前一日，率内匠寮工一人、鼓吹户卅人，构建宝幢。从殿中阶南去十五丈四尺，建乌像幢，左日像幢，次朱雀旗，次青龙旗（此旗当殿东头楹，玄武旗当西头楹）；右月像幢，次白虎旗，次玄武旗（相去各二丈许，与苍龙、白虎两楼南端楹平头）"。① 作为佐证，有文安元年（1444）藤原先忠绘制的《文安御即位调度（图）》，该图卷详细描绘出天皇即位时陈列的全部仪仗，其中铜乌幢、月像幢、日像幢和四神旗居核心部位。铜乌幢为"莲花座其上立（铜）乌，开翼延颈……乌有足三"；月像幢之"月形中有桂树、蟾蜍、兔等形，兔在左"；日像幢之"日（形）中有赤乌"。② 另有 1842 年林政实绘编的《御即位图抄》，记录了享保二十年（1735）樱町天皇的即位大礼，其仪仗形式一如千余年前所记："紫宸殿南阶十一丈许南之方庭上，乌形日月像四神等七本之幢并立，此幢（乌形幢）立其中央，台上立金铜之乌；日像幢立铜乌幢之东，上有涂金漆圆板，画三足乌；月像幢立铜乌幢之西，上有涂银漆圆板，画有银兔、蟾蜍、月桂树及琉璃色臼；（次为）龙像纛，东方为赤色缯画金色龙，西方为黄色缯画青龙；四神像，青龙、朱雀并立日像幢东，白虎、玄武并立月像幢西，白缯上画四神像。"③ 此后，文化十四年（1817）仁孝天皇即位，弘化三年（1846）孝明天皇即位，其仪仗形式日月像及四神旗等仍一如既往。至明治天皇即位，其仪仗则取消了四神旗，改为在大殿南"中阶南去十一丈四尺"立大幣旗，大幣旗东西分立日幣旗、月幣旗，及各两面御前幣，中庭东西分立左幣旗、右幣旗各五面。④ 1909 年明治政府制定《登极令》，在即位仪式中保留了日像纛、月像纛，新设了八咫乌大锦幡和灵鹇大锦幡，以及大小各色菊花旗和万岁旗，正式取消了四神旗。但是，时至今日，天皇即位时也会登上高御座宣读

---

① 皇典研究所·全国神職会校訂『延喜式』、大岡山書店、1929 年、上卷、207 頁、下卷、1379 頁。
② 『文安御即位調度』、早稲田大学図書館蔵本、http：//archive. wul. waseda. ac. jp/kosho/wa03/wa03_ 06749/wa03_ 06749. pdf［2019 - 01 - 06］。
③ 林政実絵編『御即位図抄』、東京国立博物館蔵本、https：//webarchives. tnmi. jp/dlib/detail/2584［2019 - 03 - 06］。
④ 日本国立公文書館蔵电子资料《戊辰御即位杂记付图》，其中包括《弘化度御即位庭上图》《文化度御即位庭上图》。参见『戊辰御即位雑記付図』、https：//www. digital. archives. go. jp/DAS/pickup/view/category/categoryArchives/0600000000/default/01［2019 - 02 - 06］。

即位诏书并接受朝拜，而此高御座基座上的绘图始终没有变化。日本学者所功认为此绘图是凤凰和麒麟，但如果将此绘图与《文安御即位调度图》中的四神兽图形相比较，似认定其为龙虎雀图更为准确。再者，今日京都御所紫宸殿在高御座后仍立有九扇"圣贤障子"，即画有中国三代至唐代的圣人名臣图像的隔断，其中间一扇隔断上画的是背驮圣贤书的乌龟，似与前方的龙虎雀图相配，有暗合四神兽之意。

关于天皇行贺正、即位大礼的服装，据《日本纪略》嵯峨天皇弘仁十一年（820）二月二日条记："诏曰：云云。其朕大小诸神事及季冬奉币诸陵，则用帛衣；元正受朝则用衮冕十二章；朔日受朝，同听政；受蕃国史，奉币及大小诸会，则用黄栌染衣。皇后以帛衣为助祭之服，以□衣为元正受朝之服，以钿钗礼衣为大小诸会之服。皇太子从祀及元正朝贺，可服衮冕九章；朔望入朝，元正受群官若宫臣贺，及大小诸会，可服黄丹衣；并常所服者，不拘此例。"① 日本学界认为，这是日本天皇朝廷以诏书的形式对天皇及各级官员穿着唐式服装的正式明确的规定。此处所提"衮冕十二章"，当然源自中国。《周礼》中《春官·宗伯·司服》记曰："司服掌王之吉凶衣服，辨其名物与其用事。王之吉服，祀昊天、上帝，则服大裘而冕，祀五帝亦如之，享先王则衮冕……"② 此后因大裘过于复杂烦琐而渐略之，衮冕成为皇帝出临重大仪式的主打服装。但《周礼》本身并没有记载十二章之制。十二章纹的最早且全面的记载出自约公元前5世纪成书的《尚书·益稷》，舜帝对大禹说："予欲观古人之象，日、月、星辰、山、龙、华虫，作会；宗彝、藻、火、粉米、黼、黻，絺绣，以五采彰施于五色，作服，汝明。"③ 这段记载表明，在舜帝时即已学采古人，将日、月、星辰、山、龙、华虫、宗彝、藻、火、粉米、黼、黻十二种图案，定为帝服图案。此后公元2世纪东汉的郑玄则引用《尚书》中的此段描述对《周礼》上文注曰："此古天子冕服十二章，舜欲观焉。"④ 《后汉书·舆服下》载：天子"乘舆备文，日

---

① 『新訂増補国史大系普及版　日本紀略　第二（前篇）』、吉川弘文館、1982年、310页。

② 《周礼注疏》，汉郑玄注，唐贾公彦疏，陆德明音义，《景印文渊阁（钦定）四库全书》（第90册），第388页。

③ 《尚书注疏》，汉孔安国传，唐孔颖达疏，陆德明音义，《景印文渊阁（钦定）四库全书》（第54册），第100页。

④ 王云五主编《丛书集成初编　周礼郑氏注附杂记》，商务印书馆，1936年，第139页。

月星辰十二章，三公、诸侯用山龙九章，九卿以下用华虫七章，皆备五采……"① 隋唐则因袭前制，隋朝对衮冕十二章的具体规定更为详细。② 唐武德四年（621），"始著车舆、服装之令，上得兼下，下不得拟上……衮冕者，践祚、飨庙、征还遣将、饮至、加元服、纳后、元日受朝贺、临轩册拜王公之服也……深青衣纁裳十二章，日、月、星辰、山、龙、华虫、火、宗彝八章在衣；藻、粉米、黼、黻四章在裳；衣画裳绣，以象天地之色也。"③ 但唐及其前的衮冕十二章究竟为何样图形，由于没有任何完整的考古实物可参考，故不得而知。所幸日本宫内厅藏有 19 世纪中叶在位的孝明天皇的衮冕十二章，并以实物图片形式公之于众，今人终得一览富有原始意义的衮冕十二章的风采。其十二种图形古朴、淳厚、生动，含义鲜明，均与上述中国古籍的叙述相一致。衮衣肩有日像，内画三足乌；有月像，内画玉兔、蟾蜍和桂树；两袖有升龙（大龙龙首向上），背有星辰，前有小龙、山、雉、火、虎，其中雉实为稍有变形的朱雀。④ 故可认为十二章形制甚早，由于包含了古代帝王学的主要内容，至汉唐时遂成为道文化的一个重要体现，并传至日本，直至孝明天皇仍穿着十二章衮衣即位。⑤ 观察孝明天皇衮衣的图案，即日、月、龙、虎、雀以及星辰、山、水（以水藻代替）、火、米、斧、弓十二种图案，它涵盖了阴阳合一、奉天承运、日月同辉、河山永固的道文化精髓，充分显示出着衣者天下第一的至尊地位和至重责任，表现出着衣者应有的放眼天下的至广胸怀和行谦日省的至强能力，彰显出中国道文化在日本影响之深刻与久远，及日本文化（山之幸、海之幸）之源远流长。

皇家建筑方面，平城京、平安京皆仿唐式都城规划建设，尤其是平安京，几乎可视作长安京的翻版，大内里（皇宫）的主殿为太极殿，其南门为朱雀门，朱雀门向南为朱雀大路，分棋盘格式的京城为东西两部分。《日

---

① 《后汉书》，上海古籍出版社，1986 年，第 845 页。
② 《隋书》，第 3282 页。
③ 《新唐书》，上海古籍出版社，1986 年，第 4188 页。
④ 参见大津透等『日本の歴史 8 古代天皇制を考える』、講談社、2001 年、カラーページ。
⑤ 前述所引汉郑玄注、唐贾公彦疏、陆德明音义《周礼注疏》，汉孔安国传、唐孔颖达疏、陆德明音义《尚书注疏》，魏王弼注《周易》等书，皆为《日本国见在书目录》中所载重要典籍。古代日本朝廷通过释典等活动，天皇公卿及各级官员皆深入学习理解这些学问，加之日本民族继承传统文化的执拗性格，使彰显道文化精髓的衮冕十二章在日本得以延续千年，并不令人感到惊讶。

本三代实录》贞观十八年（876）四月十日条记曰："是夜，子时，太极殿灾，延烧小安殿，苍龙、白虎两楼，延休堂及北门北东西三面廊百余间，火数日不灭。"① 另外，8 世纪时为纪念圣德太子在法隆寺东院建立的八角形梦殿，以及天皇即位时的高御座的八角形设计，均显露出道文化对古代日本的影响既广且深。

尘世既如是，冥界又如何？不可否认，冥界其实是尘世的反映。为此，必须谈到日本的壁画墓。从日本的墓葬考古看，日本各地曾发现图形简单、近于原始的壁画墓。但 1934 年发现的 6 世纪中期的古坟福冈王冢，墓内有大面积壁画，多为马像及各类几何图形，而出土物也以马具为多。1956 年发现的 6 世纪后期的福冈竹原古坟则已大不相同，其坟内石壁上的壁画中绘有海浪、大船、人像、马像，还有龙像、朱雀像和玄武像。虽然有些图像非常模糊，其龙像与 7 世纪后壁画墓中的龙的形象也有很大不同，但该墓的规制和图像仍给今人提供了很大的遐想空间。这些似乎为江上波夫的"骑马民族渡来说"提供了考古学上的证据，与中国道文化东传似乎也具有某种联系。当然，比较而言，最值得关注的、直接关系到道文化东传日本的考古成果则是被称为"高松冢"和"龟虎冢"的壁画墓。

奈良藤原京之南的飞鸟地区聚集着钦明、天武、持统、文武等众多天皇的陵墓、冈宫天皇陵、高松冢、龟虎冢，以及石舞台、丸子山古坟、东明神古坟、牵牛子冢等古坟及其他古代遗迹，是著名的历史文化区。但由于日本国情的限制，天皇陵是不允许进行发掘考古的，对各类古坟的考古也须有计划地、极慎重地进行。文武天皇陵位于飞鸟地区的中心地带。文武天皇，697 年至 707 年在位，正是前文大宝元年正月朔日"御太极殿受朝，其仪，于正门树乌形幢，左日像、青龙、朱雀幡，右月像、玄武、白虎幡"者。显然，文武天皇深受中国道文化熏陶。文武天皇陵虽然无法打开，但在其北方 200 米处有一古坟，即高松冢，在其南方 1200 米处则有龟虎冢。故而这两座古坟的考古研究，对其所处时代的政治文化和社会状况研究十分重要。

① 『新訂増補国史大系普及版　日本三代実録　後篇』、吉川弘文館、1983 年、373 頁。今京都平安神宫是 794 年桓武天皇迁都平安京 1100 周年的 1895 年在京都东部择地重建的，以原平安宫朝堂院原图纸 5/8 的规模复原，太极殿东西连廊的尽头分别为苍龙楼、白虎楼。复建后的后院尚有苍龙池、白虎池。南为应天门。

据考古认定，在七八世纪交替时期（正是文武天皇时代）建成的高松冢，古坟直径约 20 公尺，于 1972 年发掘。其墓室东西南北四方壁画分别为青龙、白虎、朱雀（被盗毁）和玄武，日像在墓室东壁中央的青龙图像之上，月像在西壁中央的白虎图像之上；东西两壁均有四人为组的男女群像，观其图中各女子均体态丰腴，神色娴静，发式衣着皆富唐韵，颇显贵妃姿态；墓室平面天井有金箔、朱线表示的星座图，中央是由北极五星和四辅四星组成的天帝居所紫微垣，周围则有二十八星宿。高松冢打开时尚有黑漆杉木棺，墓主为 40～60 岁的高个男性，还发现有少量唐镜、唐刀等陪葬品（该墓曾被盗掘）。据推断，该墓似应为皇室、皇族墓。

龟虎冢是与高松冢几乎同时期的古坟，直径约 14 公尺，从 1983 年开始，日本相关考古机构多次通过原有盗洞探查墓内情形，陆续发现四壁绘有日月及四神兽像。此外，虽没有男女群像，但有十二属性兽首人身像，圆锥状天井有标出天体运行轨迹内规、外规、赤道和黄道，以及银河、北斗七星、参宿等二十八宿的星宿图。2004 年至 2007 年，为更好地保存壁画，日本相关考古机构对壁画进行了十分精细的剥取。与高松冢相同，龟虎冢墓主亦应为皇族或贵族。而且颇令人惊奇的是，因高松冢的朱雀图已被破坏而无法两相比较，但若将高松冢与龟虎冢的青龙、白虎、玄武图进行比较则不难发现，二冢的以上三图具有惊人的一致性（差别仅是二白虎像方向相反），甚至推断为出自一人之笔亦不为过，或至少可以认为出自同一时代的同一流派或同一师门的画家之手。而文武天皇陵正处于二冢之间，文武天皇又那么信奉日月、四神兽的保护，这不会是偶然的巧合。

仅以上关于日本的四神兽壁画墓的考古成果，已为中国道文化东传古代日本提供了重要的历史证据，即或民族意识再强烈的日本人也难以否认这一点。当然，如果能对文武天皇之父草壁皇子的陵墓（距文武天皇陵不甚远的冈宫天皇陵或东明神古坟，有争议）或舍人亲王（即崇道尽敬皇帝）墓（墓所未详）、崇道天皇陵等进行深入探查，应会有更多的考古成果说明这一点。

如果日本壁画墓中的壁画仅仅为一些简单的几何图形或原始类的人物、动物图形，也可判断这些或许呈现了日本原始人的原始表达方式。但若出现复杂的仕女图、官僚图、生肖图、星相图，而且都是中国风格的人物图，则应判断为这是在中国文化浓厚影响下当时日本人的思想意识发生剧烈变化后产生的表达方式，尤其日本壁画墓中出现的四神兽图形，是在日本不可能自然产生的，无疑是从中国传入的，而且是中国道文化东传日本的最直接而有力的证据。

在实际考古中，到目前为止的考古发现，中国的壁画墓始现于西周，但具有部分神兽图的壁画墓最早者为西汉墓，河南永城西汉梁王墓壁画中即出现了青龙、白虎及朱雀图像，另有一怪兽图被解释为玄武图。但此四神图乃聚于一幅壁画中，与分居之四神图尚有区别。壁画墓此后显著增加，至唐时达到最盛，但多为龙虎图或龙虎雀图。已发现四神图俱全者有 696 年太原金胜村 6 号墓、699 年太原金胜村 7 号墓、742 年陕西蒲城李宪墓和 756 年西安高元硅墓等。

另外，位于中国集安的高句丽古墓群中，5～6 世纪的禹山三室墓壁画中出现了较小的四神兽图，6～7 世纪的五盔坟 4 号墓发现了按方位绘制的大型四神兽图。位于朝鲜境内的 5～7 世纪的古墓中，湖南里四神冢、江西大墓、江西中墓，位于韩国的 6 世纪古墓中，宋山里 6 号墓、陵山里壁画墓，均绘制有四神兽图像。从时间上看，高句丽四神兽壁画墓也随着历史的变迁，经历了由北向南的传播发展过程。

如果前述 6 世纪后期的福冈竹原古坟能够认定其墓内壁画中含有四神兽图像（日本竹原墓与高句丽四神兽壁画墓为几乎同时期墓），高句丽四神兽壁画墓为中国道文化影响下的产物，竹原古坟则可能直接受中国道文化的影响，但也不能完全排除其受高句丽四神兽壁画墓影响的可能性。但无论哪种可能都应看到，高松冢、龟虎冢为七八世纪交替时期所建，在时间、形制等方面处于与竹原古坟完全不同的新的阶段。高松冢、龟虎冢所处时期正是唐代四神兽全图像壁画墓多出时期，从图像风格极为近似、中日文化交流之密切等方面考虑，乃可判断高松冢、龟虎冢为受中国道文化直接影响的产物，是中国道文化东传古代日本的有力历史见证。①

---

① 参见韩钊《中日古代壁画墓比较研究》，三秦出版社，2008 年；王元林《东亚壁画墓四神十二辰图像的传播》，《中华文化画报》2011 年第 7 期；吴广孝《集安高句丽壁画》，山东画报出版社，2006 年；杨春吉等《高句丽归属问题研究》，吉林文史出版社，2000 年；韩国东北亚历史财团《高句丽的文化与思想》，香港社会科学出版社有限公司，2010 年。

# 五　关于日本"皇帝"

古代日本的最高统治者为天皇，此乃常识。若说古代日本也出现过皇帝，则令人生疑。其实，日本天皇自称"皇帝"，这与日本文化的竞争性格有关，也与中国道文化东传影响日本政治生态有关。

古代日本主动接受中国先进文化的目的是要把日本改造成跟中国（隋唐）一样的国家，以此来追求与中国对等的国际地位（近代学习西方则是为追求与西方列强对等的国际地位）。在此需注意的是，对等地位与平等地位有很大的区别。古代日本不仅在国书中表达了对中国朝廷的独立意识、对等意识，同时也付诸行动。大化革新后不久进行的白村江之战即为一例。神功皇后为实现向半岛、大陆发展的"日本梦"而身体力行，被称为日本历史上的英雄女性。《古事记》问世后，日本统治者并不满足，认为日本也必须有与由中国传入的《史记》、《汉书》直至《晋书》同样的正统史书，于是从速编撰出主体意识强烈的汉文体史书《日本书纪》，以"日本"全部替换了《古事记》中的"倭"（仅在叙述有关大和地区"倭国"事项时仍使用"倭"的称呼），同时配以相应的法制改革，以表现与唐王朝对等的地位。① 《日本书纪》的成书，标志着大和民族共同体意识的形成，充分表明了日本对外主体意识的增强。关于民族之称，日本人弃"倭"而用"大和"，但仅更换汉字而已，二者读音完全相同，皆为"やまと"（yamato）。"和"为中国古代思想的核心价值观之一，有和谐、高尚之意。《老子道德

---

① "日本"之名何来，据唐张守节《史记正义》，在"夏本纪"之"岛夷卉服"句下注曰："括地志云，百济国西南渤海中有大岛十五所，皆邑落，有人居，属百济。又，倭国武皇后改回日本国，在百济南，隔海依岛而居，凡百余小国。此皆扬州之东岛夷也。"参见《史记正义》，《四部备要》（第15册），第41页。有研究者据此认为"日本"乃武则天赐名，但这毕竟为孤证，史实究竟如何，"武皇后"指武则天还是天武天皇之皇后，仍需深入探讨。如《旧唐书》所记："日本国者，倭国之别种也。以其国在日边，故以日本为名。或曰，倭国自恶其名不雅，改为日本。……长安三年（703），其大臣朝臣真人来贡方物。……则天宴之于麟德殿，授司膳卿，放还本国。"《新唐书》所记："咸亨元年（670）遣使贺平高丽。后稍习夏音，恶倭名，更号日本。使者自言，国近日所出，以为名。……长安元年（701）其王文武立，改元曰大宝，遣朝臣真人粟田贡方物。……武后宴之麟德殿，授司膳卿，还之。"参见《旧唐书》，上海古籍出版社，1986年，第4119页；《新唐书》，第4795页。故7世纪后期和8世纪前20年日本政治发展受中国影响有多大，仍是一个需唐史专家和日本史专家共同深入探讨的课题。

经》曰："万物负阴而抱阳，冲气以为和"①；《论语》曰："礼之用，和为贵"②；《礼记》曰："喜怒哀乐之未发，谓之中，发而皆中节，谓之和"③。然而说到"大和"，除《周礼·冬官考工记》曰"大和无瀺"④ 外，主要有《周易·乾卦》曰："乾道变化，各正性命，保合大和，乃利贞。首出庶物，万国咸宁"⑤；《庄子·内篇·齐物论》曰："泠风则小和，飘风则大和"；《庄子·外篇·天运》曰："夫至乐者，先应之以人事，顺之以天理，行之以五德，应之以自然，然后调理四时，太和万物"⑥。总之，大和是极致之和、最高之和，乃社会发展与管理的最高理想。日本人十分崇拜《周易》《庄子》，以其最高贵的词汇为本民族冠名，并且仍旧读为"やまと"，其吸纳先进文化进而与先进民族为伍的强烈欲望显露无遗。有日本学者曾说："天皇的称号似在天武朝形成，但这是援用了道教的知识，是摘取了被五斗米道等视为天界最高神的天皇大帝的前两个字。还有，将奈良县记为大和，也是缘于道教思想。这是接受了道教追求世界秩序天下太平、天地'太和'的思想，为适应天皇所在地而采用的地名。"⑦ 浑如是也。无论"大和"或"天皇"、"神道"、"神器"等用语，均非简单的"借用"汉字词汇，而是连词带义一并照搬使用，这是无论怎样辩解也难以改变的历史事实。

《日本书纪》中出现的神武天皇至元正天皇的汉风谥号，其多数则是淡海三船模仿武则天年号"神功"、唐玄宗称号"开元神武"等杜撰而成的。⑧ 与《日本书纪》几乎同时的养老二年（718）制定的《养老律令》[以大宝元年制定的《大宝律令》为蓝本，天平宝字元年（757）施行]中，其"公式令"第 28～31 条分别为"天子"、"天皇"、"皇帝"和"陛下"，均为平出条。⑨ 其《仪制令》规定："天子，祭祀所称；天皇，诏书所称；皇帝，华夷所称。"并解释为："华，华夏也；夷，夷狄也。言王者

---

① 《老子道德经》，《四部备要》（第 53 册），第 17 页。
② 《论语》，《四部备要》（第 2 册），第 8 页。
③ 《礼记》，《四部备要》（第 1 册），第 193 页。
④ 《周礼》，《四部备要》（第 1 册），第 288 页。
⑤ 《周易》，《四部备要》（第 1 册），第 1 页。
⑥ 《庄子》，《四部备要》（第 53 册），第 8、60 页。
⑦ 『古代史論争歴史大事典　別冊歴史読本 63 号』、新人物往来社、2000 年、107 頁。
⑧ 其实，早在 674 年，武则天已不甘心再为"天子"之妇，为提高自身地位至最高级，让唐高宗称"天皇"，而自称"天后"。
⑨ 惟宗直本『令集解』（第三十四卷）、東京書林、1871 年、2 - 3 頁。

诏诰于华夷称皇帝。"① 养老三年（719）正月十日，刚回国的遣唐使多治比真人县守等上朝"拜见，皆著唐国所授朝服"。② 二月三日，为向唐朝学习，天皇"初令天下百姓右襟，职事主典以上把笏，其五位以上牙笏，散位亦听把笏，六位以下木笏"。③ 天平胜宝八年（756）十二月三十日，孝谦天皇向东大寺等寺院发送的请愿书中即以"皇帝"自称。④ 天平宝字元年（757）闰八月十七日，有大臣上言称天智天皇为"淡海大津宫御宇皇帝"，天平宝字二年（758）八月一日，当日百官及僧纲在劝进皇帝称号的上表文中均出现"伏惟皇帝陛下"用语，孝谦天皇曰"天意难违，俯从众愿"，接受称号曰"宝字称德孝谦皇帝"。九日淳仁天皇追赠圣武天皇为"圣宝感神圣武皇帝"，天平宝字三年（759）六月十六日，追赠舍人亲王为"崇道尽敬皇帝"。⑤ 圣武、孝谦、淳仁、称德四代天皇治世堪称皇帝时代。《续日本纪》第37~40卷，在记录延历元年（782）至延历十年（791）历史时，即称桓武天皇为"今皇帝"，这种记法并不奇怪。《续日本纪》所记延历四年（785）六月十八日条，右大臣藤原是公等上表，其中又出现"伏惟皇帝陛下"用语。⑥ 桓武天皇模仿中国皇帝在长冈京郊外设坛祭天，延历四年十一月十日条记曰"祀天神于交野柏原"（其中"交"即"郊"之意）。延历六年（787）十一月五日条记曰"祀天神于交野"，并录有祭文。这是桓武天皇学习唐朝的重要举措之一。在祭文中，桓武对昊天上帝，自称"嗣天子臣"，对其父光仁天皇，则自称"孝子皇帝臣"。⑦ 隋文帝"定祀典，为圆丘于国之南太阳门外道东二里，其丘四成（层），各高八尺一寸……冬至之日，祀昊天上帝于其上（最高层第一层）……（五方）上帝、日月在丘之第二等，北斗五星、十二辰、河汉、内官在丘第三等，二十八宿、中官在丘第四等"。⑧

在794年十月辛酉之日（阴阳道的革命日），桓武天皇迁都于按照中国

---

① 惟宗直本『令集解』（第二十八卷）、1 頁。但《仪制令》同时写道：日蚀日"皇帝不视事"、二等亲以上丧事"皇帝不视事三日"、国忌日"皇帝不视事一日"等句，可见"皇帝"称号的使用并不严谨。参见惟宗直本『令集解』（第二十八卷）、7－9 頁。

② 『新訂增補国史大系普及版　続日本紀　前篇』、吉川弘文館、1983 年、75 頁。

③ 『新訂增補国史大系普及版　続日本紀　前篇』、76 頁。

④ 『新訂增補国史大系普及版　続日本紀　前篇』、227 頁。

⑤ 『新訂增補国史大系普及版　続日本紀　前篇』、242 頁、251 頁、252 頁、253 頁、262 頁。

⑥ 『新訂增補国史大系普及版　続日本紀　後篇』、吉川弘文館、1983 年、509 頁。

⑦ 『新訂增補国史大系普及版　続日本紀　後篇』、514 頁、526 頁。

⑧ 《隋书》，第 3264 页。

风水理论、仿照中国长安城建设的"四神相应""山紫水明"的平安京。相对于玄武、青龙、朱雀、白虎四神及风水理论（北东南西分别为山、川、原野、大路），平安京北有船冈山（一说鞍马山，船冈山东侧至今尚有据说始建于 9 世纪的玄武神社），东有鸭川，南有巨椋池，西有山阴道。桓武天皇还从奈良春日大社请来司守方位的"大将军"，在平安京四方设置四个大将军神社守卫京城的平安。① 其中的东社面临墓葬之地，以防邪灵入侵皇城；西社又称"大将军堂"（实在京城西北，现为大将军八神社），护卫着天神往来的"天门"（该社的镇社之宝、传承至 17 世纪的神道秘符书与道教的咒符完全相同）。依照风水理论，除"天门"外，京城东北比叡山麓建有一乘止观院（延历寺前身）把守"鬼门"，而应位于东南的"地门"和位于西南的"人门"在何处，如今尚无定论。

　　从延历十二年（793）至天长十年（833）的约 40 年间，《日本后纪》对每年正月初一的朝贺仪式多记录为"皇帝御太极殿受朝贺"②。《类聚国史》则将 830 年至 832 年间淳和天皇的活动，全部记为"皇帝"如何如何，除"皇帝御太极殿，受朝贺"外，还有"皇帝有神今食事，御神嘉殿"，"皇帝御紫宸殿，召文人令赋诗，为重阳节"，"皇帝御紫宸殿……时降恩杯，群臣具醉"，"皇帝宴南殿，群臣莫不具醉"，"皇帝于清凉殿内宴"，"皇帝幸南池，命文人令赋"，"皇帝御建礼门，观相扑"，"皇帝幸丰乐院，览射礼"，"皇帝御武德殿，览骑射"，"皇帝幸神泉苑"，"皇帝幸北野"，"皇帝幸水成野"，以及"皇帝幸芹川野"，等等，竟有 30 余处。③ 淳和天皇居然已变成了淳和皇帝。

　　天皇称皇帝，与道文化何干？关于这一点，从淳和"皇帝"之侄、后来的仁明天皇身上可见一些端倪。《续日本后纪》嘉祥三年（850）三月二十五日条记曰："奉葬（仁明）天皇于山城国纪伊郡深草山陵……帝叡哲聪明，苞综众艺。最耽经史，讲诵不倦。能练汉音，辨其清浊。柱下漆园之

---

① 这四个大将军神社如今仍存，北社位于今宫神社境内，东社位于东山三条长光町，南社位于伏见藤森神社境内，西社位于北野天满宫南。
② 『新訂増補国史大系普及版　日本後紀』，吉川弘文館、1982 年、8 頁、15 頁、95 頁、109 頁、120 頁、129 頁。
③ 参见『新訂増補国史大系普及版　類聚国史　第一』、『新訂増補国史大系普及版　類聚国史　第二』、吉川弘文館、1981 年。

说，群书治要之流，凡厥百家，莫不通览。兼爱文藻，善书法，学淳和天皇之草书，人不能别也。亦工弓射，屡御射场。至鼓琴吹管，古之虞舜、汉成两帝不之过也。留意医术，尽谙方经，当时名医，不敢抗论。帝尝纵容谓侍臣曰，朕年甫七龄，得腹结病也。八岁得脐下绞痛之疴。寻患头风。加元服后三年，始得胸病。其病之为体也，初似心痛，稍如锥刺，终以增长如刀割。于是服七气丸、紫苑生姜等汤。初如有效，而后虽重剂，不曾效验。冷泉（淳和）圣皇忧之，敕曰，予昔亦得此病，众方不效。欲服金液丹并白石英，众医禁之不许。予犹强服，遂得疾愈。今闻所患，非草药可治，可服金液丹……虔奉敕旨，服兹丹药，果得效验。兼为救解石发，设自治之法……今至晚节，热发多变，救解有烦。世人未知朕躬之本病、上皇之敕旨，必谓妄服丹药，兼施自治而败焉。宜记由来令免此谤。恭遵诏旨，记而载之。"① 由此记录可见，仁明天皇诚醉心汉学、多才多艺，通达汉语，满腹经纶，乐武医辩，博学多识。其中，"柱下漆园之说，群书治要之流"之意，老子曾任周朝柱下史，庄子曾任宋国漆园吏，"柱下漆园之说"即老庄之说；《群书治要》乃631年由魏征等从万余部汉籍古典中撷英50余万字编纂而成的匡政巨著，其中即包括适当压缩后的老庄等道文化著作。显然，仁明天皇对道文化情有独钟。仁明天皇百病缠身，食中草药无效，遂以冷泉圣皇经验，服用金液丹和白石英，"果得效验"，可见道教的炼丹祛邪长寿之法在当时的天皇朝廷笃信值很高，以至于仁明临死时还要为此进行辩护。这是否从唐玄宗处学得的"长生经验"，令人遐思无边。

在《日本三代实录》贞观元年四月十八日条所记皇太后愿文中即有"伏惟仁明皇帝，均芳得一，降迹大千"②，将仁明天皇称为"仁明皇帝"。再如关于阳成天皇，《日本三代实录》元庆六年（882）元月二日条记曰："是日，天皇加元服。其仪，天皇御紫宸殿……大纳言膝行，进理皇帝御鬓……皇帝起御后殿……俄倾皇帝御紫宸殿……太政大臣受酌御酒，膝行进奏寿词，奉置皇帝御前……皇帝御后殿……"③ 这一连串的"皇帝"显然不是笔误。其实从桓武天皇时代开始，大臣奏折亦多称天皇为"皇帝"，直至

① 『新訂増補国史大系普及版　続日本後紀』、吉川弘文館、1983 年、238 頁、239 頁。
② 『新訂増補国史大系普及版　日本三代実録　前篇』、吉川弘文館、1983 年、25 頁。
③ 『新訂増補国史大系普及版　日本三代実録　後篇』、511 頁。

《日本三代实录》最后所记录仁和三年（887）八月二十二日条，太政大臣藤原基经等上表，请病危的光孝天皇立太子，仍称"伏惟皇帝陛下"。① 显然，在当时的日本统治者看来，皇帝比天皇高一个档次，所以要将天皇称为皇帝，以显示与唐王朝的对等地位。这种政治传统意识对后世日本的发展影响很大。

# 六　关于日本神道

中国道文化东传日本后对日本神道的影响如何，此乃关键至重的问题。笔者认为，中国道文化东传日本后，其影响最大且久远者，即为对日本神道的形成与发展的影响。

中国学术界关于日本神道的研究不少，成果亦多，其代表性专著有范景武的《神道文化与思想研究》，刘立善的《没有经卷的宗教——日本神道》，王金林的《日本神道研究》，王守华、王蓉的《神道与中日文化交流》；论文集则有王宝平主编《神道与日本文化》，崔世广主编《神道与日本文化》，以及刘岳兵主编《日本的宗教与历史思想——以神道为中心》等。② 刘立善认为："'神道'一语，原初出自中国的典籍……在内涵上，与日本神道的真正概念存在云泥之殊。可见，中国大陆汉文化东渐岛国后，在神道这一具体宗教概念上，日本只是在外形上借用了汉文'神道'这一便利的语言外壳，赋与它以别样的意义。从而神道在日本却秉持自己独特的内涵。"③ 王金林则写道："从中日两国典籍中出现'神道'一词的时间看，显然中国要比日本早得多。但是，是否由此就说日本的'神道'一词是源于中国典籍，似乎难以作此结论。在探讨日本神道与外来文化关系时，我们应该重视其内在的思想意识渊源关系，而不应该重于外在的称谓、字形上的近似。"④ 王

---

① 『新訂増補国史大系普及版　日本三代実録　後篇』、639 页。
② 范景武：《神道文化与思想研究》，内蒙古人民出版社，2002 年；刘立善：《没有经卷的宗教——日本神道》，宁夏人民出版社，2005 年；王金林：《日本神道研究》，上海辞书出版社，2007 年；王守华、王蓉：《神道与中日文化交流》，河北人民出版社，2010 年；王宝平主编《神道与日本文化》，北京图书馆出版社，2003 年；崔世广主编《神道与日本文化》，中国社会科学出版社，2012 年；刘岳兵主编《日本的宗教与历史思想——以神道为中心》，天津人民出版社，2015 年。
③ 刘立善：《没有经卷的宗教——日本神道》，第 5~6 页。
④ 王金林：《日本神道研究》，第 3 页。

守华、王蓉则认为，"佛教、道教、儒学等中国传统文化传入日本之后，对神道产生了重要的影响"，但《日本书纪》中"'神道'的含义，与中国的用例中的内容已经完全不同。相对于从大陆传来的佛法，把日本固有的信仰和祭祀礼仪称为'神道'"。①

总之，这些著作对日本学者相关研究的综合介绍，对日本神话的详细介绍，对日本神道史的系统阐述，对日本神道在日本近代史上产生的反动作用等，皆叙述得很到位。然而从总体上说，这些著作所表现出的主要观点基本上沿袭了当年津田左右吉的思维模式，而与福永光司、森岛通夫的见解保持了距离。但如前文所述，津田左右吉的观点是在特定的历史背景下产生的，必然具有历史的局限性。即使在战后，日本学者也各自有其分析问题、认识历史的理论框架，在这方面不能强求一律，对此应予以注意。

日本神道是宗教，而宗教是阶级社会的产物。日本在弥生时代逐步进入阶级社会，卑弥呼的"鬼道"只能视为初级宗教，日本神道的确立则是在此之后很久的事情。所以，"鬼道"之前日本列岛出现的祭祀活动诸如太阳崇拜、生殖崇拜，以及祈祷丰收、雨霖、避灾、天地平安、逝者安宁等，尚属于原始信仰、原始崇拜的范畴，这些原始信仰与其他地区曾出现的原始信仰大致无二。因此，说神道在日本民族形成时便已存在，这是无稽之谈。只能说在神道的起源方面，某些因素或可追溯到日本民族形成初期出现的某些原始信仰上。日本学者称"原始神道"是为表明日本神道的长久延续性和特殊性，进而突出日本文化的内涵及地位也非同寻常。所以说，日本学者在研究此问题时是否受到民族本位主义的束缚，毋宁是不应避讳的问题。

从中日文化交流的角度研究日本神道，关键点在中国道文化东传日本后，对神道的确立和发展产生了何种程度的影响。神道仅是"借用"了几个汉籍名词用语，甚至连"借用"都谈不上，还是不仅照搬照用了汉籍名词用语，而且把中国道文化相当多的内容也都融合进神道中？可以说，没有中国道文化的影响，日本神道就难以成立并得到发展。孙亦平的《道教在日本》即针对此问题的专著。该书称，"道教神灵、道书、道术、道观和道教仪式等都曾传入日本"，"道教虽与儒学、佛教一起传到日本，但并没有像佛教与儒学那样进入主流社会，成为日本主流的显性文化，而因统治者的

---

① 王守华、王蓉：《神道与中日文化交流》，前言第6页，正文第1页。

拒绝而始终处在社会边缘状态，以隐性的方式传播"。① 对日本学者的相关研究，该书虽欲取公允中立的立场，但认为福永光司"这种对词语文句静态式的比照研究，似乎容易导致'处处都是道教'的泛道教研究倾向，也容易停留在日本文化仅受外来文化影响这种单向度的理解上，而忽视古代日本文化本有的主体性或特殊性"。所以说，"使用相同或相似的词语可用来说明不同文化之间可能存在的文化传递现象，但也应注意到，词语的内涵在相同的文化语境中会有所变化，在不同时代的不同文化语境中更会出现某种变异或新意，这就需要我们去研究词语的本义及引申义在思想内涵上的异同，以了解词语的运用者与解释者彼此是否在意义上互相融通"。该书进而说，"我们一方面要肯定用词语分析方法来对待'记纪神话'的做法，即通过研究其中引用了哪些道教神学教理书中的词语来说明什么，以更好地展示道教对日本文化的影响；另一方面，还要重视探究'记纪神话'的作者们是如何站在自己民族文化的立场上，借助于这些道教词语，通过协调族群记忆与国家权力、民族历史之间关系，来叙述自己的神道信仰和构建神代世系的，以加深对日本文化独特性和复杂性的认识"。② 说到底，该书取"借用"论，认为"神道教的内容是日本固有的，但'神道'之名则来自中国"，道教在日本的传播受到阻碍就是因为日本固有神道。③

然而，客观地讲，神道实非日本所固有，而是日本所渐有。卑弥呼女王经古坟时代演变成大王，至奈良时代又演变成天皇，女王的鬼道也随之演变成天皇的神道。中国史籍《汉书》记曰："乐浪海中有倭人，分为百余国，以岁时来献见云。"④ 此记录说明在西汉时（即日本弥生时代前期）倭国已不时通使中国，但因记录过于简略，兼无其他史料佐证，故倭国通使的次数、时间、规模等详情则不得知，但至少可知通使频率不会甚低。而《三国志》中的《魏志·倭人传》则是被中日史学者共同认定的记述日本弥生时代的最早且翔实可靠的史料。该传记曰："倭人在带方东南大海之中，依山岛为国邑，旧百余国，汉时有朝见者，今使译所通三十国。""南至邪马台国，女王之所都……自古以来，其使诣中国，皆自称大夫……其国本亦以

---

① 孙亦平：《道教在日本》，南京大学出版社，2016年，第2、4页。
② 孙亦平：《道教在日本》，第42~43页。
③ 孙亦平：《道教在日本》，第106页。
④ 《汉书》，上海古籍出版社，1986年，第523页。

男子为王，住七八十年，倭国乱，相攻伐历年，乃共立一女子为王，名曰卑弥呼，事鬼道，能惑众。"①《魏志·倭人传》能有如此详细的记载，盖因邪马台国与魏多次通使往来之故［景初二年（238），正始元年（240）及正始四年、正始六年、正始八年均有往来］。如此便引出一个问题：记录西汉与三国之间的东汉时代历史的《后汉书》关于倭国的记述，为何一直受到轻视？其原因大概有二：一是其记录不似《魏志·倭人传》详细，二是《后汉书》问世（445年）晚于《三国志》（290年）约150年，乃由南朝刘宋时期范晔所著。虽然如此，《后汉书》关于倭国的记述仍有重要意义。其《东夷列传》记"倭"曰："建武中元二年（57），倭奴国奉贡朝贺……光武赐以印绶。安帝永初元年（107），倭国王帅升等献生口百六十人，愿请见。"以下的记录更为重要："桓灵间，倭国大乱，更相攻伐，历年无主。有一女子名曰卑弥呼，年长不嫁，事鬼神道，能以妖惑众，于是共立为王。"② 此记录的重要性在于，一是明确记录了女王卑弥呼出现的年代是"桓灵间"，即160年至180年之间。二是记录了卑弥呼"事鬼神道"。与《三国志》的卑弥呼"事鬼道"相比，《后汉书》记为"事鬼神道"，多了一个"神"字。这是范晔的无意之笔，抑或实有所指？考范晔著《后汉书》，主要参考了东汉官修的《东观汉记》，以及此后三国两晋的有关史书，如华峤等人的多种《后汉书》。《东观汉记》为东汉同时代记写本，所记内容应是可信，可惜唐以后渐散佚不整，难窥全貌。吉备真备在唐时千方百计寻觅仍未得《东观汉记》全本（缺一本），即为例证。据查，《东观汉记》有"匈奴南单于"和"西羌传"，但无关于"东夷""倭人"的记录。再者，《后汉书·东夷列传》写"永初元年"之事，为何不似"建武中元二年"般简洁，还要冠以"安帝"？乃因范晔所在之南朝刘宋的第一个年号亦为"永初"，范晔写《东夷列传》时以"安帝永初元年"记事，即免后人混淆。若是东汉当代史学家写此《后汉书·东夷列传》则无此必要。三者，所谓"桓灵间"云云，亦不可能是东汉当代史学家的笔法。若与《三国志》中的《魏志·倭人传》相比较，不难看出范晔关于倭国的描述，乃取诸

---

① 《三国志》，上海古籍出版社，1986年，第1169页。
② 《后汉书》，第1048页。1874年，日本福冈志贺岛发现"汉委奴国王"金印，印证了《后汉书·东夷列传》的记录真实可靠。

《魏志·倭人传》并加以缩略，唯独在"事鬼道"一句中添加了一个"神"字，而成为"事鬼神道"，可见这不是范晔的无意之笔，而是有意为之。此推测的客观依据是，范晔生活在东晋末年（安帝之后）及此后的南朝刘宋前期，而南朝刘宋正与日本的倭五王时代相对应，《宋书》对倭五王赞、珍、济、兴、武与刘宋通使、朝贡求封之事有较详细的记录："倭赞万里修贡"，在永初二年（421）；"赞死，弟珍立，遣使贡献"，在元嘉二年（425）；"倭国王济遣使奉献"，在元嘉二十年（443）；倭王兴授爵在大明六年（462）；倭王武授爵则在升明二年（478）。① 由此可知，南朝刘宋时代正是中日关系热络发展的时代，若看倭王武的上表文，对倭五王时代日本的内外形势有详细描述，显然在南朝刘宋时代中国对日本的了解已大大加深。范晔故于 445 年，他生前又是朝廷重要吏员，故对前三次的倭使往来很可能有所了解。范晔 432 年开始著述《后汉书》，理应从当时中日官民间的频繁往来中了解更多日本发展的新情况。在这一背景下，视范晔在《东夷列传》中的"神"来之笔为日本由鬼道向神道转变的一个阶段性记录，似不为过。当然，这一转变并不是发生在《后汉书》记录的东汉时代，而是发生在范晔写成《后汉书》的 5 世纪中期，即日本的倭五王时代。

在日本史籍中，"神道"一词最早出现在《日本书纪》"用明天皇记"中，"天皇（585 年即位）信佛法，尊神道"。其尊神道的事迹为建池边双槻宫，委派皇女"拜伊势神宫，奉祀日神"。② 但用明二年（587）4 月 2 日，用明天皇提出"欲归（佛法）三宝"，却遭重臣物部守屋大连等反对，"何背国神敬他神也，由来不识若斯事矣"，而重臣苏我马子宿弥等表示支持，"可随诏而奉助"。③ 这表明，在用明天皇执政时，神道尚未占有压倒佛教的地位。用明天皇死后，七月苏我氏起兵灭物部氏，苏我马子曾发誓曰："凡诸天王大神王等助卫于我，使获利益（灭掉物部氏），愿当奉为诸天与大神王，起立寺塔，流通三宝。"④ 至推古天皇时，由圣德太子摄政。推古二年（594）2 月，天皇颁诏"令兴隆三宝，是时诸臣连等各为君亲之恩，

① 《宋书》，上海古籍出版社，1986 年，第 1899 页。
② 『新訂增補国史大系普及版 日本書紀 後篇』、吉川弘文館、1982 年、119－120 頁。
③ 『新訂增補国史大系普及版 日本書紀 後篇』、122－123 頁。
④ 『新訂增補国史大系普及版 日本書紀 後篇』、126 頁。

竞造佛舍"。翌年，高丽僧、百济僧在日"弘演佛教，并为三宝之栋梁"。①推古十一年（603）十二月五日，行冠位十二阶。翌年四月三日，颁《宪法十七条》，融儒、佛、道三教理念于一体，第二条即"笃敬三宝，三宝者佛法僧也"。② 天皇朝廷采取了很多崇佛措施，为平衡起见，推古十五年（607）二月九日，天皇下诏："朕闻之，昔者，我皇祖天皇等宰世也，蹋天踏地，敦礼神祇，周祠山川，幽通乾坤。是以阴阳开和，造花共调。今当朕世，祭祀神祇，岂有怠乎。故群臣共为竭心，宜拜神祇。"一句"朕闻之"表示天皇自身对以往的崇拜祖神之法知道得太少、关注得太少了，或表示天皇对圣德太子过分崇佛的不满，而欲纠偏。于是"皇太子及大臣率百寮，以祭拜神祇"。③ 皇极三年（644）1月，皇极天皇"以中臣镰子连拜神祇伯，再三固辞不就，称疾退居三岛"。④ 此条记录说明，在大化革新前夕已设置了专职负责神灵祭祀的神祇伯一职。皇极天皇让位后登基的孝德天皇，"尊佛法，轻神道（砍生国魂社树之类是也），为人柔仁好儒，不择贵贱，频降恩敕"。⑤ 此时，与皇室作对的苏我氏势力虽灭，但皇室势力仍不稳固，所以孝德即天皇位后的第一件事便是，于645年六月十九日，"天皇、皇祖母尊、皇太子于大槻树之下，召集群臣盟曰：告天神地祇曰，天覆地载，帝道唯一。而末代浇薄，君臣失序。皇天假手于我，诛殄暴逆。今共沥心血，而今以后，君无二政，臣无贰朝。若贰此盟，天灾地妖，鬼诛人伐，皎如日月也"。⑥ 孝德天皇并学中国，当日以《尚书》中"肆予大化诱我友邦君"句定日本第一个年号为"大化"。⑦ 早期天皇（大王）即位需由重臣推戴，天皇不能完全依自己的个人意志决定继承人。至此方初步确立了王权的主体性，继承及让位皆依天皇意志决定。

① 『新訂増補国史大系普及版　日本書紀　後篇』、136－137页。
② 『新訂増補国史大系普及版　日本書紀　後篇』、141－142页。
③ 『新訂増補国史大系普及版　日本書紀　後篇』、148页。
④ 『新訂増補国史大系普及版　日本書紀　後篇』、202页。
⑤ 『新訂増補国史大系普及版　日本書紀　後篇』、215页。
⑥ 『新訂増補国史大系普及版　日本書紀　後篇』、217页。
⑦ 《尚书注疏》，汉孔安国传，唐孔颖达疏，陆德明音义，《景印文渊阁（钦定）四库全书》（第54册），第276页。中国学者在解释"大化"一词来源时，多解释为"取自《尚书》'施教化，大治天下'句"，或"取自《周易》'大化流衍，生生不息，阴阳相动，万物资生'句"，这两种解释实为传讹误解，《尚书》《周易》中并无此类语句，正解即本文所述取自《尚书》"肆予大化诱我友邦君"句。

日本统治者为何选取"大化"为年号，首先看对"肆予大化诱我友邦君"的理解。孔安国在该句下的解释为："我欲极尽文王所谋，故大化天下，道我友国诸侯"；孔颖达则解释为："我欲尽文王所谋，故我大为教化，劝诱我所友国君，共伐叛逆。天既辅助我周家，有大化诚辞，其必成就我之众民"。大化革新时，日本与朝鲜半岛诸国关系正处于紧张敏感期，日本统治者以当时的重要政治指导书《尚书》及孔安国的解释为依据（当时尚看不到孔颖达的解释），以"大化"一词定年号，正是充分表达了其怀笼邻邦、稳固属边、确立霸权的雄心。在 18 年后的 663 年，日本为保百济，不惜与唐朝和新罗的联军在白村江一战，而此时日本的最高权力者就是大化革新时的主干中大兄皇子。可见，年号"大化"与日本正史鼓吹的神武天皇即位前夕在"告令"中所追求的"兼六合以开都，掩八纮而为宇"[1]，以及神功皇后献身的"西征三韩""金银之国""财宝之国"的"拓疆"梦想是一脉相承的[2]。

在此需说明的是，日本统治者取"大化"为年号，并非唐突之举，而是因为在当时已传入日本的中国典籍史书中，"大化"一词出现频度甚高，从古至唐，"大化"堪称流行词语。早在荀子（公元前 313 年～公元前 238 年）《天论》中即有名句"阴阳大化，风雨博施"。[3] 其后董仲舒（公元前 179 年～公元前 104 年）亦曰："古者修教训之官，务以德善化民，民已大

---

① 『新訂増補国史大系普及版　日本書紀　前篇』、吉川弘文館、1983 年、130 頁。须知，"八纮"一词亦出自中国古典，公元前 5 世纪的《列子》既有曰："勃海之东，不知几亿万里有大壑焉。实惟无底之谷，其下无底，名曰归墟。八纮九野之水，天汉之流，莫不注之，而无增无减焉。"参见《列子》，《四部备要》（第 53 册），第 42 页。西汉《淮南子》亦有"八纮九野"之称，并详解曰："九州之大纯方千里；九州之外乃有八殥，亦方千里……八殥之外而有八纮，亦方千里……八纮之外乃有八极。"参见《淮南子》，《四部备要》（第 54 册），第 6、34 页。晋《抱朴子》则云："明明在上，总御八纮；华夷同归，要荒服事。"参见《抱朴子》，《四部备要》（第 55 册），第 84 页。在《汉书》至《隋书》的中国史书中，关于"八纮"的表述，如"八纮同轨，祥瑞屡臻"，"方掩八纮"，"八纮共贯，六合同风"，"地广三代，威振八纮"，"廓清四表，澄涤八纮"，等等，多出无计，不一一释明。需特别指出者如《晋书》则记有："唐尧历载，颂声乃作；文武相承，礼乐大同；清一八纮，绥盪无外；万国顺轨，海内斐然。"参见《晋书》，上海古籍出版社，1986 年，第 1412 页。记录南朝刘宋史的《宋书》，在"乐志"所录"晋四厢乐歌"中有"八纮一，六合宁"句。参见《宋书》，第 1698 页。显然，"清一八纮"和"八纮一"所表现的是平和祥瑞的天下一统图，而在近代日本将之变称为"八纮一宇"，成为日本军国主义对外军事扩张的侵略口号和杀人越货的遮耻布，二者已有本质的区别。
② 『新訂増補国史大系普及版　日本書紀　前篇』、241 頁、247 頁、248 頁。
③ 《天论》，《景印文渊阁（钦定）四库全书》（第 695 册），第 219 页。

化之后，天下常亡一人之狱矣。"① 再后汉代伏生撰《尚书大传》，其中有云："舜将禅禹，八风修（循）通，歌大化大训，六府九原而夏道兴。"②

而"大化"与道文化的关系亦为密切。东汉中晚期成书的道教第一经《太平经》（亦称《甲乙经》）亦有多处"大化"用语，其中最著名句即"夫道者，乃大化之根，大化之师长也，故天下莫不象而生者也"。③ 三国时魏王弼（226～249 年）注《周易》，其对"观我生君子无咎"一句注曰："居于尊位，为观之主，宣弘大化，光于四表，观之极者也。"④ 晋代葛洪（284～364 年）于 317 年著《抱朴子内篇》，被称为道教经典，亦有句曰："升降不为之亏，大化不为之缺也。"⑤

此外，在历史书中，《汉书》有"令行禁止，海内大化"，"昔周公诛四国之后，大化乃成"等句；⑥《后汉书》有"以崇本朝，光示大化"，"颐育万民，以成大化"等句；⑦《三国志》有"大化宣流，民物获宁"，"尝同大化"，"宣班大化"，"今欲偃武修文，以崇大化"，"夫贤人君子，所以兴隆大化、佐理事务者也"，"四海延颈，思归大化"，"大化光敷，天人望塞也"，"海内乐业，大化普洽"等句；⑧《晋书》有"神武鹰扬，大化咸熙"，"弘济大化"，"大化洽，地平而天成"，"使百姓改易视听，以成大化"，"今九域同规，大化方始"，"尽除魏世之弊法，绥以新政之大化，使万邦欣欣，喜戴洪惠，昆虫草木，咸蒙恩泽"，"今天成地平，大化无外"，"今与国家，协崇大化"等句；⑨《宋书》有"方望群后，思隆大化，以宁区夏，百姓获义"，"神武膺扬，大化咸熙，廓开皇衢，用成帝基"，"王者布大化"，"弘济大化"，"大化扬仁风"等句⑩。其他如《南齐书》《梁书》《陈书》《魏书》《周书》等皆屡用"大化"一词。尤《日本国见在书目录》所

---

① 《汉书》，第 600 页。
② 《尚书大传》，《景印文渊阁（钦定）四库全书》（第 68 册），第 68～393 页。
③ 《太平经》，《道藏》（第二十四册），文物出版社、上海书店、天津古籍出版社，1988 年，第 590、448、591 页。
④ 《周易注》，《景印文渊阁（钦定）四库全书》（第 7 册），第 220 页。
⑤ 《抱朴子内篇》，《景印文渊阁（钦定）四库全书》（第 1059 册），第 43 页。
⑥ 《汉书》，第 649、740 页。
⑦ 《后汉书》，第 914、948 页。
⑧ 《三国志》，第 1102、1195、1197、1206、1215、1229、1242、1243 页。
⑨ 《晋书》，第 1321、1323、1324、1350、1366、1399、1412、1416 页。
⑩ 《宋书》，第 1680、1698、1702、1707、1709 页。

列中国史书之最后一本《隋书》，其《令狐熙传》记录清正员吏令狐熙（约539～602 年）奉上命治理岭南夷越多乱之地，令狐不"以兵威相胁"，"乃以手教相谕"，"建城邑，开设学校，华夷感敬，称为大化"。① 这是对"大化"一词的最好解释。

"大化"是安定四海、绥靖八方的理想词，是歌颂现实、褒扬统治的赞美词。日本统治者以"大化"定年号，正是其受益于中国历史发展后的理性选择。于是，天皇朝廷通过为苏我氏恢复名誉来缓和矛盾；以莫须有罪名铲除了威胁皇位的隐患古人皇子势力来稳固权力；以严禁官吏霸地卖地为突破点整肃吏道；以悬钟作屋敛获民意来提高皇权的支持度；严禁官场不守规矩、腐败肥私以矫正官风；利用各种方式来测验皇亲属臣的忠诚度；不断调整官阶并设置八省百官以建设公权队伍。

以下均为《日本书纪》所记之汉文原文史料。大化元年（645）九月十九日，孝德天皇针对各级官吏中泛滥的争地并田、贪财敛民、中饱私囊的腐败之风，下诏严令禁止曰："自古以降，每天皇时，置标代民，垂名于后。其臣、连等，伴造、国造各置己民，恣情驱使。又株国县山海、林野、池田，以为己财，争战不已。或者兼并数万顷田，或者全无容针少地。及进调赋时，其臣、连、伴造等先自收敛，然后分进，修治宫殿，筑造园陵，各率己民随事而作。易曰，损上益下。节以制度，不伤财害民。方今百姓犹乏，而有势者分割水陆以为私地，卖与百姓，年索其价。从今以后，不得卖地。勿妄作主，兼并劣弱。"大化二年（646）二月十五日，孝德天皇诏曰："朕闻，明哲之御民者，悬钟于门而观百姓之忧，作屋于衢而听路行之谤。虽刍荛之说，亲问为师。由是，朕前下诏曰，古之治天下，朝有进善之旌、诽谤之木，所以通治道而来谏者也。皆所以广询于下也。管子曰，黄帝立明堂之议者，上观于贤也。尧有衢室之问者，下听于民也。舜有告善之旌而主不蔽也。禹立建鼓朝，而备讯望也。汤有总术之廷，以观民非也。武王有灵台之囿，而贤者进也。此故圣帝明王所以有而勿失、得而勿亡也。所以悬钟设匦。"三月十九日又诏曰："去年八月，朕亲诲曰，莫因官势，取公私物，可吃部内之食，可骑部内之马。若违所诲，次官以上降其爵位，主典以下决其笞杖。入己物者，倍而惩之。诏既若斯，今问朝集使及诸国造等，国司至任，

① 《隋书》，第 3414 页。

奉所诲不。""于是，朝集使等，具陈其状。"三月二十日，又下诏问入部、屯仓（私有民、私有地）是否仍如古代设置，皇太子中大兄答曰："天无双日，国无二王。是故兼并天下，可使万民，唯天皇耳。"并献出规定外之入部、屯仓给天皇。大化五年（649）二月，"制冠十九阶，……置八省百官"。①

孝德之后，自齐明至元正，即655年至720年，其间皇位斗争仍颇为激烈，尤其"壬申之乱"即大海人皇子上位史更是家喻户晓。大海人最困难时于三重"朝明郡迹太川边望拜天照大神"，愿得天照大神保佑能够转败为胜。② 他于天武二年（673）二月二十七日成功即皇位成为天武天皇后，旋即于四月十四日派遣大来皇女为斋王，赴"天照大神宫"。③ 十二月五日，赏赐侍奉大尝祭的臣属。这是日本史书关于大尝祭的第一笔记录。天武天皇为神化天皇而绞尽脑汁，终于设计出大尝祭仪式，通过神人共馔使天照大神的灵魂附会在新天皇身上，新天皇由此成为"现人神"。天武四年（675）一月五日，"始兴占星台"。二月十三日，"十市皇女、阿下皇女参赴于伊势神宫"。④ 据《日本书纪》"崇神纪""垂仁纪"的记录，所谓天皇"皇源"天照大神的神位在崇神天皇时设于皇宫内大殿，因惧于"神势共住不安"，而迁至倭之笠缝邑建成的"神篱"（神坛、祭坛之意）。垂仁天皇时又迁至伊势，"其祠立于伊势国"。⑤ 一般认为，虽用明天皇时已有伊势神宫，但天武天皇发意大规模建设伊势神宫，进一步提高伊势神宫的地位，以报答天照大神护佑之恩，亦不难理解。

天武十年（681）二月二十五日，诏亲王、诸臣曰："今更欲定律令，改法式，故俱修是事。"三月十七日，诏各皇子、亲王、臣属等"令记定帝纪及上古诸事"。⑥ 天武十三年（684）十月一日，下诏"更改诸氏之族姓，作八色之姓，以混天下万姓"。⑦ 天武十四年（685）九月十五日，向东海、东山、山阳、山阴、南海筑紫各道派出"使者"，"巡察国司、郡司，及百

---

① 『新訂増補国史大系普及版　日本書紀　後篇』、223 页、227 页、229 页、233 页、243 页、244 页。
② 『新訂増補国史大系普及版　日本書紀　後篇』、313 页。
③ 『新訂増補国史大系普及版　日本書紀　後篇』、332 页。
④ 『新訂増補国史大系普及版　日本書紀　後篇』、336 页。
⑤ 『新訂増補国史大系普及版　日本書紀　前篇』、159 页、185 页。
⑥ 『新訂増補国史大系普及版　日本書紀　後篇』、356 页、357 页。
⑦ 『新訂増補国史大系普及版　日本書紀　後篇』、372 页。

姓之消息"。① 十一月四日，"诏四方国曰，大角小角，鼓吹幡旗，及弩抛之类，不应存私家，咸收于郡家"。② 朱鸟元年（686）四月二十七日，遣多纪皇女等于伊势神宫，五月九日多纪皇女等自伊势归。③ 天武天皇病重，以为是草薙剑作祟而将其移至热田神宫，并请百僧于宫中读金光明经，"愿赖三宝之威"，"身体欲得安和"。七月十五日敕曰"天下之事，不问大小，悉启于皇后及皇太子"。④ 九月九日，天武天皇死。其尸骨未寒，皇后即于十月二日抓获欲"谋反"的大津皇子，并于翌日将其赐死，为自己的儿子、皇太子草壁皇子继承皇位清除了障碍。皇后还采取以死人压活人的办法，在停殡两年多的时间里，不断让皇亲国戚、尊卑官吏在天武灵前祭奠"致诔"，实际上是要他们表示对皇后的忠心。与此同时，"皇太子率公卿百寮人等适殡宫而恸哭焉"⑤，停灵期间此类记录达五次之多。显然，皇后为让草壁皇子能够顺利登基费尽心机。然而，人算不如天算，持统三年（689）四月十三日，草壁皇子一命呜呼。六月二十九日，"班赐诸司《令》一部廿二卷"⑥，即颁发《飞鸟净御原令》给各司。此《令》成为此后制定《大宝令》（702 年）乃至《养老律令》（718 年）的基础和依据。一般认为，此《令》将大尝祭法制化，但因其佚失而据《养老令》，"神祇官，伯一人，掌神祇祭祀、祝部、神户、名籍、大尝（凡天子即位，卜食二国，设饭食供奉，朝夕之礼）、镇魂、御巫卜兆、总判官事"。"下卯大尝祭"，"凡大尝者，每世一年，国司行事，以外每年所司行事"。⑦ 持统四年（690）元旦，皇后即位成为持统天皇。史书虽无明确记载，但一般认为，在持统天皇主导下，进行了伊势神宫的首次迁宫仪式。十月二十二日，持统天皇竟下诏给一名在白村江之战中被唐军俘虏的士兵，褒奖他"尊朝爱国，卖己显忠"⑧，以此号召日本百姓学此楷模，尊重天皇的朝廷，热爱天皇的国家。十一月，日本始行元嘉历与仪凤历。持统五年（691）十一月，行大尝祭。翌年三

① 『新訂増補国史大系普及版 日本書紀 後篇』、378 頁。
② 『新訂増補国史大系普及版 日本書紀 後篇』、380 頁。
③ 『新訂増補国史大系普及版 日本書紀 後篇』、383 頁。
④ 『新訂増補国史大系普及版 日本書紀 後篇』、384 頁、385 頁。
⑤ 『新訂増補国史大系普及版 日本書紀 後篇』、393 頁。
⑥ 『新訂増補国史大系普及版 日本書紀 後篇』、401 頁。
⑦ 惟宗直本『令集解』（第二巻）、1 - 5 頁；『令集解』（第七巻上）、3 頁。
⑧ 『新訂増補国史大系普及版 日本書紀 後篇』、408 頁。

月，持统天皇无视臣谏，巡幸伊势。其实，自天照大神之神位迁出皇宫而移至伊势神宫后，虽有独身皇女在此陪护，但天皇是不能前往参拜的，其他皇族未经天皇允许也不能任意前往。而持统天皇打破常规，亲自前往伊势神宫参拜，即说明她想通过这一举动来神化天皇的迫切性已经达到何种程度（此后直至明治天皇参拜，其间再无其他天皇参拜）。

本文不厌其烦地引述《日本书纪》所载用明天皇至持统天皇期间的相关史料，首先因为这些史料是真实可信的。在大化革新的起点645年六月十二日宫廷政变的翌日，深感大势已去的苏我虾夷"悉烧《天皇记》、《国记》、珍宝，船史惠尺即疾取所烧《国记》，而奉献中大兄"。① 而上述列举之史实应为苏我氏焚书之后所发生者，又距720年《日本书纪》问世时间较近，故对其可信度难以置疑。

上述史料至少说明以下三点：第一，古代中日文化交流密切，日本统治集团和知识分子对中国的儒文化和道文化有很深入的理解和应用，其深刻程度是今日之中国学者想象不到的；第二，日本统治集团以中国尤其隋唐为模版，改造日本，发展日本，欲使日本尽快成为与中国对等的国家；第三，迨至天武、持统时期，日本已基本成为政权形态完备、官员队伍整齐、万事有法可依、社会运转有序的国家。尤其在意识形态方面，日本统治集团出于加强统治力、巩固统治地位、维持社会稳定、扩大对中国"优势"的目的，深切感到需要神化天皇，神化日本。也就是说，神化天皇乃形势发展所需。这个时代因此成为以国家和皇权为主体的宗教——神道形成的时代。因为佛教和儒教无法满足神化天皇、神化日本的需求，只有道教可资利用。于是，日本统治集团借鉴唐代，将道教确立为皇室宗教进而成为国教的做法，大量吸取中国道文化的"营养"，并结合日本的实际，按照《易经》第20卦的教导"观天之神道，而四时不忒；圣人以神道设教，而天下服矣"②，创造出了独具日本特色的宗教——神道，以服天下。720年《日本书纪》问世，是神道形成的标志。神道自成立时始，就是皇家宗教，进而成为国家宗教。天皇因神道而成为神，日本因神道而成为"神之国"。天皇成为天照大神（太阳女神）的化身，日本成为天照大神之国，日本人信心陡增，相信这样

---

① 『新訂増補国史大系普及版　日本書紀　後篇』、210頁。
② 《周易注》，魏王弼注，《景印文渊阁（钦定）四库全书》（第7册），第220页。

一来日本对中国就具有了天然高尚的优势。

然而，由于神道照搬道教的做法过于明显，日本统治集团便采取果断措施扼除其影响，以确立神道乃日本所固有的形象。天平元年（729）二月十日，左京人从七位下漆部造君足等向朝廷告密，"称左大臣二位长屋王私学左道，欲倾国家"，朝廷旋即派兵围长屋王宅，曾主编《日本书纪》的一品代理太政大臣舍人亲王等"穷问其罪"，十二日"令王自尽"，其妻及四个王子一同自经，并"悉捉家内人等"，对"外从五位下上毛野朝臣宿奈麻吕等七人，坐与长屋王交通，并处流；自余九十人悉从原免"，对告密者则赐封"赐物有差"。恐怖氛围一时笼罩京城。长屋王之"私学左道"究竟为何物？从圣武天皇后来的言论中似可窥见一斑。二月十五日，圣武天皇敕曰："长屋王忍戾昏凶，触途则著，尽匿穷奸，顿陷疏网。苅夷奸党，除灭贼恶。"四月二日，天皇再敕曰："内外文武百官及天下百姓，有学习异端、蓄积幻术、魇魅咒诅、害伤百物者，首斩从流。如有停住山林、佯道佛法、自作教化、传习授业、封印书符、合药造毒、万方作怪、违犯敕禁者，罪亦如此。其妖讹书者，敕出以后五十日内首讫，若有限内不首后被纠告者，不问首从，皆咸配流。其纠告人赏绢卅疋，便征罪家。"① 这两道敕书表明，朝廷要严厉打击除神道之外的任何"违犯敕禁者"，尤其"佯道佛法、自作教化"，即披佛法外衣而行道教之实者，若不在限期内自首，定严惩不贷。显然，这是通过打压道教以扩张神道。在这种恐怖氛围中，道教不仅其发展已不可能，连存在也不可能了。日本学者往往只从舍人亲王欲维护藤原氏势力的角度解释长屋王事件，这缺乏说服力。舍人亲王主编《日本书纪》，他为确立日本神道功屈一指，如今官位极品，朝权在握，再无必要去讨好、依靠任何人。为遂行神化天皇的使命、巩固神道地位、维护"神之国"的利益，尽管有叔侄关系（舍人亲王与高市皇子同为天武天皇之子，长屋王为高市皇子之子），也要把长屋王拿下，并毫不留情地除灭其势力。30 年后，舍人亲王被其子淳仁天皇追赠为"崇道尽敬皇帝"，也算是死有所得了。

显然，若无道文化东传，则无日本神道之产生。道文化东传是日本神道产生的外因，而且是具有决定性的外因。日本神道虽也是多神教，但实际上其一神教的特点也很突出，甚至占有很大的优势。日本神社虽多，皆拱卫伊

---

① 『新訂増補国史大系普及版 続日本紀 前篇』、115－117頁。

势神宫；氏神万千，亦拥天照大神为头首。这就是《日本书纪》所显示出的日本神道的最基本的教义。如果对日本神道的各个方面加以考察便知，中国道教与日本神道，宛如在中国道文化哺育下先后成长起来的姐妹，既相似却又不同。日本绝不是仅仅借用了"神道"和"天皇"两个词语，很难用"借用"一词来概括中国道教与日本神道的关系，这也很难准确表达日本神道与中国道文化的内外联系。日本是首先学习、移植道文化，活学活用了包括道教在内的中国道文化蕴含的诸多智慧，进而理论联系实际，中为日用，结合日本的实际改造、创新道文化，最终创造出独具日本特色的神道。神道成为日本具有顽强的学习能力和强大的创新能力的集中体现。①

日本绳文时代、弥生时代无文字记录，该时代史只能依靠中国典籍中的记录进行研究。日本的考古成果与中国史书的记载基本一致，说明中国史书的记载是可信的。《日本书纪》的编纂者们编造出的日本肇国神话，其中三分照搬（中国）、三分传说（九州与大和之间各部族的口传史，或有其事）、四分编造。正因为这四分编造，天皇成了神，日本成了神之国，日本神道成了不同于中国道教的宗教。对此，日本学者祢津正志在分析了《古事记》《日本书纪》中的日本肇国神话后指出："如果认真阅读（日本）神代史的故事，即能明白其中最古老者也是在六七世纪之间创作的。"② 他进一步指出，所谓"天孙民族"不过是没有人类学依据的词语，日本列岛上最早出现的"固有日本人"也是渡海至日的北亚人，公元前 1 世纪前后，又有中国人、朝鲜人渡海至日，与之融合，而后日本进入阶级社会，根本没有什么"从天而降之人"。所称"天孙民族"是为朝廷势力圈内的人民（当然以天皇家为主）涂抹上神圣的色彩，借以强调其正统性和先进性，以区别于朝廷势力圈外所谓落后的东北虾夷人、九州隼人、熊袭人和畿内及周边与朝廷作对势力的土蜘蛛（土云）、大蜘蛛等。其实，这些集团之间或有差异，但

---

① 参见蒋立峰《日本天皇列传》，东方出版社，1991 年，第 188～217 页。笔者在日本皇学馆大学的安排下曾观摩雾岛神宫的天孙降临神火祭仪式，并登上天孙降临的高千穗峰峰顶。该神宫祭神为天孙、天孙之子及天孙之孙（即后来的神武天皇）。仪式的整个过程主要为：在庭院告神，在拜殿请神、献花果、献词、献舞、送神，入夜后在天孙降临之神篱燃点神火，在高千穗峰峰顶燃放烟花等。从神社的建筑、神官的着装、仪式的程序等多方面看，日本神道与中国道教相比，至今似保留了更多的道文化的基本元素，即无为（"圣人处无为之事，行不言之教"）、俭朴（"见素抱朴，少私寡欲"）、自然（"道法自然"）。
② 祢津正志『天皇家の歴史』（上巻）、三一書房、1976 年、15 頁。

没有人类学意义上的优劣之分。① 以上分析鞭辟入里，笔者也完全认同。

关于天皇家的发源地，有东南九州、奈良大和、伊势等说。如果将这些观点汇通在一起考虑，有一点是相通的，即天皇家是由 4 世纪前后奈良大和地区的一个豪族发展壮大起来的、通过多次战争统治了大半个日本的政治势力。至于在此之前是否与东南九州（高千穗峰、日向）有关，神武东征是否存在，因神话传说也可能是社会现实发展的反映，似不应给出断然否定的结论。有日本学者之所以持否定意见，或与其当时所处的政治环境有关，与其欲否认大陆先进文化首先推动了九州地区的发展有关。

日本有学者认为，道教和神仙思想传入日本后，在推古朝始用"天皇"称呼朝廷的最高统治者，法隆寺金堂的药师像光背铭即以"池边大宫治天下天皇"称推古天皇。大化革新后，天皇成为法定正式名称，随之出现了以祭祀天皇家祖先为主要内容的神道，可见神道并不能称为原始宗教。神道是来源于中国的道教、阴阳五行说、易经等，在一定程度上日本化的宗教，但绝不是新石器时代就已形成的原始宗教。卑弥呼的鬼道也许就是从朝鲜、中国传来的早期宗教，并成为神道的源流。神道通过神宫、神社规定了地方豪族的氏神与天皇祖神的从属关系，最终将地方神社崇拜与天皇祖神崇拜进而与天皇崇拜结合了起来。② 也有日本学者认为，在 7 世纪后期天武天皇在位时期方有"日本""天皇"等用语出现（20 世纪末，在奈良飞鸟地区临近飞鸟净御原宫遗迹的飞鸟池遗迹，考古发掘出最早写有"天皇"文字的木简）。"天皇"这一称号最初在天武朝廷使用时仅指天武天皇，天武死后从持统朝开始成为日本最高统治者的称号。天皇被神化（"天孙降临"）也是在天武时期得到逐步推进，进而在 8 世纪初期由《古事记》《日本书纪》问世而定型。故在此之前不会存在以神化天皇权威、确立天皇的核心统治地位、巩固天皇制统治体制为目的的神道。③ 这些观点显然比大部分中国学者的观点要开放、合理得多。

所谓"三种神器"，是神道神化天皇的重要工具。实际上，与"神道"源于《易经》一样，"神器"源于《老子道德经》："天下神器，不可为

① 祢津正志『天皇家の歴史』（上卷）、27 頁、28 頁。
② 祢津正志『天皇家の歴史』（上卷）、43 頁、44 頁、46 頁。
③ 熊谷公男『日本の歴史 3　大王から天皇へ』、講談社、2001 年、10 頁、14 頁。

也。"① 实际上所谓"三种神器"并不神秘，亦非神圣不可侵，乃道教常用之物。镜、剑、玉在弥生时代的日本并不仅见，尤其铜镜由中国大量输入，各地方豪强甚至以生前所有或墓中随葬的中国铜镜的多少、大小来显示地位的贵贱和实力的强弱。比如大和天理市黑冢古坟出土的三角缘神兽镜竟有33面之多。据《日本书纪》不实推算景行十二年（82）九月五日，景行天皇南征。"爰有女人，曰神夏矶媛，其徒众甚多，一国之魁帅也。聆天皇之使者至，则拔矶津山之贤木，以上枝挂八握剑，中枝挂八咫镜，下枝挂八尺琼。亦素幡树于船轴，参向而启之曰，愿无下兵，我之属类，必不有违者，今将归德矣。"② 推算仲哀八年（199）一月四日，仲哀天皇幸筑紫。"时冈县主祖熊鳄闻天皇之车驾，豫拔取五百枝贤木，以立九寻船之轴。而上枝挂白铜镜，中枝挂十握剑，下枝挂八尺琼。参迎于周芳沙麼之浦，而献鱼盐地。"③ 由此看来，立贤木、挂镜剑玉乃表示和好、归顺之意，这一做法源自天照大神躲进岩洞后，诸神"掘天香山之五百个真坂树，而上枝悬八坂琼之五百个御统，中枝悬八咫镜，下枝悬青和幣、白和幣，相与致其祈祷焉"。④ 延历十年（791）八月三日，"夜有盗，烧伊势太神宫正殿一宇，财殿二宇，御门三间，瑞篱一重"。⑤ 遇此大火，藏于正殿的铜镜必难保存。天德四年（960）九月二十三日，"今夜亥三剋，内里烧亡……累代珍宝多以烧失"。二十四日，"昨夜镜三并太刀契不能取出，今日依敕令搜求余烬之上，已得其实，但调度烧损，其真犹存，形质不变，甚为神异"。⑥ 经此大火，镜剑虽然"其真犹存，形质不变"，但似很难原质原样保存。宽弘六年（1009）十月五日，"一条院皇居有火，（一条）天皇暂御织部司，二代御记为灰烬"。⑦ 据称神器全部被烧。《愚管抄》卷五记曰，寿永四年、元历二年、文治元年（1185）三月二十四日，"准备船战之时，终闻赖朝率武士等重围而来，便赴西国，于长门之门司关所云坛之浦处，二位尼（宗盛母）

① 《老子道德经》，《四部备要》（第53册），第10页。
② 『新訂増補国史大系普及版　日本書紀　前篇』、202頁。
③ 『新訂増補国史大系普及版　日本書紀　前篇』、234頁。
④ 『新訂増補国史大系普及版　日本書紀　前篇』、32頁。
⑤ 『新訂増補国史大系普及版　続日本紀　後篇』、555頁。
⑥ 『新訂増補国史大系普及版　日本紀略　第三（後篇）』、吉川弘文館、1980年、79頁、80頁。
⑦ 『新訂増補国史大系普及版　日本紀略　第三（後篇）』、219頁。

抱拥主上，携神玺、宝剑跳入海中。乃圣洁女性也。以致内大臣宗盛以下悉数入海"。① 主上即时年八岁的安德天皇，宗盛后被敌俘杀。另据《百錬抄》记曰，同年八月二十一日，"武士乱入大原社，打开神殿，取御体镜四枚并神宝等。稻荷社奉取御正体弃之。梅宫社同（样）打开宝殿云云"。② 迨至近代，1940 年 7 月，伪满卖国皇帝溥仪第二次访日归来，带回裕仁"赐予"的三件神器并置于伪满皇宫中的"建国神庙"，将天照大神奉为伪满洲国的"建国元神"，以将伪满洲国变成从属于日本的二等"神国"。由此一系列事实可知，所谓三种神器，并非如中国人以为神圣而无惧水火、唯一而不可替代、始终而万古不变，并不具唯一性，亦并非传万世不变，不过是由当世统治者宣传为神灵载体之物而供奉起来加以祈拜而已。

曾任京都八坂神社宫司和大阪住吉大社宫司并兼任皇学馆大学名誉教授的真弓常忠，是当代日本地位甚高的神道神职人员和影响甚大的神道学、神道史学者。真弓认为，七八世纪，虽然道观、道士未能进入日本，但正因为如此，道教在民间层次有更深更广的渗透，以至直至今日仍是日本文化中的一大要素。真弓特意撰文《神道祭祀中的道教要素》，以大量的历史事例阐述此问题：飞鸟时代天武天皇设阴阳寮、造占星台并亲自以道教咒术秉式行占；伊势神宫的天照大神被比定为道教信仰中唯一不动的北极星"太一"；至今在祭祀活动中仍使用"太一"幡；天武天皇定"八色之姓"及自称"瀛真人"皆源于道教的三神山神仙思想，天武天皇病重时还要煎服道教"仙药"白术；至今八坂神社在除夕夜还要点燃"白术火"，元旦向参拜者供饮"白术酒"（屠苏酒）祈求除厄免灾；535 年宣化天皇即位，以道教视为神器的镜剑为皇位象征；神社祭祀时在祭坛左右置五色绢即源于《抱朴子》所记的"五色缯"信仰；以八坂神社为核心的祇园信仰包含了众多的道教因素，神社殿堂的建筑方式类似于道观，尤其与中国上清派道教本山茅山的林屋堂几乎完全相同；等等，都完全说明了这一点。③

真弓常忠和福永光司还共同注意到有关神道仪式的以下历史记录。

第一则，根据《内里仪式》和《江家次第》，天皇于宫廷内举行四方拜

---

① 『国史大系 第十四卷 百錬抄 愚管抄 元亨释书』、経済雑誌社、1901 年、532 頁。
② 『国史大系 第十四卷 百錬抄 愚管抄 元亨释书』、144 頁。
③ 参见『特集日本文化に见る道教の要素』、勉誠出版、2005 年、58 - 66 頁。

仪式的记录始见于宽平二年（890）。此后每年元旦于宫内清凉殿东庭做好摆花、上香、燃灯等准备工作后，寅时天皇出场，"皇上于拜属星座，端笏北向，称御属星名字（七遍，是北斗七星也）。子年贪狼星（字司命神子）、丑年亥年巨门星（字贞文子）、寅年戌年禄存星（字禄会子）、卯年酉年文曲星（字微惠子）、辰年申年廉贞星（字卫不僯子）、巳年未年武曲星（字宾大惠子）、午年破军星（字持大景子）。次再拜咒曰：贼寇之中，过度我身。毒魔之中，过度我身。毒气之中，过度我身。毁厄之中，过度我身。五鬼六害之中，过度我身。五兵口舌之中，过度我身。厌魅咒咀之中，过度我身。万病除愈，所欲随心。急急如律令"。然后是拜天、拜地、拜东南西北四方，最后遥拜二山陵。[①] 天皇以自身属性（子丑寅卯辰巳午未申酉戌亥）定属星，拜属星，以求得保佑。在此需指出，此历史记录中的北斗七星，即大熊座的天枢、天璇、天玑、天权、玉衡、开阳、摇光七星，在中国道教从始至今仍被视为七元解厄星君，居北斗七宫，分别称为天枢宫贪狼星君、天璇宫巨门星君、天玑宫禄存星君、天权宫文曲星君、玉衡宫廉贞星君、开阳宫武曲星君、摇光宫破军星君。而天皇所念咒语更是典型的道教用语。因此，说四方拜实乃披着神道外衣的道教祭拜仪式似不为过。

第二则，在四方拜之后，于正月初一、初二、初三在安福殿进行供御药仪式，即向天皇供献药品，以保天皇安康于万一。此项仪式始于810年（弘仁元年之后），每次仪式需于前一年由阴阳寮提交两件勘文，一为御忌勘文，一为药童子勘文。据《江家次第》所载释文，治历元年（1065）十二月十日提交的御忌勘文是："治历二年岁次丙午，御忌，御年卅三。游年在坤，祸害在震，绝命在坎，鬼更在震，生气在艮（色黄），养者在离（色赤），行年在戌，小衰（六月十九日、七月六日、十二月二十五日、次丁未年正月十二日），大厄（二月六日、十一日，七月十日、十五日、十七日，不可北行），衰日（卯酉），衰时（卯酉）。"[②] 显然，这是以易家八卦占卜吉凶，为贡献药品提供理论依据，是供御药仪式中显存的道家要素，这一点毋庸置疑。

第三则，依据《延喜式》，每年六月晦日（30日）和十二月晦日（30日），天皇宫廷举行大祓仪式，仪式中由东文忌寸部奉献横刀时，须念如下

① 大江匡房『江家次第』（第一卷）、正宗敦夫編校、日本古典全集刊行会、1931年、1－4頁。
② 大江匡房『江家次第』（第一卷）、11頁。

咒语（西文部准此）："谨请，皇天上帝，三极大君，日月星辰，八方诸神，司命司籍，左东王父，右西王母，五方五帝，四时四气，捧以银人，请除祸灾，捧以金刀，请延帝祚。咒曰：东至扶桑，西至虞渊，南至炎光，北至弱水，千城百国，精治万岁，万岁万岁。"① 此段咒语其用词皆为道教用语，不言而喻出自道教。咒语中有"东至扶桑，西至虞渊，南至炎光，北至弱水"句，扶桑乃《山海经·海外东经》指为"十日所浴"、"九日居下枝，一日居上枝"之神树②，弱水、炎光（似与"炎火"通）、西王母乃据《山海经·大荒西经》所记"（昆仑之丘）其下有弱水之渊环之。其外有炎火之山，投物辄然。有人戴胜，虎齿，有豹尾，穴处，名曰西王母"③。东王父乃由《海内十洲记·聚窟洲》记曰："扶桑在碧海之中，地方万里，上有太帝宫，太真东王父所治处。"④ 总之，这段咒语与太阳关系密切，故受天皇宫廷青睐并不难理解。

而献横刀、念咒语之东文忌寸部实乃前述东汉灵帝曾孙阿智王之后，阿智王率一众汉人定居日本后组成知识分子集团东文部、西文部，忌寸乃天皇赐姓，为 684 年天武天皇制定的八色之姓的第四等。上述记录从一个角度亦反映出定居日本后的东西文部多数人仍尊奉原有的道教信仰。

每年六月晦日和十二月晦日朝廷举行大祓仪式，以祛除半年的秽气。关于大祓仪式的具体程序，平安时代前期的《内里仪式》和 821 年的《内里式》均无记载，仅有《令集解·神祇令》记载大祓为："凡六月十二月晦日大祓，东西文部上祓刀，读祓词（谓文部汉音所读者也，释云祓词者，两文部所读汉语耳……），讫百官男女聚集祓所，中臣宣祓，卜部为解除。"⑤据此可以认为由东西文部奉献横刀并以汉语念祓词是大祓仪式的程序之一，然而此祓词是不是上述咒语，并未言明。另据《江家次第》记载，大祓"近例只用雨仪"，排座时"设祝师座"，"神祇官颁切麻，祝师著座，读祝词，讫起座，次行大麻，次撤祓毕，上卿以下退出"。⑥ 此记录亦未指出祝

① 皇典研究所·全国神職会校訂『延喜式』（上卷）、236 頁、237 頁。
② 《山海经》，《四部备要》（第 47 册），第 80 页。
③ 《山海经》，《四部备要》（第 47 册），第 109 页。
④ 东方朔：《海内十洲记》，《景印文渊阁（钦定）四库全书》（第 1042 册），第 278、279 页。
⑤ 惟宗直本『令集解』（第七卷上）、9 頁。
⑥ 大江匡房『江家次第』（第七卷）、29 頁。

师为谁，祝词为何。不过，《江家次第》记载的紧接着大祓的下一项为："六月晦日（十二月准之）缝殿寮奉荒世和世御服事、神祇官奉荒事和世御赎事"，此仪式中亦设有"东西文人（部）座"，天皇出场后，缝殿寮先奉装服，接着神祇官进御麻，其后"东西文人——以剑进"[1]，此时是否念咒语则未详记。而大祓与此"缝殿寮奉荒世和世御服事、神祇官奉荒事和世御赎事"于同日先后进行，则此"东西文人——以剑进"与"东西文部上祓刀，读祓词"是何种关系，值得注意。

第四则，《色叶字类抄》是12世纪成书的收集平安时代末期语汇的古词典，其中对"祇园"项的解释为："牛头天王因缘，自天竺北方有国，其名曰九相。其中有园，名曰吉祥。其国中有城，其城有王，牛头天王，又名曰武塔天神云云。其父名曰东王父，母名曰西王母。是二人中所生王，名曰武塔天神。此神王，沙渴罗龙王女，名曰萨迦陀，此为后。生八王子，从神八万四千六百五十四神也。"真弓常忠据此认为，日本的祇园信仰与道教关系密切，如上述八王子即大岁神、大将军、岁刑神、岁破神、岁杀神、黄幡神、豹尾神，分守各方，判断吉凶，其中道教的影响显而易见。[2]

总之，日本神道是以绳弥时代或许存在的原始信仰、自然信仰为基础，随着日本社会、经济的发展，经日本统治集团按照巩固中央集权的需要，借鉴中国的道家易学，加工制作创新而成，由《古事记》《日本书纪》《古语拾遗》《宣命》《令义解》《延喜式》等"神典"加以规范。日本神道的形成，凸显了古代日本人的信心与智慧。古代日本人并不惧怕因为吸收中国道文化而丧失自我，他们利用汉字这一最有效工具，充分吸收道文化的先进要素，在学习中创造，在创造中前进，在前进中确立自我，神道即此彰显自我的最重要体现。中国道教与日本神道，既有紧密联系，又有巨大区别。日本神道没有成为道教第二，没有成为"四不象"，而是成为地地道道、独具日本特色的日本根子文化的代表。其创世神话、伊势神宫的迁宫仪式、天皇即位后的大尝祭等神道理念和仪式，不仅将日本活生生地打扮成一个"神之国"，而且千百年来使日本民众对此"神国"说深信不疑。中国的道文化以天（天

---

① 大江匡房『江家次第』（第七卷）、31 页。
② 真弓常忠「神道祭祀における道教の要素」、『特集日本文化に见る道教の要素』、63 页、64 页。真弓列举八王子名称，在"大将军"后漏掉了"太阴神"。此八王子中仅太阴神为女神，其余七神均为男神。

帝、天子）为中心，古代日本人创造的神道则以日（天照大神、天孙即日孙）为中心；中国人认为天最高，日月次之，日本人认为日最高，日天一体，日即天。日本人的智慧使神道展示出独立性，并成为世界宗教之林中独具一格的宗教。当然，古代日本人创立了神道，创立神道后又断然否认神道与中国道文化的联系，或有意贬低中国道文化，这也是日本人劣根性的一个表现。

不过，正因为神道的基本理念太过日本化，所以神道不具备普适价值，难以在国外传播。在日本军国主义的侵略扩张时代，神道被日本军国主义在其侵略占领之地强行推广，从而成为奴化被侵略民族精神思想的反动意识形态工具。对日本人而言，这一历史教训颇够深刻。

## 七 关于道文化的东传路径

中国古代文化是当时世界的先进文化，向包括日本在内的近邻国家传播是历史发展的必然趋势。道文化生于中国，发展于中国，是中国古代文化的重要组成部分，也是中国古代文化先进性的重要体现。也可以说，中国道文化东传日本的路径与中国文化东传日本的路径是基本一致的，这就是与中国西向的丝绸之路几乎同时存在的中国东向的东北亚文化之路。

基于以上各节的论述，中国道文化东传日本的路径已然明了。概括地说，中国东向的东北亚文化之路亦有陆径与海径二途，陆径是先传播至朝鲜半岛，再传播至日本列岛；海径则是经东海、黄海直接传播至日本列岛。中国道文化东传日本的路径亦如此，亦有陆径与海径之分。陆径即通过朝鲜半岛的传播途径，海径则是通过东海、黄海的传播途径。中国秦代，秦始皇二十八年（前 219 年），"齐人徐市等上书，言海中有三神山，名曰蓬莱、方丈、瀛洲，仙人居之。请得斋戒，与童男女求之。于是遣徐市，发童男女数千人，入海求仙人"。唐开元间张守节《史记正义》对此注曰："括地志云，亶洲在东海中，秦始皇使徐福将童男女入海求仙人，止于此洲，共数万家。至今洲上人有至会稽市易者。吴人外国图云，亶洲去琅邪万里。"① 徐福为一"方士"，即早期道文化的传承者，日本现有数处徐福墓，说明徐福率众过海抵日传播道文化，并非完全不可能之事。前述 3 世纪末，弓月君、阿知

---

① 《史记》，上海古籍出版社，1986 年，第 30 页。

使主、都加使主等率众赴日，也都是确凿无疑的历史事实。不过，根据史料记载或考古发掘分析，徐福或阿知使主等与前前后后历尽艰辛登上日本列岛的大陆人相比，乃沧海一粟。据日本学者的考古研究，从弥生时代开始后的一千年间，日本列岛的人口增长率远远高于世界平均水平，大陆移民数量估计达到100万人以上；在弥生时代结束后的古坟时代，原住民与大陆移民之比达到 1:9～2:8。① 另据815年天皇朝廷编纂完成的《新撰姓氏录》，在京畿一带著名的1182个氏族中，"大汉、三韩之族"和"诸藩"氏族有326个，几乎占1/3。② 有鉴于此，日本学者关晃则说："我们应认识到，无论何人都继承了古代归化人10%或20%的血脉。人们常说我们的祖先同化了归化人，但事实并非如此，归化人就是我们的祖先，他们从事的工作，不是为日本人从事工作，而就是日本人从事的工作。"③

如此众多的大陆人（包括中国人和朝鲜半岛人）东渡日本，必然会成为道文化东传的使者。日本现存大量汉唐道文化铜器典章，考虑到同时代人员流动量之巨大，似可基本认定这些文物流入日本距其问世的时间不应太远。由汉至唐，道教形成并一度兴盛，在这一过程中，为避乱而涉海赴日的所谓大陆"归化人"，以遣隋使、遣唐使为主体的来华人员，以及日本史书上频繁记录的个体或微团体中国人、朝鲜人至日，携带各类道文化物品至日是完全可能的。

若以时间划分，则隋唐及以后乃以海径传播为主。仅以遣唐使为例，从630年，舒明天皇派出了第一次遣唐使，至895年天皇朝廷共任命了19次遣唐使，使团人数最多时达500余人，其次数与规模均世所仅见。遣唐使均循海径往来。据《日本国见在书目录》所记，《隋书·经籍志》记载《东观汉记》共有143卷，但吉备真备大臣"在唐国多处营求竟不得其具本，故且随写得如件，今本朝见在百册二卷"。④ 日本人的努力，充分显示了海径传播在东北亚文化传播之路中的重要地位和作用。

当然，隋唐之前陆径曾经发挥的主流作用亦不能忽视。朝鲜半岛与中国

---

① 埴原和郎「渡来人は百万人規模」、金関恕・森醇一郎監修『弥生の使者徐福』、日本東アジア文化交流史研究会発行、1989年、90-92頁。
② 『新撰姓氏録』、大倉精神文化研究会『神典』、三省堂、1936年、1687-1826頁。
③ 熊谷公男『日本の歴史3 大王から天皇へ』、50頁。
④ 『日本国見在書目録』、宮内庁書陵部所蔵室生寺本、名著刊行会、1996年、31頁。

大陆相连且近，中国道文化向朝鲜半岛的传播，并经朝鲜半岛再向日本的传播，自然早于、易于经海径直接向日本的传播（徐福东渡日本可看作少数例外）。① 明显的例证则如前述《日本书纪》记载，6 世纪时继体天皇、钦明天皇请百济派遣易博士之记录，另如前述道教四神兽壁画墓，有一种可能也是先传至朝鲜半岛，然后再传至日本。

在论述中国道文化东传日本路径时，必须涉及一日本学者常常引以为据，进而主张道教未传入日本的事例。古代日本的统治集团为追求与唐王朝的对等地位，以神道作为"神国日本"的理论根据。日本学者为此多强调中国道教未传入日本，日本遣唐使曾当面断然拒绝了唐玄宗要向日本派遣道士的安排，这等于从理念上阻断了道教东传日本的路径。日本学者的观点是否符合历史实际值得推敲商榷。

首先看当时的历史大环境。《日本纪略》弘仁九年（818）三月二十三日条记曰：嵯峨天皇"诏曰，云云。其朝会之礼及常所服者，又卑逢贵而跪等，不论男女，改依唐法。但五位以上礼服，诸朝服之色，卫仗之服，皆缘旧例，不可改张"②。此诏书乃似日本天皇朝廷全面学习唐朝的宣言书，从此各级官员下见上时不再行跪拜礼，而行立式问候礼，即位及元日朝贺时群臣也以唐式的再拜舞踏礼取代原有敬神的四拜拍手礼。但遗憾的是，其部分内容被"云云"二字代替而无法审其全貌。日本既如此大力学习唐朝，而唐时道教兴盛，日本遣唐使怎会当面断然拒绝唐玄宗要向日本派遣道士的安排？持此论者的唯一依据为，宝龟十年（779）真人元开（即淡海三船）著《唐大和上东征传》（一名《过海大师东征传》）。该书记曰：唐天宝十二年（753）十月十五日，"日本国使大使特进藤原朝臣清河，副使银青光禄大夫、光禄乡大伴宿弥胡麻吕，副使银青光禄大夫秘书监吉备朝臣真备，卫尉乡安倍朝臣朝衡等，来至延光寺，白大和上云：弟子等早知大和上五回渡海向日本国，将欲传教。故今亲奉颜色，顶礼欢喜。弟子等先录大和上尊号并持律弟子五僧，已奏闻主上向日本传戒。主上要令将道士去日本。君王

---

① 关于中国道文化在朝鲜半岛的传播，参见孙亦平《道教在韩国》，南京大学出版社，2016 年。但该书作者在引言中称："本书抛开当今的政治国家与领土观念，而从文化的角度以'韩国道教'为名，来研究道教在朝鲜半岛的传播与兴衰史。"所以，对此书的"抛开"如何评论，请参考者自酌。

② 『新訂増補国史大系普及版　日本紀略　第二（前篇下）』、306 頁。

先不崇道士法，便奏留春桃原等四人，令住学道士法。为此，大和上名亦奏退，愿大和上自作方便。弟子等自在载国信物船四舶，行装具足，去亦无难。时大和上许诺已竟，时扬州道俗皆云，大和上欲向日本国……"[1] 该书现存世版本尚多，名称有异，各版本文字或多或少有差异，如上段引文内"大和上尊号"有版本为"大和上尊名"，同时"君王"为"名王"，但大多无异。[2] 上段引文中，关键是对"主上要令将道士去日本。君王先不崇道士法，便奏留春桃原等四人，令住学道士法"一句的理解。首先，这句话并不是藤原清和等拜见主上（唐玄宗）时与唐玄宗的对话，而只是藤原清和等与大和上鉴真谈话中的一部分，有学者却据此臆造为藤原清和等以日本天皇"不崇道士法"为由断然拒绝了唐玄宗的要求，这种说法难以令人首肯。其次，从这句话更感受不到所谓"断然拒绝"的紧张气氛，恰恰相反，倒能揣摩出藤原清和等采取了柔和应对的做法。藤原清和等对大和上鉴真说的话应这样理解："我等作为您的弟子，早知大和上您五次渡海，欲赴日本国传教。所以今天能得到您亲自会见，我等深感荣幸。弟子等先前已记录大和上尊号及持律弟子五僧，奏闻主上，您要赴日本传戒。但主上命令我等携带道士去日本。考虑到君王过去不推崇道士法，便只好先奏留春桃原等四人在唐朝，学习道士法。这样一来，大和上您的名字也只好撤回，希望大和上您自己随意安排吧。"如果再将"尊号""君王"换成"尊名""名王"，或可将后半句理解为："考虑到您一直不推崇道士法，便只好先奏留春桃原等四人在唐朝，学习道士法。这样一来，大和上您的名字也只好撤回，希望大和上您自己随意安排吧。"这是753年发生的事，如果联想到719年遣唐使多比治县守等自唐回国后，为示荣耀皆身着大唐所授朝服上朝廷向天皇复命，720年《日本书纪》问世，729年长屋王之变，735年副遣唐使中臣名代向唐朝廷"献表恳求《老子》经本及天尊像，以归于国，发扬圣教"之事，藤原清和等在"携带道士去日本"一事上因问题敏感而采取柔和变通的做法，以防止日本已照搬道教而成神道的做法万一被中方知晓后引起中方不满，正是顺理成章的事。

---

[1] 『過海大師東征伝』、大日本国建初律唐招提寺、1932年再版、24页、25页。
[2] 『唐大和上東征伝一帖』、国立国会図書館蔵本、使唐沙門章観之手写本、贵重図書影本刊行会、1936年。

至于道士是否到过古代日本，现在尚无充足史料证明。前述 644 年祭常世神之乱中的煽动者大生部多，似有道士之风。840 年规模甚大的庚申之乱中，似亦应有大生部多一类煽动者。即使没有正规的道士渡海至日传教，但如前文所叙，中国道文化东传古代日本，时间长，范围广，影响大。其间必有众多的中国人和日本人作为道文化的传播者而不懈努力过，对这些人为古代日本社会发展做出的贡献，理应加强研究而不能漠视。

# 结　语

本文从《日本国见在书目录》、"日本六国史"和日本四神兽及壁画墓、神道的创立等多方面，递进分析论述了以《老子道德经》为理论基础、以《周易》及其他道家经典为主要内容的古代中国道文化东传日本的问题。大量历史记录及考古成果证明，古代中国道文化东传日本是十分清楚的历史事实，道文化与儒文化、释文化共同成为支撑古代日本社会政治环境，推动古代日本社会发展的三大要素，尤其道文化对日本统治集团树立全新的执政理念产生了深刻的影响，对日本神道的形成发挥了独特作用。换言之，中国道文化东传，适应了日本政治文化、宗教文化发展的需要，也适应了日本社会发展的需要。这也是历史发展的必然趋势。吸收移植道文化的任务最终以日本统治集团创立更显日本风格的神道这种更加完美的宗教形式而完成。这是儒文化、释文化不可相比的。古代日本统治集团思想开放，学有自信，创有魄力，实世所罕见。所以，在探讨日本文化的形成及特点时，既要注意日本民族、日本列岛地理环境发挥的决定性作用，也应注意到中国文化、东亚文化的影响和作用，更应注意到中国道文化对日本古代社会发展的影响和作用。当今的日本学者多不太愿意研究此类课题，一是因为解析古汉语史料难度较大，另则因民族主义情绪的潜在影响。这种状况短期内恐难以改变。在这方面，中国学者认真研读古代日本史料，提出更多客观有据的观点和成果，应是责无旁贷之事。

（审校：唐永亮）

更正：《日本文论》2019 年第 1 辑（总第 1 辑）中本文上部《中日文化交流中的道文化东传问题（上）》，第 40 页正文第 13 行"《周义私记》”应为“《周易私记》”，第 35 页注释① “葛兆先” 应为 “葛兆光”，第 45 页注释⑥应删去 “新訂增補国史大系普及版”。

# The Spread of Taoist Culture in China-Japan Cultural Exchanges（Ⅱ）

*Jiang Lifeng*

**Abstract**：The eastward spread of Chinese Taoist culture is an important topic in the study of the history of cultural exchange between China and Japan. The article reviews the historical data and archaeological findings from many aspects, and puts forward some original views on the time, scale and influence of the spread of Chinese Taoist culture to Japan. Based on the Catalogue of Japanese Books, the first part of the article argues that the influence of Chinese Taoist culture on the political and social development of ancient Japan overcame that of Confucian culture and Buddhist culture, which is fully reflected in the detailed records of the history of the six countries of Japan. The second part of the article analyzes the profound and comprehensive the influence of Chinese Taoist culture on the ancient Japanese ruling groups from two aspects: the special function of the "four holy beasts" and the eating and living of the Japanese emperor. The article focuses on the relationship between the eastward spread of Chinese Taoist culture and the formation and development of Japanese Shintoism. Rich historical data prove that the eastward spread of Chinese Tao culture is of decisive significance to the formation and development of Japanese Shintoism. It can be concluded that without the spread of Chinese Taoist culture, there would be no Japanese Shintoism. It is also undeniable that the Japanese intellectual group has not simply copied the Chinese Taoist culture but has fully absorbed its nutrition of the Chinese Taoist culture in constructing Japanese religion, namely Shintoism, which not only maintains the tradition but also has its own characteristics.

**Keywords**：Taoist Culture；Taoism；Spread Eastward to Japan；Japanese Emperor；Shintoism；Four Holy Beasts

《日本文论》（总第 2 辑）
第 60 ~ 83 页
© SSAP，2019

# 试论古代中国人移居朝鲜半岛与
# 日本"秦人"的形成

蔡凤林

**内容提要：** 自公元前 3 世纪或更早的时期，中国大陆居民经由朝鲜半岛移居日本列岛，成为日本历史上的移民集团"渡来人"，他们对古代日本历史、文化的形成与发展起到了决定性作用。3 世纪时朝鲜半岛东南部居住着辰韩（秦韩）人和弁韩（弁辰）人。构成古代日本移民集团"秦人"民族基础的是秦朝时为避暴政流徙朝鲜半岛的中国人的后裔辰韩人和弁韩人。"秦人"主要在经济和技术领域为古代日本社会的发展做出了巨大贡献。

**关 键 词：** 秦朝　朝鲜半岛　辰韩　秦人

**作者简介：** 蔡凤林，中央民族大学外国语学院教授。

## 引　言

　　自公元前 3 世纪或更早的时期，中国大陆居民经由朝鲜半岛移居日本列岛，成为日本历史上著名的移民集团"渡来人"①。他们给古代日本带去了稻作、养蚕、织布、制陶、冶炼、建筑等方面的技术以及汉字、道教、儒学等中国文化要素，对古代日本国家及民族文化的形成和发展发挥了决定性作用。关于这些移民大规模徙居日本列岛的时期和次数，目前学界一般认为：

---

① "渡来人"是指历史上从朝鲜半岛、中国大陆移居至日本列岛的群体。受王化思想的影响，第二次世界大战结束以前日本人将他们称作"归化人"。虽然 20 世纪 70 年代以后逐渐改称"渡来人"，但依然带有歧视色彩，故本文中对历史上移居日本列岛的群体总称为"古代日本移民集团"。

第一时期为公元前 3 世纪至 3 世纪的弥生时代；第二时期为 4 世纪末至 5 世纪前半叶；第三时期为 5 世纪后半叶至 6 世纪前半叶；第四时期为 663 年白村江战役后的 7 世纪后半叶。① 其中，第二时期移民以"秦人"和"汉人"为主。

3 世纪时，朝鲜半岛东南部居住着辰韩人和弁韩（弁辰）人。有很多研究者反对古代日本移民中的"秦人"（以下简称"秦人"）来自辰韩（秦韩）这一提法②。但是有研究者将"秦人"与广泛移居朝鲜半岛的中国人联系起来思考③，应为正确的研究思路。在中国学界，有关"秦人""汉人"等古代日本移民集团的研究者可谓凤毛麟角。吕思勉对"辰韩即秦韩"说持以否定态度。④ 诸如此类，关于日本"秦人"的来源，学界有不同意见，且研究缺少系统性和专题性。笔者认为，构成"秦人"核心部分的人群应该是秦朝时期为避暴政流徙朝鲜半岛的中国人的后裔。文章就此问题做一简单考述，旨在抛砖引玉，希望学界对"秦人"来源的研究进一步切近历史真相。文中谬误之处，敬请方家斧正。

## 一　秦朝以前中国人移居朝鲜半岛

中国人移居朝鲜半岛至晚是在春秋战国时期。《史记》记载：

> 朝鲜王满⑤者，故燕人也。自始，全燕时尝略属真番、朝鲜，为置吏，筑鄣塞。秦灭燕，属辽东外徼。汉兴，为其远，难守，复修辽东故塞，至浿水（今大同江——笔者注）为界，属燕。燕王卢绾反，入匈奴，满亡命，聚党千余人，魋结蛮夷服而东走出塞，渡浿水，居秦故空

---

① 上田正昭『帰化人』、中央公論社、1957 年。
② 三品彰英『日本書紀朝鮮関係記事考証』（上巻）、吉川弘文館、1962 年。
③ 如新井白石、鮎貝房之进、井上光贞、今井启一、大谷光男等人认为"秦人"是原带方郡汉人。参见新井白石「古史通或問」（下）、『新井白石全集』（第三巻）、東京活版株式会社、1906 年；鮎貝房之進『朝鮮国名考』、国書刊行会、1987 年；井上光貞「王仁の後裔氏族及びその仏教」、『史学雑誌』第 54 編第 9 号、1943 年；今井啓一『帰化人の研究』、綜芸舎、1972 年；大谷光男『邪馬台国時代』、雄山閣、1978 年。
④ 吕思勉：《秦韩》，载《吕思勉读史札记》（下），上海古籍出版社，1982 年。
⑤ 《史记》《汉书》记作"王满"，《后汉书》《三国志》记为"卫满"，本文记写为"卫满"。

地上下鄣，稍役属真番、朝鲜蛮夷及故燕、齐亡命者王之，都王险。①

　　根据公元前 108 年以后汉武帝在朝鲜半岛设置的乐浪、玄菟、临屯、真番四郡的位置，可推知真番指朝鲜半岛南部地区。《史记》记载，周武王伐纣灭商，"为殷初定未集……封尚父于营丘，曰齐。封弟周公旦于曲阜，曰鲁。封召公奭于燕。封弟叔鲜于管，弟叔度于蔡"。② 于是有了西周诸侯国之一燕国。因此，"自始，全燕时尝略属真番、朝鲜，为置吏，筑鄣塞"这一记载表明，至晚在周朝时燕国统治过朝鲜半岛。公元前 222 年秦始皇兴兵攻取辽东，秦朝"地东至海暨朝鲜，西至临洮、羌中，南至北向户，北据河为塞，并阴山至辽东"。③《三国志·魏书·乌丸鲜卑东夷传》"韩条"注引《魏略》："时朝鲜王否立，畏秦袭之，略服属秦，不肯朝会。否亡，其子准立。"④ 朝鲜王否，为汉初卫氏朝鲜（前 195 年～前 108 年）之前的朝鲜国王。结合上引汉初卫满"渡浿水，居秦故空地上下鄣，稍役属真番、朝鲜蛮夷及故燕、齐亡命者王之"这一历史记载，能够认为秦灭燕国后继续统治朝鲜半岛北部地区，平壤石岩里古墓出土的秦始皇二十五年纪年铭文戈⑤，可资佐证。另外，考古学者在斯里兰卡发现了秦半两钱。⑥ 古印度人称中国为"震旦"，应该是由"秦"音后附加表示地名的词缀"tan"而成。关于当今中国的英语名称"China"，亦应为由"秦"演化而来。结合上引秦朝"地东至海暨朝鲜，西至临洮、羌中，南至北向户，北据河为塞，并阴山至辽东"这一文献记载，能够认为秦朝的国际影响力和开疆扩土之功甚大。

　　周、秦王朝对朝鲜半岛的统治，为早期中国人移居半岛提供了方便条件。经考古发掘，在鸭绿江流域发现了燕国货币、铁器和秦汉货币⑦，在

---

　　① 司马迁：《史记》卷一百一十五《朝鲜列传》，中州古籍出版社，1996 年，第 245 页。
　　② 司马迁：《史记》卷四《周本纪》，第 8 页。
　　③ 司马迁：《史记》卷六《秦始皇本纪》，第 16 页。
　　④ 陈寿：《三国志》卷三十《魏书·乌丸鲜卑东夷传》，中州古籍出版社，1996 年，第 200 页。
　　⑤ 梅原末治·藤田亮策『朝鮮古文化総鑑』（第一卷）、養徳社、1947 年、13 頁。
　　⑥ 王子今：《司马迁笔下的秦始皇与海洋》，《光明日报》2019 年 1 月 19 日。
　　⑦ 李珉：《辑安发现古钱》，《文物参考资料》1957 年第 8 期；古兵：《吉林辑安历年出土的古代钱币》，《考古》1964 年第 2 期；王巍：《中国古代铁器及冶铁技术对朝鲜半岛的传播》，《考古学报》1997 年第 3 期。

朝鲜西北地区也发现了许多战国时期货币。① 古代器物的传播主要依靠民众的迁徙，这些遗物的发现，说明至晚在战国时期即已有中国人徙居朝鲜半岛。

周朝时中国人甚至已移居朝鲜半岛南部地区。1975 年，在韩国全罗北道全州市完州郡上林里出土了 26 件中国铜剑。关于这些铜剑的性质和来源，研究者据其铸造技术和所用原料，认为它们是由公元前 4 世纪后半叶移居朝鲜半岛南部的中国吴越地区工匠铸造。吴越地区工匠迁徙至朝鲜半岛，是由于公元前 334 年楚威王兴兵征伐越国，越人离散，越国王室的青铜工匠中一部分铸剑工匠离开会稽（今绍兴市）、姑苏（今苏州市）等吴越故地奔向大海，寻找新的生存天地，他们到达了朝鲜半岛的西南沿海地区，在当地铸造了这些铜剑。②

《三国志·魏书·乌丸鲜卑东夷传》载："天下叛秦，燕、齐、赵民避地朝鲜数万口。"③ 秦末有数万人为躲避战乱移居朝鲜半岛。同传"韩条"所引《魏略》亦载："陈、项起，天下乱，燕、齐、赵民愁苦，稍稍亡往准，准乃置之于西方。"④ "准"即"侯准"，是指卫氏朝鲜之前在朝鲜半岛建立国家的人。这些记载均表明，秦朝末年有很多中国燕、齐、赵地（今华北地区）民众为躲避战乱逃往朝鲜半岛。

公元前 3 世纪后半叶至公元前 2 世纪末，铁器从中国传入朝鲜半岛南部地区，其多数是从燕国故地传入的燕系铁器，也有一些是来自齐地。另外，韩国的前期瓮棺葬（前 3 世纪初至公元前后）乃至朝鲜半岛所有时期的瓮棺葬，均为中国环黄海地区战国及秦汉瓮棺葬习俗影响下产生，这是由当时燕、齐等地中国人移居半岛所致。⑤ 上引汉初卫满"渡浿水，居秦故空地上下鄣，稍役属真番、朝鲜蛮夷及故燕、齐亡命者王之"这一文献记载，亦可佐证此点。

《三国志·魏书·乌丸鲜卑东夷传》"辰韩条"记载：

---

① 藤田亮策「朝鮮発見の名刀銭と其遺跡」、『朝鮮考古学研究』、高桐書店、1948 年。
② 白云翔：《公元前一千纪后半中韩交流的考古学探究》，《中国国家博物馆馆刊》2018 年第 4 期。
③ 陈寿：《三国志》卷三十《魏书·乌丸鲜卑东夷传》，第 528 页。
④ 陈寿：《三国志》卷三十《魏书·乌丸鲜卑东夷传》，第 197 页。
⑤ 白云翔：《公元前一千纪后半中韩交流的考古学探究》，《中国国家博物馆馆刊》2018 年第 4 期。

　　辰韩在马韩之东，其耆老传世，自言古之亡人避秦役来适韩国，马韩割其东界地与之。有城栅。其言语不与马韩同，名国为邦，弓为弧，贼为寇，行酒为行觞。相呼皆为徒，有似秦人，非但燕、齐之名物也。名乐浪人为阿残；东方人名我为阿，谓乐浪人本其残余人。今有名之为秦韩者。始有六国，稍分为十二国。①

《梁书·新罗传》亦载：

　　新罗者，其先本辰韩种也。辰韩亦曰秦韩，相去万里，传言秦世亡人避役来适马韩，马韩亦割其东界居之，以秦人，故名之曰秦韩。其言语名物有似中国人，名国为邦，弓为弧，贼为寇，行酒为行觞。相呼皆为徒，不与马韩同。又，辰韩王常用马韩人作之，世相系，辰韩不得自立为王，明其流移之人故也；恒为马韩所制。②

　　关于"韩"这一族称，《三国志·魏书·乌丸鲜卑东夷传》"韩条"对卫氏朝鲜之前的古朝鲜情况有如下记载：朝鲜王"侯准既僭号称王，为燕亡人卫满所攻夺，将其左右宫人走入海，居韩地，自号韩王。其后绝灭，今韩人犹有奉其祭祀者。汉时属乐浪郡，四时朝谒"。③ 同条引《魏略》：侯准"其子及亲留在国者，因冒姓韩氏。准王海中，不与朝鲜相往来"。④ 侯准所建朝鲜古国，被燕国亡人卫满攻夺，说明其在朝鲜半岛北部地区（因卫氏朝鲜的领域主要分布于朝鲜半岛北部）。根据侯准"将其左右宫人走入海，居韩地"这一记述以及卫满是从北方攻入侯准朝鲜国，"韩"地应在朝鲜半岛南部，侯准是从朝鲜半岛北部逃至半岛南部。由此可知，卫氏朝鲜建国前，在朝鲜半岛南部地区即已存在以"韩"为名的地方。侯准南逃韩地后，因地名"自号韩王"。

　　上引《梁书·新罗传》"新罗条"所述内容虽受《三国志·魏书·乌丸鲜卑东夷传》"辰韩条"的影响，但有新意，且叙述内容符合逻辑。结合以

①　陈寿：《三国志》卷三十《魏书·乌丸鲜卑东夷传》，第 197 页。
②　姚思廉：《梁书》卷五十四《新罗传》，中州古籍出版社，1996 年，第 150 页。
③　陈寿：《三国志》卷三十《魏书·乌丸鲜卑东夷传》，第 197 页。
④　陈寿：《三国志》卷三十《魏书·乌丸鲜卑东夷传》，第 200 页。

下历史特征和史实考证，笔者认为，3世纪时居住在朝鲜半岛东南部的辰韩人应是为避秦役而移居朝鲜半岛的中国秦朝人的后裔。

"并为强国者有六，然而四海同宅西秦。"秦朝实现书同文、车同轨、度同制、地同域，对统一多民族国家中国的形成与发展，贡献巨大。但亦如司马迁对秦始皇做出的评价，"秦王怀贪鄙之心，行自奋之智，不信功臣，不亲士民，废王道，立私权，禁文书而酷刑法，先诈力而后仁义，以暴虐为天下始"①，秦朝是中国历史上少有的暴政王朝。为修长城、阿房宫以及戍守边疆，秦朝统治者征发了大量的"刑徒"。例如，秦始皇三十三年（前214年），"发诸尝逋亡人、赘婿、贾人略取陆梁地（今岭南地区——笔者注），为桂林、象郡、南海，以谪遣戍"。②秦始皇三十四年（前213年），"谪治狱吏不直者，筑长城及南越地"。③据史料记载，仅建造阿房宫时，秦朝统治者就征发了"徒刑者"七十余万人。④为躲避繁重的劳役，秦朝人向朝鲜半岛等边地流徙；加之如史籍所载，及至秦末，"天下叛秦，燕、齐、赵民避地朝鲜数万口"⑤，可知上引辰韩耆老所言其祖先为"古之亡人避秦役来适韩国"，当非空穴来风。

关于辰韩，上引史料称"今有名之为秦韩者"，明示辰韩即秦韩。"秦"与"辰"，上古音分别为"dzǐen"和"zǐan"⑥，二字音韵相近。"辰"，盖为3世纪时中国人对"秦"上古音的不精确记录抑或对其音韵变异的直录。《三国志·魏书·乌丸鲜卑东夷传》"韩条"引《魏略》："初，右渠未破时，朝鲜相历溪卿以谏右渠不用，东之辰国，时民随出居者二千余户，亦与朝鲜贡蕃不相往来。"⑦右渠为卫满之孙，此段记载表明汉武帝灭卫氏朝鲜前，在朝鲜半岛东部（应为东南部）已经存在辰国。嗣后，此辰国被记录为辰韩。

元嘉二十八年（451），南朝刘宋王朝除授倭王济为"加使持节、都督倭、新罗、任那、加罗、秦韩、慕韩六国诸军事，安东将军如故"，倭王兴

---

① 司马迁：《史记》卷六《秦始皇本纪》，第22页。
② 司马迁：《史记》卷六《秦始皇本纪》，第18页。
③ 司马迁：《史记》卷六《秦始皇本纪》，第18页。
④ 司马迁：《史记》卷六《秦始皇本纪》，第19页。
⑤ 陈寿：《三国志》卷三十《魏书·乌丸鲜卑东夷传》，第528页。
⑥ 李珍华、周长楫：《汉字古今音表》，中华书局，1999年，第162、163页。
⑦ 陈寿：《三国志》卷三十《魏书·乌丸鲜卑东夷传》，第200页。

死后，"弟武立，自称使持节、都督倭、百济、新罗、任那、加罗、秦韩、慕韩七国诸军事、安东大将军、倭国王"。升明二年（478），刘宋王朝顺帝"诏除武使持节、都督倭、新罗、任那、加罗、秦韩、慕韩六国诸军事、安东大将军、倭王"。① 这些记载均表明"秦韩"这一族群存续到 5 世纪中后期。

上已引述，3 世纪时辰韩"名乐浪人为阿残；东方人名我为阿，谓乐浪人本其残余人。今有名之为秦韩者。始有六国，稍分为十二国"。② 《三国志·魏书·乌丸鲜卑东夷传》"弁辰条"亦载，弁辰"有已柢国……弁、辰韩，合二十四国……其十二国属辰王。辰王常用马韩人作之，世世相继。辰王不得自立为王"。③ 同条引《魏略》曰："明其为流移之人，故为马韩所制。"④ 《北史·新罗传》和《梁书·新罗传》对辰韩亦有类似记载。⑤ 另外，5 世纪时百济"呼帽曰冠，襦曰复衫，袴曰裈。其言参诸夏，亦秦韩之遗俗云"。⑥ 这些记载表明，辰韩人及其同族弁辰的祖先秦韩应为秦朝移民。秦朝时，他们先是移居朝鲜半岛北部以平壤为中心的地区，又徙居半岛西南部的马韩地区，对那里的语言、习俗产生了影响；后被马韩安置在半岛东南地区。因是流民，故政治上受马韩控制。辰韩"始有六国，稍分为十二国"。3 世纪的辰韩应是以秦韩为核心、囊括朝鲜半岛东南地区所有部族形成的政治联合体。新罗前身是辰韩十二国中的斯卢国（6 世纪以后新罗崛起，7 世纪末统一大同江以南朝鲜半岛地区，建立统一新罗王朝）。辰韩不能等同于新罗，但新罗无疑是在辰韩中发展壮大起来的国家。《隋书·新罗传》记载，新罗杂有华夏人，"其文字、甲兵同于中国"，"其五谷、果菜、鸟兽物产，略与华同"。⑦ 表明隋朝时期，新罗在居民、文化和物产方面与中国有很多相同或相似之处，这和新罗兴起的民族基础有着直接的关系。

秦始皇灭"六国"，建立大一统封建王朝秦朝，推进了中国历史的进步发展。然而，对于原来的"六国"民众而言，秦朝的统一和统治，一方面

① 沈约：《宋书》卷九十七《倭国传》，中州古籍出版社，1996 年，第 434 页。
② 陈寿：《三国志》卷三十《魏书·乌丸鲜卑东夷传》，第 197 页。
③ 陈寿：《三国志》卷三十《魏书·乌丸鲜卑东夷传》，第 198 页。
④ 陈寿：《三国志》卷三十《魏书·乌丸鲜卑东夷传》，第 200 页。
⑤ 参见李延寿《北史》卷九十四《新罗传》，中州古籍出版社，1996 年，第 556 页；姚思廉《梁书》卷五十四《新罗传》，第 150 页。
⑥ 姚思廉：《梁书》卷五十四《百济传》，第 150 页。
⑦ 魏征：《隋书》卷八十一《新罗传》，中州古籍出版社，1996 年，第 380 页。

给他们带来了"亡国"之痛，另一方面也使他们遭受秦朝暴政。于是他们力避秦政，其方式之一便是向海外寻求新的生存之地。就此，耳熟能详的徐福入海求仙药传说极具象征意义。

有关徐福入海寻神求药的记载，在《史记》中共出现了 4 次（《秦始皇本纪》出现 3 次，《淮南衡山列传》出现 1 次）。例如，《史记·秦始皇本纪》载，秦始皇二十八年（前 219 年），始皇东巡沿海地区时，"齐人徐市（后俗记为"徐福"——笔者注）等上书，言海中有三神山，名曰蓬莱、方丈、瀛洲，仙人居之。请得斋戒，与童男女求之。于是遣徐市发童男女数千人，入海求仙人"。①

秦始皇三十二年（前 215 年），"始皇之碣石，使燕人卢生求羡门、高誓。刻碣石门。坏城郭，决通堤防……因使韩终、侯公、石生求仙人不死之药"。② 惧死乐生乃人之常情，秦皇汉武亦莫能外。虽"蓬莱不可到，弱水三万里"，然秦始皇的成仙欲望可谓烈矣，以至于弃"朕"号而"自谓'真人'"。③ 为了实现长生夙愿，秦始皇遣徐福率数千童男童女出海寻觅仙药，并非无稽之谈。史实是传说赖以产生的母体；传说则以史实为依据层垒叠加而成，且超越时空限制发生流变。徐福东渡寻觅仙人仙药的传说当有史实依据。《史记》载，秦始皇三十五年（前 212 年），"侯生、卢生相与谋曰：'始皇为人，天性刚戾自用，起诸侯，并天下，意得欲从，以为自古莫及己……贪于权势至如此，未可为求仙药。'于是乃亡去"。④ 徐福是为了躲避嬴秦暴政，以寻找仙药为由入海寻找新的家园的代表。"徐福们"的逃亡地之一应是朝鲜半岛。他们应该是从今天的江苏沿海地区北上⑤，到达山东半岛，然后从山东半岛直航朝鲜半岛或沿庙岛列岛来到辽东地区，再从陆路南迁朝鲜半岛，在半岛"得平原广泽，止王不来"⑥（或许就是今天的平壤地区），安居乐业，繁衍生息。随着时间的推移，他们不断地向半岛南部地区迁徙，成为辰韩人祖先的一部分。随着古代中日关系不断走向密切，大致自

① 司马迁：《史记》卷六《秦始皇本纪》，第 18 页。
② 司马迁：《史记》卷六《秦始皇本纪》，第 18 页。
③ 司马迁：《史记》卷六《秦始皇本纪》，第 19 页。
④ 司马迁：《史记》卷六《秦始皇本纪》，第 19 页。
⑤ 据说徐福的故乡是今江苏赣榆。古代江苏地区为徐夷居地，今有徐州，徐福当出身于古代江苏。参见《辞海》（普及版）（中），上海辞书出版社，1999 年，第 2270 页。
⑥ 司马迁：《史记》卷一百一十八《淮南衡山列传》，第 253 页。

唐朝或五代以后中国人更多地关注日本，于是把徐福东渡之地想定为日本。

　　1376 年明太祖朱元璋召见 1368 年来到明朝的日本禅僧绝海中津，询问他"海邦遗迹熊野古祠"时，绝海中津赋诗："熊野峰前徐福祠，满山药草雨余肥。至今海上波涛稳，万里好风须早归。"对此，朱元璋唱和："熊野峰高血食祠，松根琥珀也应肥。当年徐福求仙药，直到如今更不归。"横川景三撰《补堂京华前集》，日本战国时代后土御门天皇文明六年（1474）条中云："昔，蕉坚老师（绝海中津别号——笔者注）游大明国。时老皇帝于英武楼召见。敕令赋三山诗，赐御制和，一时盛事。"① 由此能够推知，至晚在明初时徐福东渡传说已在中日两国盛行，以后基于华夷思想，中国人甚至把日本天皇视为徐福"后裔"。

　　《三国志·魏书·乌丸鲜卑东夷传》"辰韩条"有如下记载：辰韩"其言语不与马韩同，名国为邦，弓为弧，贼为寇，行酒为行觞。相呼皆为徒，有似秦人，非但燕、齐之名物也。名乐浪人为阿残；东方人名我为阿，谓乐浪人本其残余人"。② 此段话表明辰韩人所操汉语有其独特性，属于汉语某一方言。根据其所用语词的特点能够推知，辰韩人讲的应该是一种不同于汉魏汉语的更为古老的汉语方言。由"相呼皆为徒，有似秦人，非但燕、齐之名物也"这一记载，可推测辰韩人是秦朝"刑徒"（即被捉去服役的人众），且他们来自燕、齐以外的地区。以地望而言，他们最有可能来自吴越地区。在秦汉方言中，"短弧"，指含沙射影的蜮；"寇"，物多之意，二者均为南方方言。③ 《说文解字》释"弧"为"木弓也"，释"寇"为"暴也"。④ 上举秦汉南方方言中假借此二字命名他物或表现他意，说明其使用率很高。汉朝创建者名为刘邦，出身于"沛丰邑中阳里（今江苏省徐州市丰县境内——笔者注）"。⑤ 东晋书法家王羲之书《兰亭序》中有"引溪水为曲水流觞"之句，可见吴越地区古人频用"邦""觞"二字。关于"阿残"的"阿"，汉语南方方言中往往用作称呼的前置词，以示亲昵，有时还表示"我"的意思，此已为常识。《三国志·魏书·乌丸鲜卑东夷传》"辰

---

① 村井章介『東アジア往還—漢詩と外交—』、朝日新聞社、1995 年、17 – 18 頁。
② 陈寿：《三国志》卷三十《魏书·乌丸鲜卑东夷传》，第 197 页。
③ 丁启阵：《秦汉方言》，东方出版社，1991 年，第 198、226 页。
④ 许慎：《说文解字》，天津古籍出版社，1991 年，第 269、68 页。
⑤ 班固：《汉书》卷一上《高帝纪上》，中州古籍出版社，1996 年，第 1 页。

韩条"记载：辰韩"名乐浪人为阿残；东方人名我为阿"。《三国志》编纂者陈寿（233～297年），三国蜀汉、西晋时期史学家，巴西郡安汉（今四川省南充市）人。他所称"东方人"，当指中国东南沿海地区居民。这些均在提示辰韩人祖先应来自吴越地区。总之，为了躲避嬴秦苛政，吴越地区民众陆行或乘船北上山东半岛，再利用"山东半岛—庙岛列岛—辽东半岛—辽东地区—朝鲜半岛"陆路或"山东半岛—朝鲜半岛"海路播迁朝鲜半岛北部地区，后渐次徙居半岛南部地区，衍化为辰韩人的祖先。

《三国志·魏书·乌丸鲜卑东夷传》"韩条"引《魏略》，有如下记载：王莽地皇年间（20～23年），有1500名汉人在辰韩伐木，"为韩所击得，皆断发为奴"。[①] 此折射出至晚在王莽新朝时期，中国人已徙居朝鲜半岛东南部。从韩国庆州入室里、九政里等地的土圹墓中出土了大量的汉代铜剑、铜矛、铜戈、铜铎、铜镜、铁刀、铁斧、铁镰、锹形铁器等金属器物。土圹墓是中国战国时期的主要墓葬形式，西汉时期在韩国得到承继。在庆州地区原住民墓葬支石墓及箱形石棺墓中则完全没有出土中国制造的金属制品[②]，由此能够断定庆州地区土圹墓的建造者是中国人。此亦可佐证汉朝之前已有很多中国人移居朝鲜半岛南部地区，以后成为辰韩人的祖先。

《三国志·魏书·乌丸鲜卑东夷传》"弁辰条"载："弁辰亦十二国，又有诸小别邑，各有渠帅……土地肥美，宜种五谷及稻，晓蚕桑，作缣布，乘驾牛马，嫁娶礼俗，男女有别……其俗，行者相逢，皆住让路"；"弁辰与辰韩杂居，亦有城郭。衣服居处与辰韩同。言语法俗相似……十二国亦有王，其人形皆大。衣服洁清，长发。亦作广幅细布。法俗特严峻"。[③] 由此可知，3世纪时"三韩"之一的弁韩文明程度较高，且在语言、风俗、服饰、住居方面与辰韩相似或相同，应属同族，亦构成了辰韩人的祖先。

《汉书·匈奴传》记载，汉昭帝始元六年（前81年）秋，"单于年少初立，母阏氏不正，国内乖离，常恐汉兵袭之。于是卫律为单于谋：'穿

---

① 陈寿：《三国志》卷三十《魏书·乌丸鲜卑东夷传》，第200页。
② 三上次男「古代朝鮮文化の諸問題」、『古代東北アジア史研究』、吉川弘文館、1987年、132页。
③ 陈寿：《三国志》卷三十《魏书·乌丸鲜卑东夷传》，第198页。

井筑城，治楼以藏谷，与秦人守之。汉兵至，无奈我何。'即穿井数百，伐材数千"。① 唐人颜师古注："秦时有人亡入匈奴者，今其子孙尚号秦人。"可见秦朝人还流徙至北方草原。

综上所述，中国战国尤其是秦朝时期，有许多中国人移居朝鲜半岛，构成了辰韩和弁韩人的祖先。4 世纪末至 5 世纪初，随着中国古代东北民族高句丽大规模南下朝鲜半岛，为了躲避半岛战乱，辰韩人和弁韩人越过对马海峡，移居今日本九州北部地区，以后逐渐发展成古代日本移民集团中的"雄族"或"双璧"之一的"秦人"或"秦氏"。②

## 二　"秦人"移居日本

《日本书纪》应神天皇（4 世纪末 5 世纪初在位）纪十四年条记载："是岁，弓月君自百济来归，因以奏之曰：'臣领己国之人夫百二十县而归化，然因新罗人之拒，皆留加罗国'。"③ 于是应神天皇遣葛城氏袭津彦到加罗（亦称"伽耶"，古代朝鲜半岛南部各国总称，有时亦指特定的小国，如"金官伽耶""高灵伽倻"等），迎接弓月君的人夫，可是过了三年袭津彦也没有归来。应神十六年八月遣平群木菟宿祢和的户田宿祢率精兵前往加罗，携弓月君人夫和袭津彦回到倭国。④ 一般认为弓月君为"秦人"之祖。⑤ 史书记述"秦人"来自百济，应指他们在历史上短暂停留百济之事。

弓月君率一百二十县人夫移居日本，当然不是说一百二十县的全部居民，而是指移民的籍贯包括一百二十个县⑥或表示籍贯数量之多。另外，《新撰姓氏录》（左京诸蕃上）记载：

太秦公宿祢，出自秦始皇帝三世孙孝武王也。男功满王，带仲彦天

---

① 班固：《汉书》卷九十四上《匈奴传》，第 337 页。
② 另一"雄族"是"汉氏"或"汉人"。
③ 舍人親王『日本書紀　卷十　応神天皇紀』、経済雑誌社、1897 年、184 頁。
④ 舍人親王『日本書紀　卷十　応神天皇紀』、184－185 頁。
⑤ 笠井倭人「朝鮮語よりみた秦・漢両氏の始祖名」、小林行雄博士古希記念会『考古学論叢』、平凡社、1983 年。
⑥ 木宫泰彦：《日中文化交流史》，胡锡年译，商务印书馆，1980 年，第 41 页。

皇（谥仲哀）八年来朝。男融通王（一曰弓月王），誉田天皇（谥应神）十四年来率廿七县百姓归化，献金银玉帛等物。大鹪鹩天皇（谥仁德）御世，以百廿七县秦氏，分置诸郡，即使养蚕织绢贡之。天皇诏曰："秦王所献丝绵绢布，朕服用柔然，温煖如肌肤，仍赐姓波多，次登吕志公，秦公酒。大泊濑幼武天皇（谥雄略）御世，丝绵绢帛委积如岳，天皇嘉之，赐号曰禹都万佐。"①

《新撰姓氏录》是根据嵯峨天皇敕令，模仿唐朝《氏族志》于弘仁六年（815）编撰而成的日本古代氏族谱系，是一部在嵯峨朝中央政府具有一定政治意义的姓氏录。该书以"神别""皇别""蕃别"三个系统，收录了左、右京和畿内（山城、大和、摄津、河内、和泉五国）的1182个姓氏。《新撰姓氏录》记述秦氏为秦始皇的后裔。对这一说法，学界颇有微词，甚至持否定态度，认为这是试图通过将秦始皇和秦氏祖先联系起来，以夸示秦氏族源尊贵。② 这是中肯之论。在敕撰姓氏录中记入己姓，洵为荣耀之事，"秦人"自然竭力将乃祖和东亚历史名人联系起来。另外，也有研究者提出秦氏将自己先祖和秦始皇联系起来，是为了和汉氏竞争政治和社会地位。③此亦在理。总之，在《新撰姓氏录》中秦氏以秦始皇及其子孙为己祖，这一方面反映出，及至9世纪初，"秦人"依然记忆、认同自己祖先为中国秦朝人，另一方面也从一个侧面表现出秦朝对朝鲜半岛居民成分的构成产生了极大影响。

《新撰姓氏录》山城国诸蕃秦忌寸条载：秦忌寸"太秦公宿祢同祖，秦始皇之后也。功智王、弓月王，誉田天皇（谥应神）十四年来朝。上表更归国，率百二十七县伯姓归化"。④ 山城国，亦记作"山背国""山代国"。在日语汉字中，"山城""山背""山代"均训读为"ヤマシロ"，即今京都府南部地区，历史上为"秦人"聚居区。"百二十七县伯姓"，色乙本《新

① 佐伯有清『新撰姓氏録の研究・本文篇』、吉川弘文館、1983年、279頁。
② 関晃『帰化人』、講談社、2009年、107-111頁；上田正昭『渡来の古代史—国のかたちをつくったのは誰か—』、角川学芸、2009年、47頁。
③ 関晃『帰化人』、108頁。
④ 佐伯有清『新撰姓氏録の研究・本文篇』、307頁。

撰姓氏录》记写为"百二十七县狛姓",① 应指弓月王（弓月君）带来的百二十县人夫的后裔。日语中"狛"一般用于指称高句丽或来自高句丽的移民氏族②，"百二十七县狛姓"意味着弓月王（君）带来的百二十县人夫的原居地是之后被高句丽占领的乐浪郡故地。

另外，在日本文献中，"秦人"有时表记为"勝部"③，日语读作"カチベ"（kachibe）④。"勝"为日本古代姓氏，训读为"スグリ"（suguri）。在古朝鲜语中，"村长"称作"sugur"，这个称呼传入日本后用汉字表记为"村主"，日语读作"スグリ"，应为村长之意。在古代日本，移民集团"汉人"的"スグリ"用汉字表记为"村主"，而"秦人"的"スグリ"多以"勝"表记⑤，总之"勝"这个日语汉字和"秦人"存在着密切关系。在古日语中，"徒"训读为"カチ"（kachi）⑥，笔者疑"勝部"在日语汉字的表记上应是"徒部"的佳字之变。上引辰韩人"相呼皆为徒，有似秦人"之句，此亦启示"秦人"是逃避秦朝苛役迁徙朝鲜半岛的"刑徒"后裔。据日本文献记载，日本的"秦人"，有的自称"辟秦"。⑦ 以"勝部"即"胜部"为姓氏的人广泛分布于出云地区（今岛根县东部地区），⑧ 这与"秦人"从九州北部地区沿着山阴地区（今鸟取县、岛根县及山口县等地的沿日本海地区）和山阳地区（冈山县、广岛县及山口县等地的沿濑户内海地区）向本州迁徙的线路相吻合。

日语汉字中"秦"训读为"ハタ"。关于这一读音的来源，有以下诸种说法：一是来自朝鲜语具有大海之意的"Pate"⑨；二是来自朝鲜半岛古地名"波旦"（今韩国庆尚南道蔚珍郡海曲县）及"波利"（今韩国庆尚南道

① 佐伯有清『新撰姓氏録の研究・本文篇』、307 頁。
② 参见新村出『広辞苑』（第三版）、岩波書店、1988 年、899 頁；坂本義種「狛犬の名の由来——とくに『狛（狛）』を中心に——」、上田正昭編集『古代の日本と渡来の文化』、学生社、1997 年。
③ 舎人親王『日本書紀　卷十四　雄略天皇紀』、255 頁。
④ 日本史広辞典編集委員会『日本史広辞典』、山川出版社、1997 年、454 頁。
⑤ 日本史広辞典編集委員会『日本史広辞典』、1173 – 1174 頁。
⑥ 松村明ほか『古語辞典』（第九版）、旺文社、2001 年、324 頁。
⑦ 平野邦雄『帰化人と古代国家』、吉川弘文館、2007 年、109 頁。
⑧ 佐伯有清『新撰姓氏録の研究・考証篇　第五』、吉川弘文館、1983 年、403 頁。
⑨ 三品彰英『日本書紀・朝鮮関係記事考証』（上巻）、吉川弘文館、1962 年、240 頁。

三涉郡海利县），认为"秦人"居地在此地附近①；三是与新罗的官位"波珍餐"有关②；四是来自表示织布意义的朝鲜语"Poitl"③；五是来自梵语具有绢布之意的"Pata"或"Patta"④；六是来自藏语具有偏僻之意的"hata"⑤。目前，学界一般认为"秦"的训读音"ハタ"来自朝鲜半岛古地名"波旦"，即"秦人"是跨海而来的"波旦人"。

关于"秦人"和"汉人"移居日本的线路，木宫泰彦指出："秦人、汉人等前来日本所经由的道路，可能是从南朝鲜半岛出发，经过对马、壹岐，在肥前的松浦靠岸，然后沿着九州北岸和濑户内海的岛屿港湾北上，在难波（今大阪——笔者注）附近登陆的"。⑥ 在奈良时代，"秦人"密布于丰前地区（今日本福冈县东部和大分县北部）。据《正仓院文书》大宝二年（702年）的丰前国户籍，称"某胜"或"秦部"的"秦人"数量在仲津郡丁里、上三毛郡塔里、上三毛郡加自久也里的总人口中分别占94%、96%、82%，占全体丰前国总人口的93%以上。⑦ 在今日福冈县丰前市小石原泉遗址以及同县小郡市干潟遗址发现的火炕遗迹，均为6世纪末至7世纪初的"秦人"遗物。这表明"秦人"当时的活动范围已从濑户内海沿岸的丰前扩展到筑紫（今日本九州）内陆地区。⑧

这些"秦人"祭祀的神是田河郡的香春神。《丰前国风土记》逸文记述香春神为"新罗国神"。据香春神社藏古文书，12世纪以来其宫司称赤染氏。古老的《香春社古缘起》引《传教大师流记》所记：最澄入唐时，香春神宫寺的檀那中有一人叫作赤染连清。此赤染氏和"常世神信仰"关系密切，8世纪时被改姓为"常世连"。⑨《日本书纪》载："垂仁天皇九十年春二月庚子朔，天皇命田道间守遣常世国，令求非时香菓，今谓橘是也。"⑩橘子原产于中国长江以南地区。《日本书纪》的上述记载未必属实，但反映

① 黏贝房之进『朝鲜国名考』、128 – 139 頁。
② 井上秀雄「秦氏の秦之亡人説について」、『古代文化』第9卷第5期、1962年、98頁。
③ 佐伯有清『新撰姓氏の研究・考証篇 第四』、吉川弘文館、1982年、362頁。
④ 高楠順次郎『日本外来語辞典』、名著普及会、1982年。
⑤ 小川菊松『日本文化史大系（三） 奈良文化』、誠文堂新光社、1943年。
⑥ 木宫泰彦：《日中文化交流史》，第42页。
⑦ 平野邦雄『帰化人と古代国家』、152頁。
⑧ 田中史生「ミヤケの渡来人と地域社会」、『日本歴史』第646巻、2002年。
⑨ 平野邦雄『帰化人と古代国家』、153 – 154頁。
⑩ 舍人親王『日本書紀 巻六 垂仁天皇紀』、131頁。

出古代日本人心目中的常世国应是中国南方地区，或许就是吴越地区，赤染氏的祖先应是经由朝鲜半岛来到日本的秦朝吴越地区人。

《隋书·倭国传》记载，大业三年（607）裴世清出使倭国时所经路线是百济—竹岛—对马——支—竹斯（筑紫）—秦王国—十余国—海岸，并载"秦王国""其人同于华夏"。① 这条线路始于朝鲜半岛西南部，中经今九州北部、濑户内海沿岸地区，抵达今大阪湾。大和岩雄认为位于筑紫国（今福冈县西北部及南部地区）东部的丰国就是《隋书·倭国传》中出现的"秦王国"②。石原道博则推定"秦王国"是"位于山阳道西部的秦氏居住地"③，即后来的"周防国"（今山口县东部地区）。周防国是新罗系移民的聚居地，延喜八年（908）的周防国玖珂郡玖珂乡户籍中秦氏人极多。秦氏人众集中分布在今九州北部地区和山口县，他们应该是从这些地区沿山阴地区和山阳地区向今大阪地区和奈良盆地迁徙。

## 三　"秦人"与古代日本社会

"秦人""汉人""今来汉人"等移民集团实质性地推进了古代日本政治、经济、文化的发展。他们拥有不同的技术、技能，所以承担的工种相异。其中，"秦人"主要承担财政管理和土木工程建设等方面的工作。

根据史籍记载，移居日本列岛的"秦人"数量很多。例如，《日本书纪》雄略天皇纪十五年条记载，雄略天皇"诏聚秦民，赐于秦酒公。公仍领率百八十种胜部，奉献庸调御调也"。④ 同书钦明天皇纪元年八月条亦载："召集秦人、汉人等诸蕃投化者，安置国郡，编贯户籍。秦人户数总七千五十三户。"⑤ 这些记载颇有传说色彩，不足全信，但在《日本书纪》等重要史籍中多次出现有关"秦人"的专门记载，反映出"秦人"在古代日本属于规模巨大的移民集团，从而引起了统治者的关注。

---

① 魏征：《隋书》卷八十一《东夷传》，第382页。

② 大和岩雄『秦氏の研究』、大和書房、1993年。

③ 和田清·石原道博『魏志倭人伝·後漢書倭伝·宋書倭国伝·隋書倭国伝』、岩波書店、1951年。

④ 舎人親王『日本書紀　卷十四　雄略天皇紀』、255頁。

⑤ 舎人親王『日本書紀　卷十九　欽明天皇紀』、310頁。

在日本古代文献中，"秦人"很多时候是以"秦氏"出现。"秦"这个姓氏集团的形成，起源于日本天皇（7世纪末天武朝前称"大王"）对"秦人"赐予"秦"氏。"秦人"起初是分散存在，大概自5世纪后半叶开始，"秦人"被编入大和王朝的氏姓制度中，受赐"秦"氏，从此被称为"秦氏"，由其秦氏首领统一管理。秦氏是日本氏姓政治制度的产物。以后秦氏繁衍，人口逐渐增多，其分布范围东达美浓、伊势、尾张、越前、越中，西至播磨、美作、备前、备中、赞岐、伊予、丰前、筑前。作为氏姓制产物的秦氏，在古代日本豪族中人口规模最大，[①] 此亦反映出"秦人"在古代日本社会拥有深厚根基和雄厚实力。

《古语拾遗》记载，雄略朝以后"诸国贡调年年盈溢。更立大藏，令苏我麻智宿祢检校三藏（斋藏、内藏、大藏），秦氏出纳其物，东西文氏勘录其簿。是以汉氏赐姓为内藏、大藏。今秦汉二氏为内藏、大藏，主钥藏部之缘也"。[②] "藏"，日语汉字为"藏"，在日语中是仓库之意。在文献中出现了椋部（即藏部）秦久麻、秦大藏造、秦大藏连、秦长藏连等秦氏人名，这些记载表明"秦人"中的一部分人很早就为大和朝廷管理"内藏"和"大藏"（大和朝廷的仓库），即为大和朝廷承担财政工作。

"秦人"对古代日本的铸造技术发展也做出了很大贡献。[③] 从熊本县江田船山古坟出土的铁刀、铜镜、冠帽、沓、金制耳饰酷似于新罗庆州金冠塚、金铃塚发掘出来的遗物，原田淑人判定墓主是新罗人。[④] 这些出土遗物为5世纪后半叶或6世纪初在日本铸造。其中，铁制环头大刀带有银嵌铭文，其末尾有"書者張安也"字样，铭文书写者应该是移居日本的"秦人"。

秦人有建造宏大工程的传统。秦穆公向戎王使节由余展示、炫耀宫殿和仓储建筑时，对方感叹："使鬼为之，则劳神矣。使人为之，亦苦民矣"。[⑤] 秦统一"六国"后建造的大规模工程包括长城、池道、宫室、陵墓[⑥]，秦朝人将经营宏大工程的技术和传统带到了日本列岛。"秦人"主导了大和王朝

---

① 平野邦雄「秦氏の研究」、『史学雑誌』第70巻第3号、1961年、4頁。
② 『新撰日本古典文庫6 古語拾遺』、創文社、1976年、202頁。
③ 八木充「阳道の銅産と鋳钱司」、『内海産業と水運の史的研究』、吉川弘文館、1966年。
④ 原田淑人『東アジア古文化論考』、吉川弘文館、1962年。
⑤ 司马迁：《史记》卷五《秦本纪》，第13页。
⑥ 王子今：《踏行秦始皇直道》，《光明日报》2018年11月18日。

土木工程的建设。《日本书纪》推古天皇纪十一年（603）十一月己亥条记载："皇太子谓诸大夫曰：'我有尊佛像，谁得是像以恭拜。'时秦造河胜进曰：'臣拜之。'便受佛像，因以造蜂冈寺。"① 秦造河胜建造了著名的蜂冈寺（广隆寺）②。742 年圣武天皇建造恭仁京（位于今京都府相乐郡一带）时，秦岛麻吕被授予"造宫录"，因筑"大宫垣"有功，官位从正八位下飙升至从四位下，且被赐氏姓"太秦公"，"并赐钱一百贯、绝一百匹、布二百端、绵二百吨。以筑大宫垣也"。③

　　"秦人"对长冈京（位于今京都府向日市、长冈京市及京都市西京区）及平安京（今京都）建设做出的贡献更值得特书。延历三年（784），桓武天皇从平城京迁都山城国长冈京，延历十三年（794）又迁都平安京。这两件大事均与当时居住于北山城地带的"秦人"在物质和精神方面的支持有着密切关系。

　　在奈良时代，由于日本律令制国家发动了大规模的征讨虾夷（日本列岛内的周边部族）的战争，以及过度建寺造佛和地方官的腐败，及至建造长冈京的 8 世纪后期，朝廷陷入了严重的财政危机。负责建造长冈京的藤原种继建议桓武天皇迁都长冈京，其主要原因在于藤原种继的母亲是从五位下秦忌寸朝元之女，而秦忌寸朝元是学问僧辨正（俗姓为秦）留学唐朝时娶唐女所生子。圣武天皇发愿建造东大寺大佛，因费用支出多端，用去天下财富之半，国家财政陷入困局。当时秦忌寸朝元为国家财政主官，为建造东大寺大佛发挥了很大作用。④ 作为"秦人"的外孙，藤原种继在建造长冈京时试图得到以山城国为根据地的"秦人"的财政支持。此外，在建造长冈京时，山背国葛野郡人、外正八位下秦忌寸足长因筑造长冈京宫城，被授予从五位上。⑤ 正七位上大秦公忌寸宅守，因筑造长冈京太政官院墙之功，被授予从五位下。⑥ 迁都长冈京后，他们也都被任命为负责朝廷财政的官员。这主要是由于他们作为山城国豪族为长冈京的建设斥过巨资。

---

① 舍人亲王『日本書紀　卷二十二　推古天皇紀』、376 頁。
② 佐伯有清『新撰姓氏録の研究・考証篇　第五』、285 頁。
③ 藤原継縄・菅原真道『続日本紀　卷十四　圣武天皇紀』、経済雑誌社、1897 年、240 頁。
④ 皆神山すさ『秦氏と新羅王伝説』、彩流社、2010 年、72 – 76 頁。
⑤ 藤原継縄・菅原真道『続日本紀　卷三十八　桓武天皇紀』、705 頁。
⑥ 藤原継縄・菅原真道『続日本紀　卷三十八　桓武天皇紀』、717 頁。

迁都并建造平安京时，平安京初代造宫使长官大纳言正三位藤原小黑麻吕发挥了显著作用。而他的妻子是从四位下秦岛麻吕之女。《日本后纪》桓武天皇纪延历十五年（796）七月九日条载："外从五位上物部多艺连建麻吕为造宫大工。外从五位下秦忌寸都岐麻吕为少工。"① 即建造平安京时，秦忌寸都岐麻吕被任命为"少工"。而且平安京的大内里是在秦造河胜的旧宅遗址上修建的。② 总之，平安京的建造也与秦氏有着密切关系。③

京都盆地的最早开发者为"秦人"。《日本书纪》钦明天皇纪记载："天皇幼时，梦有人云：天皇宠爱秦大津父者，及壮大，必有天下。寐惊遣使普求，得自山背国纪伊郡深草里，姓字果如所梦……乃令近侍，优宠日新，大致饶富。及至践祚，拜大藏省。"④ 可知秦大津父的居地是山背国纪郡深草里，即以后的山城国纪伊郡深草乡（今京都市伏见区稻荷町及大龟谷町一带）。《日本书纪》皇极天皇纪三年（644）七月条中出现"葛野秦造河胜恶民所惑"等字句⑤，可知秦造河胜为葛野人。葛野不只是后来的山城国葛野郡地区，泛指以葛野郡为首的包括葛野、爱宕、乙训、纪伊四郡的原野⑥，为"秦人"的繁衍之地。和田萃推断"山背秦氏随着开拓事业的推进，将其根据地从深草移至葛野太秦"。⑦

"秦人"是开发京都地区的主力，还表现在修浚河川、兴修水利方面。

5世纪的大和国葛城地方（相当于今奈良盆地西部的金刚山及葛城山脉东麓地区）是大豪族葛城氏的根据地。葛城氏统治着很多移民，其中包括"秦人"。根据《日本书纪》应神天皇纪十四年条和十六年条记述，"秦人"最早应是由葛城袭津彦率领迁入大和国葛城地方。⑧ 平林章仁指出，随着5世纪末6世纪初豪族葛城氏的全面崩溃，葛城氏属民（主要指"秦人"）被

---

① 藤原冬嗣・藤原緒嗣『日本後紀　巻五　桓武天皇紀』、経済雑誌社、1897 年、1 頁。
② 洞院公賢『拾芥抄　巻中第十九　宮城部』、195 頁。
③ 平野邦雄「秦氏の研究」、『史学雑誌』第 70 巻第 3 号、1961 年、4 頁。
④ 舎人親王『日本書紀　巻十九　欽明天皇紀』、309 頁。
⑤ 舎人親王『日本書紀　巻二十四　皇極天皇紀』、420 頁。
⑥ 葛野郡相当于今京都市西半部，爱宕郡相当于今京都市东半部，乙训郡相当于今京都府乙训郡、京都市、向日市、长冈京市，纪伊郡相当于今京都市西南部。
⑦ 和田萃「山城秦氏の一考察」、京都大学考古学研究会『嵯峨野の古墳時代—御堂ヶ池群集墳発掘調査報告—』、京大考古学研究会出版事務局、1971 年、206 頁。
⑧ 舎人親王『日本書紀　巻十　応神天皇紀』、184 頁、185 頁。

编入王权之下并移居到山背地带。①

近年通过考古发掘，在位于京都府南部的宇治市地下文化遗层中发现了许多属于 4 世纪末至 5 世纪的产于朝鲜半岛南部的韩式陶器。及至古坟时代中期（5 世纪中期至 6 世纪初），今日京都市伏见深草地区的农耕技术发生了很大变化，装有 "V" 形刀刃的 "风吕锹" 和畜力耕具 "马锹" 开始登场。这应是由 4 世纪末至 5 世纪初移居于此的 "秦人" 带来的②，这说明早在 4 世纪末 5 世纪初，"秦人" 就已移居到土地肥沃的纪伊郡深草里。6 世纪以后，深草 "秦人" 的势力扩及今京都市西京区东北部的嵯峨野、岚山地区。以后，"秦人" 渐次开垦、灌溉旧椋池以北的葛野川流域，将那里改造成适合稻作的环境，并定居于葛野川左岸的嵯峨野③，修筑了当时葛野地区最大的水利工程——葛野大堰。接着，"秦人" 又开发了葛野川右岸的山麓地区。《政事要略》卷五十四所引《秦氏本系帐》逸文中称葛野大堰 "是秦氏率催种类所造构之"。《令集解》中作为 "秦人" 修浚河川的例子，也列举了 "葛野川堰"。这一工程是延历十九年（800）从山城、大和、河内、摄津、近江、丹波六国征民万人建造的巨大水利设施。④ 葛野大堰将水源贫乏的京都西部地区改造成良田沃野。"秦人" 建造巨大的灌溉设施，春耕夏种，养蚕织布，极大地推进了京都盆地的开发和文明水平的提高。

另外，今日大阪府寝屋川市有 "秦" "太秦" 等地名，5 世纪后半叶至 6 世纪初建造的太秦古坟群亦反映出 6 世纪前有 "秦人" 生活在大阪地区。

"秦人" 对京都地区的宗教文化也产生了极大的影响。

深草 "秦人" 大规模向葛野地区迁徙是在 6 世纪后半叶。其代表性遗物是秦造河胜所建京都最早的佛寺广隆寺和秦忌寸都理创建的松尾大社。推古天皇十一年（603），秦造河胜为了安置圣德太子赐予的佛像，建造了广隆寺。在《上宫圣德法王帝说》中，广隆寺被记写为 "蜂丘寺"，《日本书纪》中又记写为 "蜂冈寺" 或 "葛野秦寺"。现在的广隆寺在太秦。但据承和三年（836）成书的《广隆寺缘起》，其原址在 "九条河原里"，移建于

---

① 平林章仁『蘇我氏の実像と葛城氏』、白水社、1995 年。
② 上田正昭『渡来の古代史—国のかたちをつくったのは誰か—』、50 頁。
③ 起初，秦氏的族权掌握在以秦大津父为首的深草 "秦人" 手中。随着葛野地区的开发，葛野太秦（今京都市左京区）的秦造河胜掌握了族权。
④ 平野邦雄『帰化人と古代国家』、103 頁。

现在的位置之前，广隆寺位于今京都市北区北野白梅町。广隆寺建有祭祀圣德太子的桂宫院。桂宫院的镇守是大酒神社，祭神为秦始皇、弓月君、秦酒公，因"秦人"向日本传去了造酒技术，故其祖先被视为造酒神而受祭祀。除广隆寺之外，在京都周边还有大觉寺、仁和寺、木岛神社、大避神社等"秦人"创建或参与创建的许多寺社。

《新撰姓氏录》山城国诸蕃秦忌寸条载：秦忌寸"太秦公宿祢同祖，秦始皇帝之后也。功智王、弓月王，誉田天皇（谥应神）十四年来朝。上表更归国，率百二十七县伯姓归化，并献金、银、玉帛种种实物等。天皇嘉之，赐大和朝津间腋上地居之焉。"① 朝津间腋上地，是指以《延喜式》所记明神大社——鸭都波八重事代主命神社（简称"鸭都波神社"）② 为中心的地区。鸭都波神社附近是朝津间腋上地的中心，属于祭祀贺茂神的"秦人"居地。以后，随着地名"贺茂"的北传，贺茂神信仰也从葛城贺茂移至山城贺茂，留存至今的贺茂神社（包括上贺茂神社和下鸭神社）最早亦由"秦人"创建。上贺茂神社又称"贺茂别雷神社"。这座已列入世界文化遗产名录的神社，是举行传统神事活动最多的地方。其中，五月十五日举行的"葵祭"，为"京都三大祭"之一。在平安时代，贺茂神社作为镇护王城的神社备受崇敬，其所祭祀的贺茂神甚至与石清水八幡神一起，成为皇祖神。

另外，位于今京都西京区松尾山麓的松尾大社，为大宝元年（701）秦忌寸都理所建，与位于京都伏见区的稻荷大社相呼应，自古以来被称为"东部的严神，西部的猛灵"，备受崇信。

稻荷信仰是指将稻谷神——仓稻魂神作为祭神进行祭祀的信仰。稻荷神起初是全体"秦人"的氏神。深草秦氏的信仰中心是伏见稻荷大社。据《山城国风土记》佚文，和铜四年（711），由秦伊侣巨（具）创建。因"秦人"势力强大以及密宗的弘传，稻荷信仰逐渐为日本全国所接受。12世纪以后，随着工商业的发达，稻荷神除了被奉为农业神，还作为工商业神、房屋守护神以及福德开运的万能之神受到崇信。稻荷神信仰不仅在农村，在

---

① 佐伯有清『新撰姓氏録の研究・本文篇』、307 页。
② 鸭都波八重事代主命神社，《延喜式》或记写为"葛木神社""鸭神社"，今称"鸭都波神社"，位于今奈良县御所市宫前町。

士人、武家间也盛行。在与"秦人"有关的历史遗迹中，最令人瞩目的就是稻荷大社。目前，稻荷神信仰是神道教中流传较广、影响较大的一个宗派，据说其主要神社在日本全国存在近三万座，其总数更达十二万座之多。在日本存在上万座的八幡宫，均源自大分县的宇佐八幡神宫。宇佐八幡神宫的创建者辛岛氏出自"秦人"。在镰仓幕府时代，宇佐八幡神宫是得到公武尊崇的镇西大社，象征着朝廷和幕府的权威；八幡神是朝廷守护神的同时，亦为镰仓幕府创建者源氏所崇敬的神灵。①

在古代日本，"秦人"主要活跃于经济和技术领域，政治作用不如"汉人"那样显著。但是，也有人参与了古代日本的政治事宜。圣德太子属下秦造河胜被授予"大仁"官位。大化革新后，秦造河胜又被授予"大花上"官位（十九阶官位中的第七阶）。② 大化五年（649），革新政府的右大臣苏我山田石川麻吕因谗言被中大兄杀害时，有秦吾寺一起被杀③，说明秦吾寺参与了大化革新。齐明天皇七年（661）八月，大和王朝遣大山下狭井连槟榔和小山下秦造田来津率军救援百济。秦造田来津还参加了 663 年爆发的白村江战役，率军和唐朝水军决战并战死。④ 《日本书纪》天智天皇纪七年（668）九月丁未条记载，中臣镰足遣沙门法弁、秦笔，通过新罗使臣金东严赐"新罗上臣大角干（金）庚信船一只"。⑤ 此事还录于《藤氏家传》上卷中臣镰足传，当属史实。秦笔应为"秦人"，得到天智朝核心人物中臣镰足的重用。在"壬申之乱"中，有似"秦人"的赤染造德足、大藏直广隅参加了天武天皇阵营，而秦友足、秦造熊等人作为近江方面的将军参加了战斗。⑥ 此外，前已述及，奈良时代末期的著名政治家藤原种继之母是秦忌寸朝元之女。天平四年（732），秦忌寸朝元作为遣唐大使多治比真人广成的判官渡唐，当时属于"秦人"的代表性人物。

雄略朝时期，"秦人"首领秦酒公被天皇赐予"太秦"氏。⑦ "秦忌寸"

---

① 黒田俊雄『日本中世の国家と宗教』、岩波書店、1975 年、452 - 461 頁。

② 平野邦雄『帰化人と古代国家』、123 頁。

③ 舍人親王『日本書紀　卷二十五　孝德天皇紀』、448 頁。

④ 舍人親王『日本書紀　卷二十七　天智天皇紀』、472 頁、475 頁。

⑤ 舍人親王『日本書紀　卷二十七　天智天皇紀』、481 頁。

⑥ 舍人親王『日本書紀　卷二十八　天武天皇紀（上）』、481 頁。

⑦ 舍人親王『日本書紀　卷十四　雄略天皇紀』、255 頁。

这一氏姓,旧"姓"① 为"造",天武朝时受赐"连"和"忌寸"姓。《日本书纪》天武天皇纪十二年(683)九月丁未条载,秦造"赐姓曰'连'"。同书天武天皇纪十四年(685)六月甲午条载,秦连"赐姓曰'忌寸'"。② 秦忌寸氏一族中,"造"姓以前的人有秦大津父③、秦公伊吕具④。受赐"造"姓的人有秦造河胜⑤、秦造田来津⑥、秦造熊⑦等。在天武朝"八色之姓"(真人、朝臣、宿祢、忌寸、道师、臣、连、道置)改革中,葛野"秦人"有的从"连"姓提升为"忌寸"姓。根据《平安遗文》《续日本纪研究》《本朝月令》《续日本纪》《山城国风土记》等文献统计,自天武天皇十四年六月受赐"忌寸"姓后,至宽平八年(896),"忌寸"姓"秦人"有91人。⑧

根据《平安遗文》《平城宫发掘调查出土木简概报》《御野国加毛郡半布里户籍》等文献进行统计,在奈良及平安时代,以"秦人"为姓氏(即以氏名为汉语意义上的姓氏)的人,近江国爱智郡有6人,美浓国加毛郡半布里有394人,周防国玖珂郡玖珂乡有94人;以"秦人部"为姓氏的人,在美浓国山方郡三井田里有35人。⑨

《续日本纪》光仁天皇纪宝龟七年(776)十二月戊申条记载:"山背国葛野郡人秦忌寸箕造等九十七人(赐姓)朝原忌寸。"⑩ 《日本三代实录》元庆五年(881)八月二十三日己亥条载:"敕,以山城国葛野郡二条大山田地三十六町为大觉寺地。其四覆,东至朝原山,西至观空寺并栖霞馆东路,北至山岭。"⑪ 这里出现的"朝原山"为地名(今京都市右京区北嵯峨朝原山町),应该和朝原氏有关。七八世纪时,"秦人"中多人改姓氏,其代表性例子如表1所示。

---

① 不同于中国的姓氏,在日本的氏姓制度中相当于爵位,日语称为"カバネ",下同。
② 舍人親王『日本書紀 卷二十九 天武天皇紀(下)』、530 – 531 頁、537 頁。
③ 舍人親王『日本書記 卷十九 欽明天皇紀』、309 頁。
④ 《山城国风土记》佚文南岛部里条等。
⑤ 舍人親王『日本書紀 卷二十二 推古天皇紀』、376 頁。
⑥ 舍人親王『日本書紀 卷二十二 推古天皇紀』、430 頁。
⑦ 舍人親王『日本書紀 卷二十八 天武天皇紀(上)』、496 頁。
⑧ 佐伯有清『新撰姓氏録の研究・考証篇 第五』、280 – 283 頁。
⑨ 佐伯有清『新撰姓氏録の研究・考証篇 第五』、375 頁、386 頁。
⑩ 藤原継縄・菅野真道『続日本紀 卷三十四 光仁天皇紀』、598 頁。
⑪ 藤原時平・大蔵善行『日本三代実録 卷三十六 後太上天皇(陽成天皇)』、経済雑誌社、1897 年、569 頁。

**表 1　"秦人"改姓氏示例**

| 原姓氏 | 新姓氏 | 人数（人） | 改姓氏年月 | 所在地 |
|---|---|---|---|---|
| 秦胜 | 秦原公 | 52 | 神护景云三年(679)十月 | 赞岐香川郡 |
| 秦忌寸 | 奈良忌寸 | 22 | 宝龟七年(776)十二月 | 左京 |
| 秦忌寸 | 朝原忌寸 | 97 | 宝龟七年十二月 | 山背葛野郡 |
| 秦 | 秦伊集美 | 1200 余 | 天平二十年(748)五月 | 畿内 |

资料来源：平野邦雄『帰化人と古代国家』、吉川弘文館、2007 年、172 – 173 頁。

# 结　语

历史上，中国大陆各地民众为躲避战乱或暴政，有些陆续徙居朝鲜半岛。他们在半岛接触、吸收各种不同民族及其文化后，形成了各具特色的社会文化群体，并受半岛政治局势的影响，分数次集体移居日本列岛，成为古代日本社会的"秦人""汉人"等移民集团。如本文所述，3 世纪时居住于朝鲜半岛南部的辰韩、弁辰中有大量中国秦朝移民的后裔，"辰韩""弁辰"这些族称的形成，和秦朝移民有着直接的关系。4 世纪末至 5 世纪上半叶，受高句丽南下朝鲜半岛的冲击，为躲避战乱，辰韩人和弁韩人中有很多人大体上以村落为单位集体移居日本列岛。5 世纪后半叶至 6 世纪中叶，他们当中的有权势者被"倭王"赐予"秦"氏，"秦人"被编入大和王朝的氏姓制度中，从此"秦人"受"秦氏"首领的统一管辖，他们主要在经济和技术领域为古代日本社会的发展发挥了巨大作用。

古代日本属于移民国家，日本民族的核心部分形成后，在日本被称为"秦人""汉人""今来汉人"等的中国人，经由朝鲜半岛集体移居日本列岛，实质性地承担了古代日本的政治、经济、军事、文化建设的重任，甚至能够认为，就是这些中国移民集团奠定了日本古代国家和民族文化形成的基础。有关这些移民集团的历史，目前在日本的历史教科书中很少涉及，在日本学界也没有引起太多的关注，主要原因在于他们源自中国，在日本社会遭受另眼看待。可能是出于文化上"去中国化"的目的，近年很多日本研究者将"秦人"和西域人联系起来，例如认为"秦人"是来自信仰景教的犹太人。①

---

①　久慈力『シルクロード渡来人が建国した日本—秦氏、蘇我氏、藤原氏は西域から来た—』、現代書館、2005 年。

公元 70 年，罗马帝国摧毁耶路撒冷，从此犹太人流散到世界各地，其中确实有人来中国定居。但根据现有史料，犹太人在中国的活动始于唐朝，盛于宋朝，以开封一地为最多。① 因此，日本一部分研究者所主张的"秦人"是犹太人后裔，是一个严重背离客观史实的谬论和研究动态。如本文所述，日本古代移民集团中的"秦人"，是中国秦朝人的后裔。有关古代中国人通过不同途径移居日本列岛，为推进日本社会文明启程、飞跃所做出的巨大历史贡献，学界应予以深入系统的研究。

（审校：张耀之）

# The Connection between the Ancient Chinese Immigration to the Korean Peninsula and the Formation of the Japanese Toraijin from Qin Dynasty

*Cai Fenglin*

**Abstract**：From the 3rd Century BC at the latest, some East Asians migrated across the Korean Peninsula to the Japanese archipelago and became an immigrant clan—Toraijin of ancient Japan. Those Toraijin played a decisive role in the formation and development of the history and culture of ancient Japan. During the 3rd Century, Qinhan's people and Byeonhan's people are living in Southeastern Korean Peninsula. This article considers that the basis of Japanese immigrant clan—Toraijin from Qin Dynasty, is the descendants of the Chinese who migrated to the Korean peninsula in avoiding Qin's tyranny. Toraijin from Qin Dynasty have made great contributions to the development of ancient Japanese society in the economic and technical fields.

**Keywords**：Qin Dynasty; Korean Peninsula; Qinhan; Toraijin from Qin Dynasty

---

① 牟宗鉴、张践：《中国宗教通史》，社会科学文献出版社，2000 年，第 645 页。

《日本文论》（总第 2 辑）
第 84~98 页
© SSAP，2019

# 加藤弘之思想转向研究

## ——从天赋人权到社会达尔文主义

邢雪艳

**内容提要：** 加藤弘之早期通过《立宪政体略》、《真政大意》以及《国体新论》等著作积极宣扬天赋人权思想，成为明治初期日本著名的启蒙思想家。但到了明治中后期，加藤弘之不仅亲自将前期著作申请绝版，同时出版了《人权新说》《强者的权力竞争》等，开始公开倡导社会达尔文主义和强权政治。对加藤弘之前后期思想著作进行研读分析可以发现，日本近代启蒙思想的国家主义和功利主义、西方资产阶级主流思想的转变、加藤弘之的阶级属性等是促成其思想转变的具体原因。

**关 键 词：** 加藤弘之　天赋人权　社会达尔文主义　明治时期

**作者简介：** 邢雪艳，北京联合大学旅游学院副教授。

作为日本近代思想启蒙巨匠，加藤弘之的思想一直备受国内外学术界的关注。一般认为，19 世纪 80 年代，加藤弘之的思想发生了转变，具体来说可以 1882 年公开出版《人权新说》作为其思想转变的分水岭。加藤弘之早期的政治思想著作包括《邻草》、《立宪政体略》、《真政大意》以及《国体新论》等，宣扬以天赋人权为思想基础的西方宪政思想。到了中后期，加藤弘之思想发生巨大转变，通过出版《人权新说》等著作，开始宣传社会达尔文主义和强权政治。

在中国国内，对加藤弘之早期政治思想早有关注。如下崇道的《加藤弘之早期启蒙哲学思想述评——从〈邻草〉到〈国体新论〉》，许晓光的《明治初期日本近代化民权思想的形成——围绕加藤弘之早期几部政治学著作的思考》，铃木贞美的《明治时期日本启蒙思想中的"自由·平等"——以福泽谕吉、西周、加藤弘之为中心》，于洋的《论加藤弘之对立宪政体论的诠释》等，对加藤弘之早期宣扬的政治思想及其特色、进步意义等进行了研究。① 也有学者从哲学的角度对加藤弘之的思想进行了研究，如永田广志的《加藤弘之的自然科学唯物论》，王守华的《加藤弘之哲学浅见》，张运平的《论加藤弘之的哲学思想》，崔新京的《刍议加藤弘之哲学思想的基本性质和历史作用》等。② 另外，对加藤弘之中后期思想进行研究的著述也不少，如王长汶的《加藤弘之的社会进化论与日本的近代化》，王晓范的《加藤弘之与明治日本的国家主义》，以及苏基朗、苏寿富美的《加藤弘之的反自然法观念与其天皇制宪法理念的"和魂洋才"》等。③

在日本，对加藤弘之的研究也已经是汗牛充栋，而且研究角度比中国学界更加丰富，除了对其思想本身的研究外，更多关注的是加藤弘之对西洋思想的接纳，如早期田中浩发表的《福泽谕吉与加藤弘之——西洋思想的接纳和国民国家的两种类型》④，佐藤太久磨的《"社会进化论"和"国际民主主义论"——加藤弘之和吉野作造》⑤，以及中园嘉巳的《加藤弘之和社会进化论》⑥ 等，主要阐述了加藤弘之对社会进化论的吸收和解读。由于加藤弘之曾任东京大学校长，也有从教育角度对其进行研究的文章，比较有代

---

① 卞崇道：《加藤弘之早期启蒙哲学思想述评——从〈邻草〉到〈国体新论〉》，《日本学论坛》1996 年第 1 期；许晓光：《明治初期日本近代化民权思想的形成——围绕加藤弘之早期几部政治学著作的思考》，《四川师范大学学报》（社会科学版）2007 年第 1 期；铃木贞美：《明治时期日本启蒙思想中的"自由·平等"——以福泽谕吉、西周、加藤弘之为中心》，《复旦外国语言论丛》2009 年第 1 期；于洋：《论加藤弘之对立宪政体论的诠释》，硕士学位论文，东北师范大学，2016 年。

② 永田广志：《加藤弘之的自然科学唯物论》，《日本学论坛》1983 年第 2 期；王守华：《加藤弘之哲学浅见》，《外国哲学》1987 年第 9 辑；张运平：《论加藤弘之的哲学思想》，《日本学论坛》1998 年第 1 期；崔新京：《刍议加藤弘之哲学思想的基本性质和历史作用》，《日本研究》1989 年第 4 期。

③ 王长汶：《加藤弘之的社会进化论与日本的近代化》，《学术论坛》2015 年第 11 期；王晓范：《加藤弘之与明治日本的国家主义》，《浙江社会科学》2017 年第 6 期；苏基朗、苏寿富美：《加藤弘之的反自然法观念与其天皇制宪法理念的"和魂洋才"》，载周东平、朱腾主编《法律史译评》（第六卷），中西书局，2018 年。

④ 田中浩「福沢諭吉と加藤弘之―西洋思想の受容と国民国家構想の二類―」、『一橋論叢』第 100 号、1988 年 8 月。

⑤ 佐藤太久磨「『社会進化論』と『国際民主主義論』のあいだ―加藤弘之と吉野作造―」、『立命館大学人文科学研究所紀要』第 96 号、2011 年 3 月。

⑥ 中園嘉巳「加藤弘之と社会進化論」、『青山スタンダード論集』第 7 号、2012 年 5 月。

表性的如许艳的《加藤弘之进化论的接纳和展开——能力主义教育思想的形成》①，文中论述了加藤弘之从接纳进化论到主张能力主义教育的演变过程。

综上所述，学术界从各个角度对加藤弘之思想的研究可谓经久不衰，但是对其思想转向原因的讨论则只是在一些著作里零星可见，未见有深刻的探讨。本文拟以时间纵向发展为轴，在对加藤弘之思想著作进行文献解读的基础上，结合日本当时的社会背景，厘清其早期、中后期著作所反映出的思想变迁、表现特征及其思想转变的具体原因。

# 一　前期的天赋人权思想及其特征

《邻草》是加藤弘之最初的思想著作，也是日本国内论述立宪政体的最早文献。该书假托邻邦中国（指清朝）的局势而主张吸取西欧的立宪制，特别是议会制度，以改革当时日本的幕府政治。1868 年，加藤弘之在《邻草》的基础上发表了《立宪政体略》，其中进一步阐述了"天下为公、上下同治"的政治主张。"以天下为天下亿万国民之天下"，政府不只是对君主负责，而是要"代表天下亿万之民来治理天下"。为治理天下，必须制定国宪，"所谓国宪，即治国的大法，记载该政体制度的一切大纲，万事依之施行，政府不得任意变更"②，表达了非常鲜明的立宪主张。此外，加藤弘之在本书中明确地将国民的权利分为公权和私权，"权利有二种，一曰私权，二曰公权。私权即关于自身私事之权利，亦称所谓任意自由之权，公权即参与国事之权利"③。他还具体说明了私权的范围，具体包括生活之权利、行事自由之权利、结社及集会之权利、信仰自由之权利、在法律面前万民平等和任意处理私有财产权利等。

1870 年，加藤弘之又出版了《真政大意》，重点论述了国家治理之"治术"。加藤认为，"真政"的实质在于"安民"，而"安民"就要懂得"人之天性和国家政府产生的天理"。"人是天之最爱，从躯体到精神和才智，

---

① 許艷「加藤弘之における進化論の受容と展開—『能力主義教育思想の生成』—」、『東京大学研究紀要』第 31 巻、1991 年。

② 加藤弘之「立憲政体略」、植手通有編『日本の名著』（第 34 巻）、中央公論出版社、1988 年、334 頁。

③ 加藤弘之「立憲政体略」、植手通有編『日本の名著』（第 34 巻）、334 頁。

绝非禽兽之类所能匹敌，在此之上更有属于天性的种种之情，其中不羁自立之情乃是第一之情，此情正是带来一身幸福之媒介。"由于人有此情，便"又有施行此情之权利，所有人不分贵贱、上下、贫富、贤愚之别，绝不应该被他人所束缚限制，自身之事岂能随其所欲，这里就产生了在交往上的种种权利"。① 从中可以明确看出加藤弘之对天赋人权思想的吸收。"若自己拥有某种权利，他人也必拥有同样权利，各人履行自己本分，尊重他人权利，即谓之义务。"② 为了防止人们滥用权利、忽视义务而妨碍他人行使权利，必将出现一个"组织或是机构"来统领百姓，于是国家出现。从人类天性生出人类权利，权利和义务相辅相成催生出国家，加藤弘之的国家观因此也被称为"天性成国"的国家观。

《国体新论》是 1875 年加藤弘之为反对国学者和汉学者的封建专制主义而出版的思想著作，也是体现加藤弘之政治思想、国家理论的集大成之作。在这部著作中，加藤弘之始终坚持国家和政府存在的理由在于人民的政治主张。"国家应该以人民为中心，特别是要以为人民谋安宁幸福为目的，君主和政府存在的理由都是为了达成此目的，这即为国家大主旨之国……即使是万世一系的本邦也应该与万国相同，国家的主眼在于人民，天皇以及政府都是为了保护劝导人民、为人民谋求安宁幸福而存在，天皇和政府都应该依据此道理尽职尽责。"③ 加藤弘之以此来反击国学家们吹捧的"皇统一姓""王尊民卑"的主张。"人民的私事受到君主政府的制裁时，他就失去了自由权，因之政府也必然不会为其谋求安宁幸福。自由权是天赋的，是人民追求幸福安宁的最重要的工具。"④ 为尊重人民的自由权，就要使政府的立法权和司法权分立，就要实行立宪政体。"加藤理想中的君主立宪构想具有君民自然调和、相亲的理想主义色彩，而其君主立宪思想的核心仍然是以君为中心的，君权仍然是整个国家权力的核心，虽然在西方公法学、特别是德意志公法学的影响下，君权与国家权力已做了概念上的区分。"⑤ 这种以君权为核心的国家权力观念，也为以后加藤弘之思想上的转变埋下了伏笔。

---

① 加藤弘之「立憲政体略」、植手通有編『日本の名著』（第 34 卷）、350 頁。
② 加藤弘之「立憲政体略」、植手通有編『日本の名著』（第 34 卷）、350 頁。
③ 加藤弘之「立憲政体略」、植手通有編『日本の名著』（第 34 卷）、390 頁。
④ 加藤弘之「立憲政体略」、植手通有編『日本の名著』（第 34 卷）、393 – 394 頁。
⑤ 王晓范：《加藤弘之与明治日本的国家主义》，《浙江社会科学》2017 年第 6 期，第 32 頁。

通过上面的分析可以看出，天赋人权思想一直贯穿于加藤弘之早期的思想著作之中，是加藤弘之早期立宪政治著作的思想基础。正如他后来自己所说："我开始读西方的政治法律等书时，相信卢梭等人倡导的天赋人权论，相信我们人生来就具有平等的权利和自由之学说是极其新鲜的真理，甚至一度相信共和政体是无比光明正大的政体。"① 加藤弘之早期的著作虽然一直以天赋人权思想为基础，但是其所宣扬的天赋人权思想有鲜明的日本特色，其中最主要的就是有关国家观的论述。相对于西方启蒙思想中的"立约成国"思想理论，加藤弘之一直主张"天性成国"，这在《真政大意》和《国体新论》中表现得最为充分。《国体新论》中，加藤弘之利用古希腊哲学家亚里士多德的"人必定具有相互结合，形成国家之天性"② 进行了论证。加藤弘之认为，人类具有不羁自立之情，不受他人干涉，但既然成为政府之臣民，就只能接受政府之制驭。但这种制驭不是来自政府的束缚和驱使，而是因为"统一合同"的存在。因为这个"统一合同"的存在，政府和人民之间就产生了权利和义务，即为"天理"，国家和政府的出现是基于人之天性的天理，即"天性成国"。"在此，加藤弘之否定了'立约成国'的社会契约说，而主张'天性成国'，即'天赋国权'。但是，问题并不止于此。'国权'与'人权'虽在原理上处于同一水平，即都是根于人的天性的，但是'人权'并不能自主地实现自己和形成国家秩序，而必须依赖国家的保护和劝导，国家存在的目虽然在于保护天赋人权，但也很容易得出国家有立于个人之上的权利，为了国家应该限制个人权利的结论。"③ 可以看出，加藤弘之的国家观具有明显的国权优于民权的特征，这是日本启蒙思想的重要特征。

## 二　后期的社会达尔文思想

1874 年，因为"征韩论"下野的板垣退助和江藤新平等人向政府提交《民选议院建议书》，揭开了自由民权运动的序幕。在启蒙思想孕育的环境

---

① 加藤弘之「経歴談」、植手通有編『日本の名著』（第 34 巻）、488 頁。
② 加藤弘之「国体新論」、植手通有編『日本の名著』（第 34 巻）、389 頁。
③ 崔世广：《近代启蒙思想与近代化——中日近代启蒙思想比较》，北京航空航天大学出版社，1989 年，第 116 页。

中成长起来的植木枝盛和中江兆民等民权思想家用天赋人权思想指导民权运动，抨击明治政府的藩阀政治，要求成立国会、制定宪法，保障人们的基本权利。自由民权运动的蓬勃发展给明治政府的统治带来一定的威胁。1881年，通过发动"明治14年政变"，与自由民权派关系密切的大隈重信等人被排挤出政府，日本政府承诺以1890年为限开设国会，暂时化解了日益激烈的社会矛盾；同时积极寻找对抗民权思想的新的思想武器。1882年，加藤弘之出版《人权新说》，开始用达尔文的生物进化论攻击天赋人权思想，宣告自己彻底与天赋人权思想决裂，并将早期依据天赋人权思想写成的《立宪政体略》、《真政大意》和《国体新论》三部著作申请绝版，以公开表明自己思想的转变。加藤弘之在这次思想转向后，开始完全信奉社会达尔文主义，将生存竞争中弱肉强食的自然现象运用到解释人类社会上。《人权新说》的发表对于加藤弘之的一生而言有至关重要的作用，意味着其坚决地站在了同过去的自己完全对立的一面。

《人权新说》第一章的题目为"论天赋人权出于妄想的理由"，开门见山宣布自己弃信天赋人权思想。他首先攻击卢梭是"古来未曾有的妄想论者"，批评卢梭"天性慷慨激烈，生于法国王权的鼎盛时期，遭受擅制压制而不能自已。然其并未有务实的研究事理，而是误入妄想，著其有名的《民约论》，说什么我们人类生来就有自由自主和平等均一的权利"。① 接着又表示，卢梭的社会契约论在欧洲反响巨大，甚至像英美等国家还依据其倡导的天赋人权思想组建了国家，那是英美人民性情稳健，不喜欢轻举妄动，将"天赋人权主义的施行办法适度把握，才会只留其利、不遗其害。法国人民则与之相反，生性轻躁，一旦燃起民权炽热之火则无边滥用以至于无法控制，人民多数获取选举权的共和政府随意弑君、屠杀贵族和僧侣，最后成为前古无比的暴政，这就是极度信奉天赋人权的最大恶果"。②

加藤弘之在抨击了卢梭及其天赋人权论后，又开始用物理学有关的进化论来驳斥天赋人权论。"我欲用与物理学有关的进化主义来驳斥天赋人权主义，用进化论来驳斥天赋人权主义，也就是用实理来驳斥妄想，将它击得粉

---

① 加藤弘之「人権新説」、植手通有編『日本の名著』（第34巻）、414頁。
② 加藤弘之「人権新説」、植手通有編『日本の名著』（第34巻）、415頁。

碎还是什么难事吗？"① 在他看来，所谓的"实理之学"即进化主义，就是将达尔文生物进化论应用于国家与社会的政治学说，认为社会的进化与生物界一样，遵循生存竞争、自然淘汰、适者生存、优胜劣汰等法则。"我们人类出现之初，绝对不会有什么天赋人权，相反却是受着严重的束缚压制。而后随世道逐渐走向开明，道德逐渐形成，法制建立，风俗习惯也逐渐摆脱蛮荒而走向文明，邦国制度走向完备，分业之法、教育之道也随之进步，所以长者、男子、强者才不能再随心所欲地凌辱幼小、女子和弱者，也就是说纯粹的、天然的优胜劣汰才逐渐衰微……"② 正是有了"国家权力"的保护，人民才享有了所谓的"权利"。于是，加藤弘之用优胜劣汰的理论逻辑，得出了与天赋人权论截然不同的"权力"与"权利"的关系。然后他又借用德国思想家耶林的《权利竞争论》中的话来说明，"权力是天然的，权利是因为权力而出现的。所谓的权利，是强权者为了追求自己的'真正的利益'，自我节制自身的权利使其达到'中正适度'而产生出来的。"③

在社会达尔文主义的"权力"与"权利"关系的逻辑上，早期"天性成国"的国家观也演变成"强者建国"。"强者建国就是聚居在一起的人基于战争等原因，需要众人同心协力，诸亲族或是诸部落中，精神力最大的'优者'，即知识、才能或者胆略等最优秀的人，或是门第高贵、财产富裕、最有威望的人，就会利用他的权力统合诸亲族或是诸部落而建立稳固的社会组织，最终形成邦国体制。"④ 建立邦国的这个"最大的优者"为了保持社会组织的稳固，必须用专制的权力施行禁止"优者"或"强者"的自由放任，否则劣小的人民难免继续受到强者的欺辱，即给予全体人民权利和义务。加藤弘之进一步强调："我们必须承认人民的权利，说到底是因为掌握专制权力的最大优者的保护，是随着邦国的成立才开始出现的。如果掌握专制权力的最大优者现在还没有出现，邦国还没有形成，我们人民的权利也就不会实现。邦国不会离开我们人民的权利而独自形成，我们人民的权利也不能离开邦国而实现。"⑤

---

① 加藤弘之「人権新説」、植手通有編『日本の名著』（第 34 巻）、416 頁。

② 加藤弘之「人権新説」、植手通有編『日本の名著』（第 34 巻）、425 頁。

③ 加藤弘之「人権新説」、植手通有編『日本の名著』（第 34 巻）、439 頁。

④ 加藤弘之「人権新説」、植手通有編『日本の名著』（第 34 巻）、443 頁。

⑤ 加藤弘之「人権新説」、植手通有編『日本の名著』（第 34 巻）、445 頁。

　　加藤弘之依据"生物进化、优胜劣汰"的社会达尔文主义得出的人权观和国家观，完全颠覆了天赋人权、"立约成国"的启蒙思想理论。如果说启蒙期加藤弘之用"天性成国"来证明国家权力优于人民权利还有些牵强，社会达尔文主义的"强者建国"观则可以自然推导出"国权优先"论，也更适合明治政府证明其政权合法性、达到维护其政权的目的。"加藤弘之在展开保守的、渐进的政治论时，采用的是欧美的思想武器，也就是用达尔文主义和社会进化论来对抗自然法思想和社会契约论。他在批判卢梭的社会契约论，即自由民权派的过激论时，采用的不是传统的儒教思想，而是与自由民权思想来源完全相同的欧洲理论和概念。"① 加藤弘之用所谓来自西方的新思想否定了他早期宣扬的天赋民权思想，以自我思想蜕变的方式完成了从天赋人权到社会达尔文主义的转向，摆脱了作为启蒙思想家既宣扬自由平等，又要维护以明治政府为首的国家权力的尴尬境地，从而完全蜕变为一个维护强权政治的国家主义思想家。

　　但是，加藤弘之宣扬社会达尔文主义的目的绝不只是单纯地反对自由民权运动，其最终还是为了宣扬强权国家主义思想。1893年，即《明治宪法》颁布后的第四年，加藤弘之再次以社会进化论为理论依据撰写了《强者的权力竞争》一书，这标志着其强权国家主义思想的正式确立。在《强者的权力竞争》中，加藤弘之反复使用"天则"这一概念，他认为"天则"就是自然界和人类社会共同遵从的绝对法则，只有掌握了这一法则，才能在自然界和人类社会的激烈竞争中成为胜利者并享有权利。所谓的"天则"，与其在《人权新说》中使用的"万物法"基本相同，都是进化论的"物竞天择、优胜劣汰"。总之，在加藤看来，要想获得权利，就必须参与竞争，"强者优者制人，弱者劣者受制于人"，这种规则不仅适用于国内，而且适用于国际社会。以欧洲为代表的西方资本主义国家因为在竞争中获得胜利，所以在国际关系中成为主导，成为规则的制定者，可以说它们的权力就是通过竞争获得的。国内的强者会成为国家的统治者，掌握国家权力。但是，弱国的强者依然无法和强国的弱者相比。于是，加藤弘之得出了"弱国的平民权利＜弱国的统治阶层权利＜强国的平民权利＜强国的统治阶层权利"的逻辑关系。以这种逻辑关系为基础，自然也就得出：要想获得更多的权

---

① 肖传国：《近代西方文化与日本明治宪法》，社会科学文献出版社，2007年，第157页。

利，首先要成为强国的人民，要积极支持国家参与世界的竞争，而战争不过是一种激烈的竞争而已。

1892 年（明治 35 年），加藤弘之推出"唯一利己的根本动向"和"三阶段有机体说"，"其竞争观为之一变，成为浑然一体的立体构造"。① 即有机体分为单细胞有机体、复数细胞有机体（人类）、复复数细胞有机体（国家），所有的有机体都为个体的利己而参与竞争，这是所有有机体都固有的特性。但是个体参与竞争就是自取淘汰，所以必须加入更高级的有机体中，也就是加入复复数细胞有机体（国家）之中，这样利己和利他成为一体。具体而言，日本是"族父统治"，日本人和国家之间有着最亲密、最自然的利他主义，于是个人之间的竞争就成为对国家忠诚心的竞争。"从功利主义出发，把个人水平上的竞争内容与对国家的忠诚结合起来，其根源却是个人的固有性。"② 不能不佩服加藤弘之的演绎。这样，从社会达尔文主义出发，经过多次多角度的解析，加藤弘之终于完成了国家主义的思想逻辑。加藤弘之的强权国家主义思想成为天皇制国家主义政治思想的来源，为日本政府后来更坚决地推行绝对主义统治、实现"富国强兵"提供了理论基础，也成为日本后来走向军国主义道路的理论来源之一。

## 三 加藤弘之思想转变的原因

从明治初期宣扬天赋人权，到明治中后期公然宣告与天赋人权思想决裂并对其展开思想攻击，加藤弘之在短短十几年时间内思想发生巨大转变，既与日本国内外特殊的时代背景相关，也受其阶级属性的影响。

### （一）"国家本位主义"是加藤弘之思想转变的主要原因

日本的近代是在"西力东渐"、民族危机日益深重的境况下，由西南雄藩联合推翻德川幕府的统治而开始的，因此同时面临民族独立和民主革命的双重课题。这种特殊性决定了明治初期启蒙思想的特殊性，即相较于西方启蒙主义以理性和自然为旗帜，反抗封建神学和世俗权威、号召人们追求自由

---

① 許艶「加藤弘之における進化論の受容と展開―『能力主義教育思想の生成』―」、87 頁。
② 許艶「加藤弘之における進化論の受容と展開―『能力主義教育思想の生成』―」、88 頁。

平等，日本的近代启蒙从一开始就被打上了深深的民族主义烙印。加藤弘之和福泽谕吉等启蒙思想家在宣扬天赋人权思想时，都带有深深的国家本位和功利主义的色彩，因为他们的首要目标是使日本早日成为强大的近代国家，以保持民族独立。其倡导的民权思想总是与国家权力、民族利益紧密相连，甚至把民权作为实现国权的必要条件，福泽谕吉的"一身独立、一国独立"就是最好的例证。这也是后发型资本主义国家很容易出现的一种现象。"作为后进资本主义国家，普鲁士德国的启蒙思想，不是把市民的'自由的原理'而是把国家的'统一的原理'优先提出来，故意强调它的'国家的使命'，这就表明了它在国际上同英、法先进资本主义国家相对抗的企图。"[1]加藤弘之的早期思想中把"天赋人权"演绎成"天赋国权"，再由"天赋国权"到"国赋人权"的思想逻辑，也正是这种国权优先思想的潜在表现。

明治维新后，出于反对幕府封建统治和建立近代国家的需要，启蒙思想者并没有意识到天赋人权思想的双刃剑作用，就迫切地将其传播到日本。明治初期，天赋人权思想对于反抗幕府的封建压迫、培养人们的独立平等意识发挥了一定的积极作用，但是随着自由民权运动兴起，尤其是民权派开始将其作为反对明治政府藩阀统治的思想武器时，启蒙思想家们随即发现自己面临着一种引火自焚的无奈与尴尬。由加藤弘之、福泽谕吉、森有礼、西村茂树等在明治初期成立的、一直作为启蒙思想阵地而存在的"明六社"在此时宣布解散，也正由于此。因为在这些启蒙思想家看来，明治政府已经是国家政权的代表，日本近代化的主导者也只能是以明治政府为首的新官僚阶级。于是，寻找新的思想武器、证明明治政府政权的正当性、让民众自觉服从明治政府的领导成为迫切需要。特别是到了明治中后期，帝国主义之间的竞争加剧，日本越来越感觉到生存危机之时，作为知识技术官僚的早期的启蒙思想家们，更察觉到化解社会矛盾、利用新的理论引导民众服从国家大义、将建设独立富强的民族国家放到首位的必要性和急迫性。加藤弘之的思想转向正是这一时代背景的产物。不仅是加藤弘之，同为启蒙思想家的福泽谕吉，也从原来支持民权到后来支持"官民调和论"，直至积极主张对外战争、脱亚入欧等，可以说与加藤弘之是殊途同归的。

---

[1]　参见近代日本思想史研究会编《近代日本思想史》（第一卷），商务印书馆，1982年，第27页。

## （二）西方政治思想的流变促成加藤弘之的思想转变

虽然加藤弘之始终保持着与明治政府的立场高度一致，但是也不能说其思想的转变完全是为了迎合明治政府的需要。加藤弘之曾在自传中这样说："在我四十岁的时候，即明治 8—9 年以前，只信二元论，抱着一种糊涂思想，认为在物质上是自然力起作用，在精神上是超自然力起作用。不仅如此，我还以为我们人类与其他动物完全不同，我们人类有着其他动物所没有的天赋人权和天命伦理。但到了四十岁，因为无意中读到巴克尔的《英国文明史》，才得到认识错误的端绪⋯⋯从这时起，我感觉到在精神科学上应用自然科学也是很重要的，因而也就逐渐爱读达尔文、斯宾塞、赫克尔及其他诸硕学关于进化主义的著作，更加明白了宇宙是唯一的自然，绝对没有所谓超自然的东西，因而也就更加相信我们人类并非本来就是万物之灵，而是完全由于进化才成为万物之灵的。"① 由此可以看出加藤弘之在思想上的转变过程。与明治初年明治政府的"饥不择食"相同，早期启蒙思想家对西方政治思想的摄取也可以说是"囫囵吞枣"。"出于当时的迫切需要，启蒙思想家无暇对西方思想形成的历史、思想背景及其在现实政治中的功能进行深入考察和研究，就把它作为完成品原封不动地移植到日本。"天赋人权等自然法思想本来是在英法资产阶级上升期，出于反对封建王权对人民的压迫而提出的政治主张。当资产阶级建立了近代资产阶级国家以后，就开始放弃自然法思想转而寻找新的思想工具，因为他们逐渐意识到天赋人权思想不只是可以作为上升期的资产阶级反对封建压迫、建立资产阶级国家的工具，同时也可以成为新兴的工人阶级反对现存体制、争取民主改革甚至是建立社会主义国家的政治原理。于是，已经掌握了国家权力的资产阶级开始放弃自然法思想，到了 19 世纪中期，则开始主张可以为现存体制保驾护航的社会进化论。

社会进化论的主张者是英国社会学家斯宾塞，其思想来源是 1859 年生物学家达尔文的《物种起源》，即生物进化论。生物进化论有如下基本概念：物种演变和共同起源、生存竞争和自然选择、渐进进化，其中自然选择是生物进化论的中心概念。达尔文的生物进化论在西方世界引起巨大反响，

---

① 近代日本思想史研究会编《近代日本思想史》（第一卷），第 110～111 页。

之后被应用于社会科学领域，在此方面做出巨大成就的英国社会学家斯宾塞，被称为"社会达尔文之父"。斯宾塞认为，人类社会同生物界一样，也存在优胜劣汰、适者生存的自然竞争之规律，优等民族淘汰"劣等民族"是自然规律，这为英国等国的殖民主义侵略起了一定的辩护作用。

在英法等欧洲发达国家，上述政治思想的转变经历了一二百年的历史发展才得以完成。而在资本主义确立较晚的国家中，也存在将此过程压缩完成甚至是与本国的具体情况相结合进而走向其他方向的可能。作为后发型资本主义国家的德国，虽然资产阶级未取得充足发展，但是随着产业化的快速进展、社会主义势力的迅猛发展，在日本明治维新前就已经开始出现社会主义性质的政党。在这种社会状况下，德国的大资产阶级没有能够和社会主义的势力结成同盟，进而完成自己反对封建王权、建立以自由和平等为口号的近代国家的历史任务，而是投靠了以封建大土地所有者为社会基础的绝对主义王权政治，走向了与民主主义和社会主义都相反的方向，所以在德国，天赋人权的自然法思想并没有获得广泛传播。19 世纪 60 年代后，源于社会达尔文主义的国家有机体说成为在德国占统治地位的主流意识形态，随后这种国家学说被传播到日本。加藤弘之是日本最初的德国研究专家，一直致力于德国国家主义思想的研究，他本人深受德国国家主义思想的影响。① "对加藤造成重大影响的思想有达尔文的自然进化论、赫伯特·斯宾塞的社会进化论、边沁的功利主义。但是需要指出的是加藤主要是通过德文文献来吸收上述思想的，应该说对加藤思想影响最大的乃是当时在德意志诸邦流行的国家主义、军国主义思潮，他吸收了用来论证德意志国家主义、军国主义的进化论、社会达尔文主义与功利主义等思想。"②

### （三）加藤弘之的阶级属性影响了其思想的转变

藩士出身的加藤弘之，明治维新后在明治政府中出任文部大臣等高级职位，其思想与明治政府保持了高度一致。从 1870 年（明治 3 年）到 1875 年（明治 8 年），加藤就任侍读，每月进宫五六次，亲自为明治天皇讲读西洋事情，身为"帝师"的荣誉感对于其思想的转变也产生了一定影响。

---

① 近代日本思想史研究会编《近代日本思想史》（第一卷），第 39 页。
② 王晓范：《加藤弘之与明治日本的国家主义》，第 33 页。

　　维新之初，在明治政府"广开言路，求知识于世界"政策的鼓舞下，日本朝野上下掀起了文明开化运动。加藤弘之、福泽谕吉、森有礼等成立了"明六社"，宣传西方民主思想，对民众进行近代思想启蒙。"创始时期的明治绝对主义政权所着手进行的'由上而下'的启蒙专制主义开化政策，主要是靠绝对主义的官僚来推行的。1873 年设立的'明六社'这个启蒙学术团体的知识技术官僚，是它的核心力量。"① 所以，启蒙思想家们的初衷是建立近代民族国家、保持日本的国家独立，而并不是真的站在民众的立场上唤醒他们去追求自由平等的意识。特别是加藤弘之，其早期著作虽然以天赋人权思想为基础，但是出发点更多像是一种"劝谏"，劝说为政者引入西方的立宪制度，以便更好地治理国家、实现国家的独立富强。所以当国内民权运动发展到高潮期，特别是当民权运动的社会基础扩展到广大中下层民众，斗争目标发展到减轻地租、地方自治、保障人民经济生活权利等切实问题，官与民之间的矛盾开始激化时，加藤弘之的阶级属性就开始暴露出来。

　　其实，从《人权新说》中也可以明确读出加藤弘之对自由民权运动的态度。"那些天赋人权论者的妄想之辈竟然痴迷不悟，错误地认为扩大人民的权利合乎天理，完全不顾邦国的开放和文明程度以及国家的民情和风俗，只是痴迷于要扩张民权。欧美人民累积数十百年的星霜逐渐取得的诸权利，要在一朝之内全部移植到东洋，这就是我国那些妄想者的主旨所在。我们人和动植物相同，循序渐进、逐步进步是万物之一大定规，即使是利用人智也只能是某种程度上促进之，妄想论者希望在一朝之内'速成'，不得不说是他们不了解万物之定规。"② 加藤弘之批评自由民权派不顾及日本国家的具体风俗和民情，一味冒进，不但不会增进日本人民的安全和幸福，相反会给国家和人民带来灾难。"保守和渐进是兴社会邦国之道，激进和守旧就是毁社会邦国之术。"③ 加藤弘之在严厉批评自由民权派的同时，表明了其与明治政府立场一致、主张走渐进保守立宪道路的态度。

　　加藤弘之还利用优胜劣汰理论来说明日本的国家权力只能掌握在以天皇

----

　　①　近代日本思想史研究会编《近代日本思想史》（第一卷），第 28 页。
　　②　加藤弘之「人権新説」、植手通有編『日本の名著』（第 34 卷）、445 頁。
　　③　加藤弘之「人権新説」、植手通有編『日本の名著』（第 34 卷）、458 頁。

为首的、代表大地主和官僚资本家利益的明治政府手里，因为只有在知识才能、品行、财产等领域内的佼佼者，才是社会竞争中的优胜者，才能成为日本近代化的主导者。"在我国，到今天为止控制社会大势的最有希望的优秀者在于武士，但是从近日情况来看士族的一般势力已随岁月消耗殆尽，从士族或是贫民中走出来的少年侠气之辈（自由民权者）多为急躁过激之徒，他们贪图权力，企图颠倒社会秩序。此辈大多知识不够广博，财产也不丰裕，并非精通世故人情，品行也不良正，就想一味谋求大事并误导良民，没有比这个更能称为国家大害的了。"① 即来自社会下层的民权派不是社会竞争的"优胜者"，又怎么可能掌握国家的权力呢？这样，加藤弘之用优胜劣汰的理论阐述了自由民权派希望通过普选、成立国会、参与国家管理的不可能性。他在文章最后写道："我希望今天的民权论者尽量避免急躁过激，逐渐养成扎实敦厚之后，成为社会真正的优者，永远充当皇室的羽翼。"② 《国体新论》中曾提出的"君主是人，人民也是人，绝非异类"的平等观念也消失殆尽，曾为天皇侍讲的荣誉感让他彻底放弃了天赋人权，成为皇室忠诚的羽翼。

虽然加藤弘之在明治前期和中后期的思想转变巨大，但是其中也有一致的因素存在，那就是加藤弘之的政治立场没有发生改变。他始终保持了与上层社会、与明治政府一致的立场。在早期，加藤弘之响应明治政府的文明开化政策，倡导天赋人权思想，以求塑造近代国民。而"明治 14 年政变"后，明治政府抛弃英法式的立宪模式，以普鲁士德国的国家主义色彩浓厚的宪法体制为蓝本推进日本的近代国家建设，作为官僚学者的加藤弘之也随之抛弃天赋人权思想，开始倡导社会达尔文主义。可以说，加藤弘之始终坚持了官僚学者的政治立场和阶级立场。"他的一生和思想都说明了他是一个最典型的绝对主义官僚学者。"③ 作为官僚主义学者，加藤始终都在维护以天皇为核心的、明治政府主导的国家主义。"加藤思想的一个重要特色是其思想中具有一些最基本的价值与元素。这些基本价值与元素潜伏在他思想的底层，随着时代的变化与需要、外界理论的变化与影响，加藤不断地试图寻找与其基本价值与元素相契合的理论来论证其观点，并通过创造适合自身价值

---

① 加藤弘之「人権新説」、植手通有編『日本の名著』（第 34 巻）、434 頁。
② 加藤弘之「人権新説」、植手通有編『日本の名著』（第 34 巻）、462 頁。
③ 近代日本思想史研究会編《近代日本思想史》（第一卷），第 40 页。

的理论来回应时代的变化与需求。"① 而加藤弘之思想中最基本的价值和元素就是明治时期的国家主义。在明治国家主义的向心力作用下，加藤弘之在早期可以不遗余力地宣扬天赋人权、积极主张立宪政治，同样也可以在中后期完全放弃天赋人权，转而宣扬"弱肉强食"的社会达尔文主义。

短短十几年的时间，加藤弘之从宣扬天赋人权转变到倡导社会进化论，的确让人费解。但是，当我们把其放在明治时期特殊的历史背景下，重新审视其思想的转变，似乎就好理解了。在日本享誉盛名的启蒙思想家的思想转向给明治中后期日本国内政治思潮向天皇制国家主义的转变提供了助力，社会达尔文主义也成为天皇制国家主义思潮在明治中后期兴起的前奏。

（审校：张晓磊）

# An Analysis of the Transformation of Kato Hiroshi's Thoughts
## —From Natural Human Rights to Social Darwinism

*Xing Xueyan*

**Abstract**：In the early days, Kato Hiroshi actively promoted the idea of natural human rights in his works such as "*Constitutional Politics*", "*True Politics*", "*New Theory of the State*", and became a famous enlightenment thinker in the early Meiji period. However, in the middle and late Meiji period, Kato not only personally applied for the outbreak of the previous works, but also published the "*New Human Rights Theory*" to openly advocate social Darwinism and power politics. On the basis of studying and analyzing the later ideological works of Kato Hiroshi, it can be discovered that the nationalism and utilitarianism of Japanese modern enlightenment, the evolution of mainstream ideology of Western bourgeoisie, and the personal experience of Kato Hiroshi can be considered as the main factors that had contributed to the transformation of his thoughts.

**Keywords**：Kato Hiroshi；Natural Human Rights；Social Darwinism；Meiji Period

---

① 王晓范：《加藤弘之与明治日本的国家主义》，第 32 页。

《日本文论》（总第 2 辑）
第 99～121 页
© SSAP，2019

# 制宪权视角下象征天皇制与近代
# 天皇制间的断裂与连续

张　东

**内容提要：** 对于象征天皇制与近代天皇制间的关系，其断裂性因主权在君与主权在民间的区别而易于看出，其连续性则因藏匿于抽象性权力秩序中而难以察觉，所以常被置于政治妥协、国民情感等要素之中。在制宪权视角下，可以认为，近代日本在确立天皇权威的同时，其一君万民伦理道德使天皇有所自制，宪政在此基础上展开，民众参政并有持续扩大趋势，大臣辅弼并承担政治责任。随着一君万民伦理道德充分融入宪法解释，天皇在"国体明征"中集正当性契机与权力契机于一身，近代天皇制呈现内在危机。战后日本确立象征天皇制与国民主权原则，天皇从"理"的政治中被"驱逐"出去。而在贯彻抽象性国民主权的过程中，正当性契机的内容应在于国民自身（即人权），天皇也因此愈益纯化其象征意义。究其二者连续性之实质，在于统治权力都有自我限制，但近代天皇制下，天皇权力趋于实质化而呈现危机，象征天皇制则是在贯彻国民主权的过程中反对天皇统治权力实质化。

**关 键 词：** 象征天皇制　近代天皇制　制宪权　国民主权
**作者简介：** 张东，中山大学历史学系副研究员。
**基金项目：** 国家社会科学基金青年项目"制宪权视角下象征天皇制与神权天皇制间的断裂与连续研究"（编号：18CSS027）。

明治维新之后，日本确立了近代天皇制，开展诸项改革，谋求富国强兵、文明开化，同时不断发动对外扩张侵略，最终滑向了法西斯统治。二战结束后，日本在美国主导下确立了象征天皇制与国民主权原则。出于客观的变化及对和平的期待，中国学界多强调近代天皇制下军国主义、保守专制与象征天皇制下民主化、非军事化之间的差异，而将天皇制的连续性放置于政治妥协、国民情感等方面来看待。① 在日本学界，战后之初即有强调天皇制的连续性、断裂性及连续中变革三个潮流，随着对战后民主主义的反思，也有学者开始以权力原理来贯通考察近代以来的日本政治过程。例如，小路田泰直认为，把战后宪法视为全面否定战前宪法是错觉和误解，从主权限制来看，战后宪法可谓战前宪法的修改；林尚之认为，战前是通过国体、战后则是通过个人尊严来保全宪法秩序。② 鉴于此学界研究状况，在充分理解象征天皇制与近代天皇制断裂的基础上，辨析其权力秩序的内在连续性，不仅是可能的，而且十分有必要。

---

① 中国学界基本是对天皇制做分段研究。就近代天皇制来说，代表性论述如下。王金林：《近代天皇制的理论结构》，《日本学刊》1995 年第 6 期；武寅：《近代日本政治体制研究》，中国社会科学出版社，1997 年；杨栋梁：《权威重构与明治维新》，《世界历史》2019 年第 2 期；杨栋梁：《皇权与明治维新》，《日本学刊》2018 年第 6 期；崔世广：《明治维新与近代日本》，《日本学刊》2018 年第 3 期；李卓、郑辟楚：《明治时代天皇权威的重建》，《四川大学学报》（哲学社会科学版）2016 年第 6 期；武心波：《"天皇制"与日本近代"民族国家"的建构》，《日本学刊》2007 年第 3 期。就象征天皇制来说，代表性论述如下。王金林：《战后天皇制及其存续的原因》，《日本学刊》1995 年第 4 期；沈才彬：《论日本天皇的本质特征》，《日本学刊》1989 年第 5 期；高洪：《象征天皇制：战后改革的政治遗产》，《读书》2009 年第 4 期；周颂伦：《战后日本制宪过程中的政治交换——兼论日本的修宪指向》，《四川师范大学学报》（社会科学版）2016 年第 1 期；郭洪茂：《论日本战后象征天皇制的形成》，《日本研究》1985 年第 4 期；田庆立：《象征天皇制与日本民主主义的融合与冲突》，《日本学刊》2013 年第 6 期；罗时光：《论日本战后象征天皇制的实质及其现代意义》，《南昌大学学报》（人文社会科学版）2009 年第 2 期；沈美华：《战后日本象征天皇制的确立及其存续的原因》，《山东师范大学学报》（人文社会科学版）2003 年第 1 期。

② 林尚之「日本憲法学と憲法制定権力論」、『人文学論集』2011 年第 29 集。其他日本学界的相关代表性论著有：中島弘道「国家概念の具体化—『日本国及日本国民統合の象徴』なる表現に就いて—」、『法律新報』728 号；美濃部達吉『新憲法逐条解説』、日本評論社、1947 年；横田喜三郎『天皇制』、労働文化社、1949 年；横田耕一『憲法と天皇制』、岩波書店、1990 年；樋口陽一『近代立憲主義と現代国家』、勁草書房、1973 年；角田猛之「神権天皇制と象徴天皇制における『制度的断絶性と意識的連続性』—法社会学、法文化論の視座から—」、『関西大学法学論集』2006 年；奥平康弘『「萬世一系」の研究—「皇室典範的なるもの」への視座—』、岩波書店、2005 年；小路田泰直「天皇主権と国民主権の連続・不連続」、『日本史の方法』2006 年第 4 号；岡本寛「憲法制定権力論の系譜—黒田覚と戦後憲法理論—」、『島大法学』2015 年第 58 巻第 4 号；松村昌廣「新旧憲法の継続性—天皇制を焦点—」、『桃山法学』2012 年第 19 号；時本義昭「ノモス主権と理性主義」、『龍谷紀要』2008 年第 29 巻第 2 号；樋口陽一「『立憲主義』と『憲法制定権力』：対抗と補完—最近の内外憲法論議の中から—」、『日本學士院紀要』2015 年第 69 巻第 3 号。

近代日本在强化天皇权威的同时，一君万民伦理道德使天皇有所自制，宪政在此基础上展开；当一君万民伦理道德充分融入宪法解释、天皇制在"国体明征"中显露危机时，又有了向战后开放之可能。战后象征天皇制的确立与国民主权原则的展开相一致，国民主权的实现需通过选举、议会政治等程序，为避免其遭到现实强权的侵犯，亦需限制象征天皇制中的权力契机。可以看出，虽然象征天皇制与近代天皇制在宪法条文上有明显的断裂，但在宪法秩序的产生、发展上有共通之处，即统治权力的自我限制。所谓宪法秩序，其产生有赖于变革之力，而其维持需得到变革之力的正当性支持，同时又要避免被再次变革，这一变革之力便是制宪权①。本文尝试在制宪权视角下，考察象征天皇制与近代天皇制间断裂与延续之处，从根本上认识近代以来天皇制延续与转换的实质。

# 一　一君万民：明治立宪与国体的互生

立宪主义产生于西方文明，其思想可追溯至古希腊时期，如法制、权力制衡、民主等。经过中世纪至17、18世纪，启蒙思想兴起，限制王权与注重权力正当性等成为共识，在一切法律和政治之前的个人权利与社会契约说相结合，成为近代立宪主义的主要内容。但由于法国大革命中的恐怖政治，天赋人权、自然权利、社会契约说等遭遇批判，立宪主义的基础也从抽象的理性演绎转向具体的历史传统和社会秩序。明治维新后，日本在传统政治的基础上导入西方宪政，其关键即在于限制王权并标榜天皇统治的正当性。

1867年12月9日，在萨摩、土佐等五藩藩兵的支持下，有栖川宫炽仁亲王、中山忠能、岩仓具视等在宫中发布《王政复古大号令》，"诸事回神武创业之始"②，以复古行维新，废除幕府、京都守护职、京都所司代等武

① 通常来说，制宪权与主权具有同一性，它最早是由西耶斯在法国大革命中系统提出，区分了制宪权与被宪法制定之权，他认为人民有无限权力。19世纪后半期到20世纪初，国家法人说与法实证主义盛行，制宪权逐渐被置于宪法学之外。直到20世纪20年代，施密特将制宪权视为"政治决断"，否定了其正当性要素。1936年，黑田觉将制宪权概念引入日本，提出了权力契机与正当性契机概念。战后，芦部信喜强调制宪权中的正当性契机，而樋口阳一则提出"永久冻结论"，认为制宪权在制宪后即转为正当性概念。

② 多田好问编『岩仓公实记』（下卷1）、皇后宫职、1906年、148页。

家职位，以及摄关、议奏、武家传奏等朝廷旧职，设总裁、议定、参与三职。翌年 1 月 3 日，幕府军与政府军在京都西南郊的鸟羽、伏见相遇，在戊辰战争中的失败直接导致幕藩体制的崩溃。

明治新政府在打破旧制、确立天皇权威的同时，需广泛争取支持，稳定秩序、与外交际。例如，大久保利通在 1868 年 1 月 23 日提出迁都计划时称，之前天皇只与少数公卿接触，这"有悖为民父母之天赋职责"，"上下隔绝之弊习，未尽敬上爱下之人伦大纲，有失君臣之道"，因此借迁都之机，更始一新，"除数种大弊，行为民父母之天赋君道"。① 3 月 14 日，明治天皇率公卿、诸侯等在京都紫宸殿向天神地祇宣誓，发布《五条誓文》。随后在 4 月 27 日又公布了《政体书》，实施太政官体制。

1868 年 12 月，明治天皇命令开设公议所："保全万民，确定永世不朽之皇基，万机应出自公论。"② 翌年 1 月 25 日，岩仓具视上奏称："（公议所）看似模仿欧美诸国之风，实则不然，我皇国神代既有采取公论"，"施政法度有众议参与，经宸断后实施，即使有异论百出，亦不易变更"，明确天皇亲裁与天下公论共存之意。他认为"君臣之道、上下之分"为建国之体，政体应基于国体并随时而变，"古之良法美制或不适于今日，则断然弃之"。③

对于建国之体，岩仓具视在 1870 年详论："天神使天孙降临，神胤统治国土，建万世一系天子统治之国体，亿兆各守其分，定君臣之义，此为天神虑亿万年后，使国土永久安全之意。因此，天子使亿兆各安其业、各得其所，以此为天神尽责。亿兆励行其业、各保其生，以此为天子尽责，是为上下通义。天子爱亿兆，为王者大宝，亿兆尊天子，称御一人，此为我建国之体。"④ 在他看来，"人君体天意，惩恶劝善，不随意发挥威权。天将万民托付于人君，非君之私物"；指出历代敕语中"有'朕为万人苦心'等残编断简之辞句，是为念苍生之心"，"陛下与他国人君不同，在于服从祖宗之名诫"；并引用池田光政之言，"人君自俭爱民，使国民服从"，若"以锻冶之甲胄、利刃护身，是为浅薄"。因此，"陛下上服祖宗名诫，下听光政之言，

---

①　日本史籍協会編『大久保利通文書』（第 2）、日本史籍協会、1929 年、191 - 195 頁。
②　尾佐竹猛『日本憲政史大綱』（上卷）、日本評論社、1939 年、206 頁。
③　多田好問編『岩倉公実記』（下卷 1）、682 - 685 頁。
④　多田好問編『岩倉公実記』（下卷 1）、822 - 832 頁。

察古今治乱，于今政治定有裨益"。①

1871 年 11 月 12 日，岩仓具视作为特命全权大使率团出访欧美。1873 年 5 月，大久保利通提前回国，随后提出制宪意见书，认为君主以命令约束无智之民，只能达一时之治，"一旦暴君污吏擅权，生杀予夺随意而为，众怒国怨归于君主一人，动辄生废立篡夺之变"，应"上定君权下限民权，至公至正君民不得私"。他认为立宪并不是轻视天皇大权，"外在的天子大权越重，其实权越轻，将门秉钧之日，天子在九重之内，威严堂堂，下民仰为神，天子无尺寸之权，一旦亲裁万机，下民拜天而知至尊所在，外在威严半损，人情时势逐渐开明，其势非物理自然人力所能为。今不察此，欲强行外在之大权，天子坐拥空器，不仅与昔时将门秉钧之日无异，天位亦将危殆，上定君权下限民权，出自国家爱欲至情，使人君万世不朽之天位安泰"。②

可以看出，无论是说君民无隔、君臣之义、君主之天职责任，还是说天子"不重外在大权"，明治政府在树立和强化天皇权威时，亦知天皇"免责减负"方可长久安泰，其途径则是将一君万民伦理道德纳入国体叙述。系统论述这一点并将此融于宪法的是井上毅。

井上毅认为政党是近代政治中的必然产物："文明之邦皆有政党，召开议院、分席而坐，相制以呈均势，各党争辩以发现真理。"③ 但他批判政党偏向私利、争夺政权，而且对议会政治表示疑虑，"通过阴险狡猾手段在众议院聚集多数，其议不能称作舆论，此非国会真正多数，非民望之舆论"④。因此他认为，"政府应在全能君主的信任下，调和社会各阶层利害，避免倾轧，否则国家不固。政府不基于议会、与政党无涉，这样才能增进永久生存之国运"。⑤

井上毅希望天皇成为这种"全能君主"，但若使天皇持久稳固地作为"全能君主"，在他看来，还应避免宗教化崇拜。因为"宗教发展常与知识

---

① 日本史籍協会編『岩倉具視関係文書』（一）、東京大学出版会、1983 年、376 – 386 頁。
② 議会政治社編輯部編『日本憲政基礎史料』、議会政治社、1939 年、106 – 111 頁。
③ 井上毅『政党論』、井上毅伝記編纂委員会編『井上毅伝』（史料篇第一）、国学院大学図書館、1966 年、289 頁。
④ 井上毅『非議院制内閣論』、井上毅伝記編纂委員会編『井上毅伝』（史料篇第三）、国学院大学図書館、1969 年、631 頁。
⑤ 井上毅『非議院制内閣論』、井上毅伝記編纂委員会編『井上毅伝』（史料篇第三）、630 – 632 頁。

进步相反，随着知识发展，人们不再满足道义之先天空想，倾向于以人事推天道，注重考据，伦理学逐渐向哲理发展。最终社会中产生不信之念，豪杰起而另寻机轴，主张新说排击旧典，宗教遂成退缩之势"。① 他认为，若假借神明造普世神教，虽流传颇易、人心归一，但常致流血危害，而孔孟儒学"远鬼神，务民义，知生不知死，其言布帛菽粟，毫无神怪，没有祸胎，可谓千古卓见"，因此提出"以古典国籍为父、儒教为师"。②

之所以要"以古典国籍为父"，是因为在井上毅看来，保存国典是立国要务，"国法学源于各国古典，今日神学者之说可取之处少，但探立国之本、寻风俗之源，决不可将其束之高阁"。③ 1888 年他在皇典研究所演说时称："国典是国家政治、国民教育之必要，而非宗教之必要，亦非某一政党之素材"，将国典作为宗教理论或以之攻击其他宗教"有悖国道之本意"，"国学是属于我国所有人的，精通国典者将之作为自身或自身党派的专有物，将其他党派排除在国典之外，这不仅是量见狭小，且有悖国典本意"。④ 井上毅认为国典、国学有着超越政治与宗教的普遍化性格，他试图在国民生活习惯、历史、文学中发现天皇权威与立国之本。

通过研究国典，井上毅"发现"了日本独特的天皇权威统治方式⑤，即"皇祖以来的家法"或曰"皇道之本"。他认为自古中国与欧洲都是把国土、国民视为物质上的私产，这与日本的天皇权威统治方式有公私之别，这种区别是"不容歪曲之明文与事实，也是两千五百年来历史之结果"⑥。实际上，所谓天皇权威统治方式的得出与他对近代宪法的认识密切相关。他认为宪法的基本原则在于限制君权、赋予人民立法权、定宰相责任，若宪法不明此义，"（民众）怨恨愤懑，结果或致法国大革命时民众拥立国宪之骚乱"。⑦

---

① 井上毅『欧洲模倣ヲ非トスル説』、井上毅伝記編纂委員会編『井上毅伝』（史料篇第一）、51 頁。
② 井上毅『儒教ヲ存ス』、井上毅伝記編纂委員会編『井上毅伝』（史料篇第三）、499－500 頁。
③ 井上毅『教導職廃止意見案』、井上毅伝記編纂委員会編『井上毅伝』（史料篇第一）、389 頁。
④ 皇典講究所編『皇典講究所五十年史』、皇典講究所、1932 年、116－121 頁。
⑤ 井上毅认为，国家统治方式有"シラス"和"ウシハク"两种，"ウシハク"指的是君主领有土地或人民，体现君主独裁的权力；"シラス"体现了公平统治国家之意，即天皇在观念上处于国家权力的顶点，天皇以其权威公平运用国家权力。
⑥ 清水伸『明治憲法制定史』（中）、原書房、1974 年、133－136 頁。
⑦ 井上毅『憲法意見控』、井上毅伝記編纂委員会編『井上毅伝』（史料篇第一）、94－95 頁。

也就是说，井上毅在默认近代宪法原则的前提下"发现"了天皇权威统治方式，使宪政与传统相融合，进而标榜"我国宪法非欧洲宪法之临摹，而是皇祖之不文宪法在今日之发展"。①

经过对外考察宪政、对内"发现"传统，1883 年 9 月 19 日伊藤博文上奏制宪方针："我国古来万世一系天皇总揽万机，以万邦无比之国体为基础，举经国大纲，明君民分义。"② 经过一系列准备之后，1886 年 6 月，伊藤博文、井上毅、金子坚太郎、伊东巳代治等开始起草宪法。几经修改，1889 年 2 月 11 日"纪元节"，明治天皇颁赐《大日本帝国宪法》（又称"明治宪法"）。其敕语中表示："我祖我宗赖臣民祖先之协力，肇造帝国，以垂无穷，乃神圣祖宗之威德，及臣民忠实勇武，爱国殉公，成就光辉国史。""朕及朕子孙将来依循宪法条章而行，重臣民之权利、财产安全，并保护之。"③ 宪法第一条的解释中表示"祖宗重天职"，其统治非"一人一家之私事，此乃宪法之依据"，④ 君民共守立宪政治与伦理道德。

也就是说，近代日本在树立天皇权威的同时，以一君万民伦理道德为其政治之义，皇权有所自制，避免随意发动与专断之失，立宪在此基础上展开，"在这个有着千年封建统治历史、神权意识浓厚的社会里，接受皇权不仅相对容易，而且降低了以其他方式实现转型的成本"⑤。所谓国体，即基于肇国神话与民族性，实现一君万民政治，万世一系天皇作为无上之尊与日常自然的道德表率，保全国利民福。所谓宪政，则是一君万民伦理道德在政治上得到体现，在天皇总揽大权下，采取职能性分权、民众参与立法、大臣辅弼并承担政治责任。国体与宪政互生共融，宪政因国体而被历史化、正当化，国体亦因宪政而有了顺时进步的"近代化"色彩，如伊藤博文所言，"固有国体因宪法而愈益巩固"⑥。

## 二　近代日本国体论的流变及天皇制的内在危机

尽管近代日本的国体与宪政互生共融，但二者并非从一开始就充分结

---

① 　清水伸『明治憲法制定史』（中）、133 – 136 頁。
② 　春畝公追頌会『伊藤博文伝』（中卷）、原書房、1970 年、365 頁。
③ 　伊藤博文『帝国憲法義解・皇室典範義解』、丸善株式会社、1935 年、3 – 5 頁。
④ 　伊藤博文『帝国憲法義解・皇室典範義解』、11 頁。
⑤ 　杨栋梁：《皇权与明治维新》，《日本学刊》2018 年第 6 期，第 136 页。
⑥ 　伊藤博文『帝国憲法義解・皇室典範義解』、10 頁。

合。明治宪法发布后，国体论的具体内容及其在宪法解释中的位置有所流变，经过穗积八束、美浓部达吉以及大正民主运动和"国体明征运动"，一君万民伦理道德逐渐融入宪法解释，国体与宪政充分结合。与此同时，却也凸显出了近代天皇制的内在危机。

明治宪法颁布后，藩阀政府标榜天皇大权，主张"超然主义"，以"至公至正"立于议会之外施政。此时穗积八束主张天皇主权说，某种程度上为"超然主义"提供了理论支持，当时文部省编纂的国定教科书亦采用其学说。

穗积八束认为，主权产生于国家内部的权力服从关系，"主权是国家意志，无主权即无国家，但国家没有自然意志，需通过人的意志来表达。以何人之意志为国家意志，是由历史成迹而定，在于国民确信"①，特定一人意志为国家意志者，即为君主国体，人民意志为国家意志者，即为民主国体。国体指统治权（即主权）主体的归属问题，如主权在民的民主主义、主权在君的君主主义；政体是指统治权的行使方式，如立宪分权或独裁专制。民主国体也会有专制政体，君主国体也可以实行权力分立，国体的变更是国家革命，政体的变更则是制度改革。

就日本来说，穗积八束主张天皇主权，"万世一系的皇位是统治主体，国土国民是统治客体"。②因为，"我国皇室是民族始祖的正统继承者，我国民族将之视为始祖，万世一系的皇位是始祖灵位的延长，我们对神圣皇位的崇拜即源于此。皇室是民族的宗室，皇室祖先是民族祖先的祖先，崇拜并服从皇位，就是民族崇拜始祖、依赖其威灵的表现。子孙敬爱父母，在其威权下享有慈爱和保护，推及父母的父母，祖先的祖先，以家成国，我国的家国制即源于祖先崇拜，这是由我国民族特性所决定的，也是国体之渊源"。③

可以看出，穗积八束所说的国体是指纯粹法理上的主权归属，是所有国家普遍共有的，而皇室信仰及家国制度则是形成天皇主权的历史根据。随着议会政治的展开，"超然主义"的说服力明显不足，政党人士开始入阁，民众要求明确政治责任和扩大参政权。在宪政逐渐深化的过程中，穗积八束的

①　穗積八束『憲政大意』、日本評論社、1942 年、14 頁。
②　穗積八束『憲法提要』、有斐閣、1936 年、176 頁。
③　穗積八束『憲法提要』、103－104 頁。

天皇主权说遭遇危机，美浓部达吉的天皇机关说对其形成强力冲击。1911年穗积八束慨叹："我三十年来提倡国体论，如今却不符社会风潮，社会上缺乏热诚的继任者，只叹孤城落日。"① 在此前后，上杉慎吉（穗积八束的学生）与美浓部达吉展开宪法论争，美浓部达吉的天皇机关说取得胜利，成为法学界和教育界的权威之论。

美浓部达吉反对将国体视作法律上的主权归属，因为这样的话，"日本以外还有很多君主国家，如清朝时代的中国、帝政时代的俄国"②，天皇统治就不是"万邦无比"的了。他认为国体包含日本固有和特有的社会心理、国民性与伦理观念，"它不是法律观念，而是日本历史上形成的最重要特质，是建国以来君民一致、万世一系之皇统"③。他认为主权本是法国10世纪时社会中的常用语，原意是"在他者之上"，并没有"最高者"之意。直到13世纪后半期，主权被作为国王的最高权力，用以压制教会与诸侯，"它为政治变革提供动力，有其历史价值，但非学说性的理论价值"④。美浓部达吉将主权学说视为政治主义和纲领，认为主权在君说与主权在民说都是各自扩张政治势力之说，并非真正的主权观念。

鉴于此，美浓部达吉以"统治权"和"国家最高的机关意志"来取代主权概念，所谓"统治权"是指国家权利，"国家意志作为有生命的永久统一体，国家统治目的在于永久团体的国家，统治权是属于永久团体的国家的权利，国家是统治权的主体"。而所谓"国家最高的机关意志"是指"国家意志由许多机关构成，需要有最高地位的机关作为其他机关的原动力"，"主权在君就是国家最高机关意志发于君主，主权在民则是国家最高机关意志发于国民"，但"这绝不是说君主或国民是统治权主体"。⑤ 也就是说，天皇不是统治权主体而是国家最高机关，美浓部达吉以此消解了天皇与国民间统治与被统治的主客体关系。

值得注意的是，美浓部达吉将国体作为社会心理、伦理观念，并非将之与宪政完全隔离，恰恰相反，国体在其宪法解释中十分必要。在他看来，法

---

① 鈴木安蔵『日本憲法学の生誕と発展』、叢文閣、1934年、50頁。
② 美濃部達吉『日本憲法の基本主義』、日本評論社、1934年、14頁。
③ 美濃部達吉『逐条憲法精義』、有斐閣、1927年、73頁。
④ 美濃部達吉『日本憲法』（第1巻）、有斐閣、1924年、266－267頁。
⑤ 美濃部達吉『逐条憲法精義』、71－72頁。

律上的权威在于社会心理而非物理性实力，法有制定法和非制定法两个法源，非制定法又可分为习惯法和理法，包括人类正义情感、现代国法精神等。由于明治宪法文本过于简洁，在解释宪法时需考量历史、社会政治等要素，而国体便是其重要内容，"国体非单纯的法律观念，它有远超国法之价值"①。美浓部达吉将伦理道德融入宪法解释，这其实与大正民主运动的特质相一致。

大正民主运动是指贯穿于整个大正期（1912～1926 年），以民本主义为主要指导思想，涉及政治、文化等各领域的运动与思潮，民众批判藩阀专制与政治特权，要求确立责任政治、将民意更充分地反映在政治当中。如德富苏峰所说，"只有赖国民之力，得其奉戴，皇室才能安泰，其尊荣与天壤无穷"②，一君万民伦理道德为民众参政的扩大提供了正当性，宪政发展亦被视为有助于实现真正的天皇统治。在此过程中，民主主义论者普遍将国家作为浑然一体的共同生活体，强调秩序、伦理道德与国家主义，民众参政所释放出的政治能量被导向天皇统治，一君万民伦理道德由此得到强化，宪政与国体更趋融合。

1932 年"五一五"事件后，政党政治结束，海军大将斋藤实组成举国一致内阁。随着举国一致趋势的进展，内阁与议会内多数无关的这一事实需要被正当化，而这就需要更强的天皇权威，标榜君民一体，明确国体之义。1935 年 2 月 18 日的贵族院会议上，菊池武夫批判美浓部达吉的宪法学，攻击天皇机关说为"叛逆思想"。③ 随后，民间右翼团体和在乡军人组织起了全国性的"国体明征运动"。

"国体明征运动"以批判美浓部达吉为契机，实则亦反对穗积八束，穗积的天皇主权说被视为"拥护足利尊氏、丰臣秀吉、德川家康、秦始皇等霸王权力之学说"④。所谓"国体明征"，其目标是把一君万民伦理道德充分融入宪法解释，使宪政与国体完全一致，强调现实权力中的历史性与国民情感。从内容与指向上说，"国体明征"反对美浓部达吉，但从方法上说，

---

① 美濃部達吉『憲法講話』、有斐閣、1912 年、75 頁。
② 徳富猪一郎「尊皇的普通選挙」、『蘇峰叢書 第 3 冊 国民と政治』、民友社、1928 年、201 頁。
③ 宮沢俊義『天皇機関説事件—史料は語る—』（上）、有斐閣、1997 年、74 頁。
④ 里見岸雄『社会と国体』、里見日本文化学研究所、1936 年、41 頁。

"国体明征"将伦理道德与宪法解释相融合，却是在大正民主运动的延长线上对美浓部达吉的沿袭与强化。

例如，里见岸雄就为"国体明征运动"提供了理论支持，他区分了统治与统治权。所谓统治，是基于比国家组织更久远的民族社会，而统治权则是天皇在国家组织中的机能和权限。也就是说，一方面，天皇是在日本社会历史中起统合作用的民族性存在，即统治之实，"它根植于民族社会，而民族社会只要不消亡或者完全异化，它就明确存在，那么天皇就不会变化"；另一方面，天皇作为国家元首，即天皇的统治之权，表现为政体组织，"其权力构成随社会时代变化"。① 国体不单纯是历史伦理观念，也包含了统治权力，是"各时代政体之基础、实现民族结合的历史性和社会性根据"②。

也就是说，"国体明征"欲排除单纯的强制性统治，将历史性和社会性的伦理道德融入天皇大权。"天皇在政治上是绝对的主权者，其内在是以国民的尊敬之情为根本，与西洋那种冰冷权力下的主权者性质根本不同。日本的自然道德感情是根本，法理上表现为权力。我们绝不仅是因为天皇是绝对权力者而尊敬他。"③ 君民二者不再是单纯的统治与被统治的对立关系，而是"亲密无间"的，天皇成为"公平无私之存在"④，"没有丝毫私念私欲、一心为国为民"⑤。如佐藤清胜称："天皇之心即臣民之心，臣民之心也就是天皇之心。天皇与臣民是同一生命，同心一体，天皇意志就是臣民意志，臣民意志也就是天皇意志。"⑥ 议会成为承载天皇崇拜和国民感情、实现一君万民伦理道德的通道，以沟通君意民心，实现全体国民的辅弼之责，强化天皇权威。

在此背景下，1936年黑田觉引入了制宪权概念，他认为统治权应包括产生宪法的权力及宪法规定的权力——西耶斯所说的制宪权与组织化权力，以制宪权主体区别国体，以宪法规定的权力（组织化权力）区分政体。他认为制宪权并非一种"单纯之力"，而是由"权力契机与正当性契机组成"，若

① 里见岸雄『天皇の科学的研究』、里见研究社出版部、1933 年、262－265 頁。
② 里见岸雄『天皇の科学的研究』、107 頁。
③ 池冈直孝『国体観念の研究』、同文館、1923 年、80 頁。
④ 筧克彦『国家の研究』（第 1 巻）、筧博士著作物刊行会、1931 年、15 頁。
⑤ 金崎賢『国体明徴と日本憲法の解釈』、大亜細亜建設社、1936 年、76 頁。
⑥ 佐藤清胜『美濃部博士の日本憲法論批判』、東亜事局研究会、1934 年、17 頁。

"过于看重权力契机，制宪权主体的君主常废弃自己制定的宪法，这并非对制宪权的正确理解"。① 就日本来说，"帝国宪法第一条'大日本帝国由万世一系天皇统治'是关于国体的规定，第四条'天皇是国家元首，依宪法条规总揽统治权'是关于政体的规定。前者是制宪权，后者是组织化权力"。② 也就是说，所谓"万世一系天皇统治"本身即包含了正当性契机。

可以看出，当一君万民伦理道德与宪法解释充分融合时，天皇以公平、无私利私欲"远离"权力契机，就须君民恪循宪法制度，否则有"不逞之徒趁此间隙，虽口称'万民翼赞'，实则违反宪法、紊乱朝宪，甚至变革国体之可能"③，强化议会沟通君意民心的机能，明确大臣辅弼并承担政治责任。然而，所谓一君万民政治，君民间不能有任何隔离，元老、宫中侧近、重臣、内阁等都可能因妨碍君民一体而被批判，大臣辅弼并承担政治责任的机能弱化，内阁总有被批判的可能；天皇则可能陷入直面政争甚至发动权力契机之"危局"，使其公平、无私利私欲的正当性受损，权威难以维持。一君万民政治下，尽可能多的民众参政与天皇亲政间的紧张关系在"国体明征"运动中达到了高潮，国体、宪政遭遇危机。在战败之时，日本欲维护万世一系天皇统治之国体，便需解决此内在危机，使归于天皇一身的正当性契机与权力契机相分离，亦即使天皇制进行"自我革命"。那么，随后的问题是如何将二者分离，以及在新的权力秩序下，二者的内容分别是什么、天皇在其中居于何位。

## 三 战后象征天皇制与国民主权原则的初遇
### ——以 Nomos 主权论争为中心

1945 年 9 月 2 日，在东京湾的美国"密苏里"号军舰上，重光葵外相代表日本政府、梅津美治郎参谋总长代表军部在投降书上签了字。9 月 7 日，盟军总司令部（GHQ）成立，在政治、经济、宗教、社会等方面推进民主化措施，排除日本的军国主义、封建权威主义。就天皇制与宪法问题，在否定了

---

① 黒田覚『日本憲法論』（上）、弘文堂、1937 年、231 - 234 頁。
② 黒田覚『日本憲法論』（上）、237 頁。
③ 山崎又次郎『新体制の基礎帝国憲法論』、清水書店、1943 年、269 頁。

松本（丞治）宪法问题调查委员会的修宪草案后，1946 年 2 月 3 日，麦克阿瑟向 GHQ 民政局长提出象征天皇、放弃战争、废止封建制度三原则，民政局在 2 月 12 日迅速完成了宪法草案。在此基础上，4 月 17 日，日本政府修改并公布了"宪法修正草案"。经过议会审议、枢密院咨询、远东委员会同意，《日本国宪法》最终在 11 月 3 日发布，1947 年 5 月 3 日正式实施。

此时在日本国内，大多数民众依然崇敬天皇。1945 年 11 月 12 日，昭和天皇前往伊势神宫"奉告终战"，起初木户幸一等宫中侧近颇有疑虑，但"民众对天皇没有怨嗟之声，在道路两旁欢迎，战争中失去丈夫的妻子把遗像放在胸前，让他看一眼天皇"。① 1946 年 2 月 19 日，昭和天皇从神奈川开始全国巡幸，受到各地民众的狂热欢迎。针对战后宪法，许多政治家、学者亦为保守。1945 年 9 月 28 日，宫泽俊义在外务省演讲称："帝国宪法并非否定民主主义"，"不可轻易实施修宪"。② 美浓部达吉批判新宪法草案，称"天皇只留虚名，丧失了君主地位"，"实为国体根本变革，颠覆了国民历史信念，破坏国家统一"。③

随着象征天皇制的确立，日本舆论界围绕着国体、主权等问题展开了讨论，如尾高朝雄与宫泽俊义间的主权论争、和辻哲郎与佐佐木惣一间的国体论争。就前者来说，通常认为，其论争结果是主张 Nomos 主权论的尾高朝雄败北，而主张国民主权论的宫泽俊义"取得了彻底胜利"④，并且国民主权论成了"通说"。但事实上却并非如此简单，不如说二者各有侧重，其共通之处则指出了象征天皇制与国民主权原则初遇时的语境和界限。

尾高朝雄认为，政治有善恶强弱之分，符合"正确理念"的政治才能被美化、才有真正强力，若"所有现实政治都被美化为理性的或神之计划，那么，美化本身就失去了意义"，"政治也就成了赤裸裸的实力，法就是'强者的权利'"。⑤ 他将此"正确理念"称为"政治之矩"，指在一定历史条件下，增进调和公共福祉、保全生活秩序、通过所有时代变革而被确认、

① 高橋紘『昭和天皇　1945—1948』、岩波書店、2008 年、204 頁。
② 江藤淳『占領史録　第三巻　憲法制定経過』、講談社、1982 年、76－80 頁。
③ 長尾龍一『日本法思想史研究』、創文社、1981 年、305－306 頁。
④ 杉原泰雄『国民主権の研究—フランス革命における国民主権の成立と構造—』、岩波書店、1971 年、9 頁。
⑤ 尾高朝雄『法の窮極に在るもの』、有斐閣、1948 年、172－173 頁。

人们共同生活的根本正确方式，亦称"Nomos"①。它既有实现平等自由、增进公共福祉、保障人们生活的普遍性，又受到历史传统、风土环境等特殊性的影响。

尾高朝雄梳理了制宪权概念的产生和发展，认为西耶斯之所以承认制宪权是归属国民的万能之力，是因为要打倒专制、认可革命，但若制宪权真是万能之力的话，主权者意志便不受法的约束，可以任意制定宪法。"专制君主的朝令夕改固然不好，但在国民意志下，今日'主权所存之国民总意'制定的宪法，明日即可以随意废弃吗？"② 他认为，在打倒专制主义后，国民主权的观念应随历史而去，因为"国民虽真诚，但亦短视，常有混乱之举。鉴于历史经验，主权在民或国民有绝对自由之权的说法并非为公理"。③ 也就是说，国民意志亦不可任意而行，"简单把主权视为归属国民的法上之力，已是过时的主权概念"④。"若认为国民意志本身就是绝对正确的话，只能说这是一种以民主主义为名的神权政治"，"政治正确的最终根据只能求于正确本身"。⑤

因此，尾高朝雄认为应该重新理解主权概念，"主权与其说是力，不如说是义务，主权概念与其说是权力概念，不如说是责任概念。主权不是无条件的力，它受到法理念的约束，是在实力主权基础上的法理念主权"。⑥ "即便是王，也要在法的理念下行使权力，若认为国家最高权威者是'主权'，那么，'主权'者并非王，而是 Nomos。"⑦ 或者说，实定法的最高原则是宪法，而 Nomos 是法上之政治力，那么制宪权即在于 Nomos。

尾高朝雄考察了卢梭所说的"国民"，认为其在政府之上，又在政府之下。"确定政府形态、赋予并使政府行使权力的是国民总意，不是'单个国民'意志"，即主权归属于国民总意，"但服从政府命令者，是'单个国民'意志"，"国民基于国民总意而对自身实施自律"。⑧ 因此他认为，卢梭的国

---

① Nomos，古希腊的一个社会概念，指法律、礼法、惯例、传统文化等规范。
② 尾高朝雄『国民主権と天皇制』、国立書院、1947 年、52 頁。
③ 尾高朝雄『国民主権と天皇制』、57 頁。
④ 尾高朝雄『国民主権と天皇制』、69 – 70 頁。
⑤ 尾高朝雄『国民主権と天皇制』、87 頁。
⑥ 尾高朝雄『国民主権と天皇制』、77 – 78 頁。
⑦ 尾高朝雄『国民主権と天皇制』、62 – 63 頁。
⑧ 尾高朝雄『国民主権と天皇制』、122 – 123 頁。

民主权论即承认了 Nomos 主权，国民总意即法的理念，国民本身并非现实权力者，一切权力意志必须服从"恒常不易之正确"（即 Nomos）。

基于 Nomos 主权论，尾高朝雄尝试把握天皇制不变之一贯精神，他认为，日本自古延续着祭政一致，但天皇游离于政治实权之后，祭政一致就成了单纯理念。明治维新后，天皇亲政得到恢复，然而天皇统治与现实政治权力的行使并不在同一层次。"万世一系即为理念，所谓'万世'中的'万'并非本来意义，只是表示天皇统治的永久性"，"（民众）对事实上不可能的永久性的思慕和憧憬，即是对万世一系天皇的尊崇"。"若天皇统治就意味着事实上政治最高意志决定权在于天皇，那么无论如何美化粉饰，它都不免是一种专制政治。""只有将天皇从现实政治隔离开，将之作为'恒常正确之统治理念'，才会有其意义和永久性"，成为毫无私心的公共性之极致。[1]而且，现实政治越是邪恶、非正义，国民越是憧憬正确政治，"所谓国体不是指现实政治的根本构造，而是作为理念的政治根本。在天皇亲政的统治意志之上，还有'作为理念的天皇大御心'。正确理念与具体的天皇相结合，就是对'Nomos 主权'的民族性的把握"。[2]

也就是说，在他看来，国民主权原理并不意味着现实政治完全由国民而定，只是将"恒常正确之国民总意"作为政治原则。同理，近代天皇制也并非指天皇的现实意志就是政治上的最终决定，只是将"恒常正确之天皇大御心"作为政治规范。二者都承认 Nomos 主权，"（Nomos）理念本身没有变化，因此没必要承认国体变革"[3]。只是说，二者与 Nomos 主权理念相结合的主体不同。

与此同时，尾高朝雄也不否认变革的意义，他认为近代天皇制的弊端是人们对于天皇统治多有自我陶醉之倾向，天皇统治被推崇为"超越国民意志活动、国民难以触及的绝对正确和尊严，使国民产生依赖感，不再去检讨、省察具体情况下的对错，将政府赋予的东西视为正确，缺乏对政治的责任与自觉"。[4]他进一步分析，在一君万民理念下，国民把正确政治理念投向"恒常正确之天皇大御心"，被推崇的其实是国民之心，天皇则成为没有

---

① 尾高朝雄『国民主権と天皇制』、150 – 153 頁。
② 尾高朝雄『国民主権と天皇制』、155 頁。
③ 尾高朝雄『国民主権と天皇制』、156 頁。
④ 尾高朝雄『国民主権と天皇制』、167 頁。

实体的 "无"，成为 "绝对的、无的象征"。"因为是绝对的无，反而可以包含万象。自身没有定形与色彩，反而可有万物之姿。"① 因此他认为，战后国民政治自觉的第一步应是将天皇纯化为无的象征，正视自己作为 "正确政治" 理念的事实，承担其应有责任，这既是日本政治原理的根本性变革，同时也表现了 "自古国民向天皇探求正确政治的传统"②，即国民主权与天皇制的融合。

对于尾高朝雄的主张，宫泽俊义以 "八月革命说" 提出批判，他认为日本在接受《波茨坦公告》时便已承认了国民主权原则，"之前天皇权威的根基是神意，现在则是国民意志。日本从神的政治变为民的政治，天皇也从神的天皇变为民的天皇"，"从宪法上说，此变革可谓一种革命"。③

在宫泽俊义看来，尾高朝雄模糊了国民主权与天皇主权的根本差别，因此 "有必要拉响警戒警报"。④ "之前天皇统治的原理（天皇主权）已被否定了，我们必须要认识到这一点，否则就不能正确认识新宪法中的天皇制。"⑤ 他认为尾高朝雄将明治宪法中的天皇统治对应新宪法中的国民主权，将天皇主权置换成天皇统治，"这不仅没有理论上的必要，而且会有被某种政治目的所利用的危险"。⑥ 他认为主权是 "最终决定政治形式的意志，有其具体的内容，不是抽象性的意志。意志必须有主体，具体内容的意志主体通常是具体的人，所谓主权主体也应是具体的人"。⑦

但细考之，宫泽俊义并不是批判 Nomos 主权论本身，他也承认 "不管是君主主权还是国民主权，政治意志的决定者都理所当然在于 Nomos，无人会反对这一点"⑧，但 "决定 Nomos 具体内容者即为主权主体，若以君主那种特定之人做决定者，即为君主主权；若否定君主、贵族等特定之人对 Nomos 的独占，即为国民主权"⑨。在他这里，国民主权原理的关键 "不是

---

① 尾高朝雄『国民主権と天皇制』、168 頁。
② 尾高朝雄『国民主権と天皇制』、170 – 171 頁。
③ 宮沢俊義『憲法の原理』、岩波書店、1967 年、384 頁。
④ 宮沢俊義『憲法の原理』、340 頁。
⑤ 宮沢俊義『憲法の原理』、307 頁。
⑥ 宮沢俊義『憲法の原理』、330 頁。
⑦ 宮沢俊義『憲法の原理』、286 – 287 頁。
⑧ 宮沢俊義『憲法の原理』、303 頁。
⑨ 宮沢俊義『憲法の原理』、305 頁。

主权属于国民，而是主权不属于君主这样的特定之人"。① 宫泽俊义不是明确了主权主体是谁，而是明确了它不是谁。他对君主主权做了积极否定，同时对国民主权做了消极肯定，主权在民中的"民"是与特定之人（君主）相对应的抽象性国民——"所有人"，亦即非具体的个人。

可以看出，在象征天皇制与国民主权原则初遇时的主权论争中，尾高朝雄与宫泽俊义各有侧重。前者多强调正当性契机，即权力行使的本质；后者更偏向于权力契机，即主权的归属问题，其论争目的在于解释变革事实，多涉政治意图和政治观问题，并无理论上的胜负。二者所说的主权者都不能自我表明意志，这显示出近代天皇制"自我革命"之限度，同时也留给了战后日本一个重要的政治课题：在否定天皇主权之后，不能仅停留在理念上的抽象性国民主权，还应将其切实贯彻。

## 四　战后日本国民主权的贯彻与制宪权的冻结

理论上，当主权在于抽象性国民时，主权者不能自己表达意志、行使主权，需要委任他人（即国民代表）代行主权。国民代表本应受主权者意志的约束，但是，由于此时主权者是抽象性国民，所以国民代表的政治言行不能也不用征得其同意。实质上说，此时国民代表在议会中形成的所谓国民意志与实际的国民意志是相互独立的，国民代表及议会反而处于主权者地位，而国民在权力运行中被疏远甚至被无视，只是赋予现实权力以正当性而已。当政府、议会、国民代表提出超宪法解释时，国民亦难以纠正和抵抗。

就现实来讲，战后初期，美国占领当局对日本实施了诸项政治民主化与非军事化改革。但 1946 年 3 月英国首相丘吉尔发表"铁幕演说"，美苏两大阵营冷战开始，美国的对日占领政策开始转向经济扶植，加速对日媾和进程。1950 年 6 月朝鲜战争爆发，日本建立警察预备队，定员 7.5 万人，1952 年增员至 11 万人，并改为保安队和警备队，后又改为自卫队。1951 年 9 月 4 日，在美国旧金山召开了对日媾和会议，当天日本又与美国签署了《日本国和美利坚合众国间的安全保障条约》（即《日美安全条约》），美军长期驻留日本。与国际局势变化相应，日本政府也开始实施与战后初期民主

---

① 宫沢俊義『憲法の原理』、286 – 287 頁。

化政策相对的"逆行路线"，加强爱国教育，强化天皇的道德核心地位，这与战后宪法制定时的期待有了重大变化。1952 年 4 月 28 日，《旧金山和约》开始生效，围绕着宪法第九条与再军备等问题，日本国内亦出现修宪议论，认为战后宪法是美国强加的，欲制定自主宪法。

1954 年 3 月、4 月，自由党、改进党相继成立宪法调查会，修宪开始成为政治议题。1957 年 2 月 25 日，岸信介组阁，意欲在冷战下恢复军事大国地位，提出修改宪法和安保条约，谋求日美同盟的对等化。8 月，岸信介内阁成立宪法调查会，遭到国民反对。1958 年 6 月 8 日，宪法问题研究会成立，开展非政治性的启蒙活动，讨论内容包括国民的宪法意识、象征天皇制、议会制度、基本人权等，其护宪思想并非基于放弃战争、消灭军队等和平主义，而是维护国民主权原则。即便是对于宪法第九条，也是基于国民主权而展开讨论。①

无论是从象征天皇制与国民主权原则初遇时的抽象性主权来说，还是从保守政治家的修宪妄图来说，战后日本须切实贯彻国民主权，这样才能有效限制现实权力，维护国民的主权者地位。那么，如何来贯彻呢？在此以尾高朝雄与丸山真男的相关论述为例进行讨论。

尾高朝雄认为，自古以来，"（人们）常借用超现实的权威来隐藏现实权力关系，或者用超现实来粉饰现实权力支配，其中被利用最多的权威就是'神'"②，他将此称为政治魔术或权力观念的转化。民主主义亦须如此，以"恒常正确之国民总意"作为最高政治权威，虽然"国民中有反对者，但仍以国民总意做决定，这本身就是理念。把基于国民总意的立法常视为正确的，这更为理念。理念因是理念而可贵，但理念也因是理念而非现实"③。或者说，"把多数决议作为国民总意，是为了压制国民中的对立与斗争而采取的一种'拟制'"④。

与此同理，国民间常有意见分歧与对立，"若以现实国民意志'总和'为主权意志，这一主权意志常不能归一"。而且，"从国民总和来看，所谓

---

① 邱静：《战后日本的护宪运动与护宪思想——以知识分子护宪思想的演变为中心》，《国际政治研究》2008 年第 1 期。
② 尾高朝雄『国民主権と天皇制』、81 - 82 頁。
③ 尾高朝雄『国民主権と天皇制』、173 頁。
④ 尾高朝雄『数の政治と理の政治』、東海書房、1948 年、11 頁。

议会多数，只能是数十万分之一的少数"，这就造成了"意识形态上的主权主体与现实权力意志的构成者之间不完全一致，后者常用前者之名抬高权威"。① 所以，"议会决议并非国民意志本身，二者间可能有隔阂，议会违反国民意志立法，会约束并使国民失去自由、自主和自律，成为议会内多数专制的寡头政治，使民众对民主主义更加怀疑"。②

因此，在行使主权时不能只看"数"，"多数决议未必正确，这是民主主义永远的问题"，"应尽量缩短法理念与现实立法意志间的隔阂"，③ 议会多数党不能无视国民意志中的感情与正义观念。他认为，"数"的政治要向"理"的政治接近，"多数应符合正确的政治理念，并无绝对权力"。④ 接近的方法则是"提高'多数'的质量，国民以智德和良心参与立法国政，形式上不破坏'数'的支配，内容上向'理'的政治接近"。⑤ 也就是说，多数决议本身不能真正代表国民总意，其非主权者国民的意思本身，不能说它有绝对性，它需向"理"靠近，接受"理"的监督和批判，所谓"理"即为 Nomos。

再如丸山真男，他认为战后日本的民主化不仅是制度层面上的，还应有强烈的个人信念、开放精神、普遍理想意识做支撑。在他看来，自由主义、民主主义等思想都是舶来品，不是出于日本人自身的生活体验，而"现实中推动人的行动原理应通过对其生活环境——家庭、职场、会议、旅行地、娱乐场所等的全部行为做考察，而非在其遵奉的'主义'中去演绎"。⑥

1960 年 5 月 3 日，即岸信介内阁强行在国会通过日美新安保条约及其有关法案的前夕，丸山真男在宪法纪念演讲会上表示，政治存于日常生活之中，它并非普通人触及不到的事情，相比庞杂的意识形态、完备的制度来说，日常的思考习惯是民主主义的真正基础。⑦ 他以"在家佛教"类比非职业政治家的政治活动，认为"若政治活动仅限于政治家、议员等直接以政

---

① 尾高朝雄『国民主権と天皇制』、84－85 頁。
② 尾高朝雄『数の政治と理の政治』、47－48 頁。
③ 尾高朝雄『国民主権と天皇制』、135 頁。
④ 尾高朝雄『国民主権と天皇制』、204 頁。
⑤ 尾高朝雄『数の政治と理の政治』、31 頁。
⑥ 丸山真男「ある自由主義者への手紙」、松沢弘陽・植手通有編『丸山真男集』（第四卷）、岩波書店、1995 年、319－320 頁。
⑦ 丸山真男「現代における態度決定」、松沢弘陽・植手通有編『丸山真男集』（第八卷）、岩波書店、1996 年、314 頁。

治为目的的人或政党等直接以政治为目的的团体，那么民主主义瞬间就死去了"。① 在他看来，拥护宪法并非只是崇拜宪法条文，而修宪也不是从政府发表议案或提交国会之日才开始的，而是在宪法成立时便已开始了，"使宪法规定的权利在现实中生效，才是真正的拥护宪法"。

同时，丸山真男认为民主主义是原理上永不能实现的概念，是"永久革命性的"，"只能作为过程而永远运动着的"，"由人民而治"是其核心，"若将'人民'视为党、国家、指导者、天皇等，民主主义则会空洞化"。② 他重视个人的自立、抵抗所谓的各种权威、追求平等与普遍的个人权利。

从尾高朝雄、丸山真男的相关论述可以看出，所谓国民主权，其内部存在着分离倾向。黑田觉曾以"不同的国民范围"阐述了这一倾向，1946年他在京都大学讲演时指出："作为权力正当性根据的国民与作为最高权力行使者的国民之间常有一定距离，前者包括所有国民，后者只是部分国民。以积极国民来说的话，积极国民并非指全体国民，全体国民不能作为整体而进行政治活动，政治活动的主体常是积极国民。不管如何努力，积极国民与全体国民间的距离不可能完全消失"③。抽象的全体国民以制宪权正当性来监督宪法运用，对现实中行使主权的国民加以限制，此即其所说的权力契机与正当性契机。

战后日本在确立国民主权的同时，亦重视其正当性契机。芦部信喜认为，若"将制宪权放置于事实的世界，宪法就会变得时时都要从属于政治权力的意志，最后甚至变得连破坏宪法的暴力也不得不予以认可"④。他虽然是宫泽俊义的学生，但从排斥实力支配这一点来说，反而与尾高朝雄有所接近。事实上，只有制宪权中的权力契机受到正当性契机的限制，国民才可能有效维持其主权者地位。此正当性契机的内容只能也必须留存于国民自身，而不是他人或任何抽象的Nomos。因为当宪法理念被现实政治破坏、趋向空洞化时，国民应基于主权者地位对其进行纠正。但制宪权以国民之名发动时，未必由全部国民行使，而是由部分人做出决策。同样，通过宪法限制权力时，亦非宪法自身行使，而是通过选举、议会来实现。其结果，部分人

① 丸山真男「現代における態度決定」、松沢弘陽・植手通有編『丸山真男集』（第八巻）、316-317頁。
② 丸山真男『自己内対話—3冊のノートから—』、みすず書房、1998年、56頁。
③ 黒田覚『憲法に於ける象徴と主権』、有斐閣、1946年、44頁。
④ 芦部信喜：《制宪权》，王贯松译，中国政法大学出版社，2012年，第35页。

的决策可能与国民意志相悖，选举、议会决策亦可能是对宪政的否定。

国民为维护自身的主权者地位，需监督现实权力，而权力来自国民。此即意味着国民监督来自自身的权力，亦即将自身他者化，避免自身与权力真正的一体化，反对国民主权的实质化。即樋口阳一所说的，"人民意志掌握国家权力的同时，将国家权力（人民的自我意志）作为他者，所谓立宪主义下的自由，即产生于此紧张关系之中"①。他将国民与现实权力相分离，并从中抽出人权观念来对抗现实权力，强调"'主权'作为概念装置，它既不是最高的法律权限，也不是社会学上的统治实力，而是统治的正当性"，"辨明'国民主权形骸化'的现实，不是要将'国民主权'概念实质化或实体化，而是要明确'主权'不是权力实体而是正当性所在，若不能这样冷静分析现实，便不能完成其任务"。② 或可以说，在宪法产生后，制宪权作为修宪权被实定化和制度化，其权力契机被冻结，同时它也转化为国家权力的正当性基础，制宪权"不再是实定法下发动权力的实体性概念，而是表示已有宪法正当性原理的概念"③。

可以看出，虽然战后日本确立了象征天皇制与国民主权原则，但从理论与现实来说，须将国民主权切实贯彻，从抽象性国民贯彻到具体个人，并从中抽象出人权，也只有这样，掌权者在实施和解释超宪法政治时，国民才有可能抵抗并维护自身的主权者地位。否则的话，国民意志常会被无视，或被某种抽象性意志（如天皇权威）所取代，从而被操控为选举、投票的工具。从这一点说，战后日本民主运动与纯化天皇象征性是相辅相成的。正如鹈饲信成所说："新宪法实施后，一个现实问题是象征非象征、代表非代表。对此，我们不仅要在法律上、社会上或政治上强化象征与代表，反省宪法为何规定象征与代表，亦有重要意义。"④

# 结　语

近代日本在确立天皇权威的同时，为避免革命、维持天皇万世一系与神

---

① 樋口陽一『近代国民国家の憲法構造』、東京大学出版会、1994 年、136 頁。
② 樋口陽一『近代立憲主義と現代国家』、303 頁。
③ 樋口陽一『近代立憲主義と現代国家』、303 頁。
④ 鵜飼信成『憲法における象徴と代表』、岩波書店、1977 年、11 頁。

圣不可侵犯，在一君万民伦理道德的基础上导入宪政，民众参政并有持续扩大趋势，大臣辅弼并承担政治责任。随着"超然主义"、穗积八束天皇主权说的失败，美浓部达吉等将一君万民伦理道德融入宪法解释，经过大正民主运动，这一趋势在"国体明征"中达到高潮，黑田觉则明确了天皇统治的正当性契机与权力契机。在充分动员民众参政的情况下，天皇以公平、无私利私欲来自我限制权力契机，同时却使承担政治责任的主体受到批判，近代天皇制呈现其内在危机，并有了向战后开放之可能。天皇制的连续性是以断裂性为前提的，战后确立象征天皇制、国民主权原则，集天皇一身的正当性契机与权力契机相分离，天皇从"理"的政治中被"驱逐"出去。然而，在象征天皇制与国民主权初遇之时，主权并未被交付于民，而是被悬置于 Nomos 或抽象性国民之中。在贯彻国民主权的过程中，其正当性契机的内容在于国民自身（即人权），而非求诸他物，天皇也因此而愈益纯化其象征意义。

象征天皇制与近代天皇制之所以会有连续性，即在于国民主权、天皇主权都有自我限制，前者为避免多数专制、强权与混乱，后者为维持万世一系天皇统治。根本上说，近代以来，随着民众越来越多地参政及智识发展，统治权力只有将自身他者化并从中寻求正当性，避免主权的实质化，才能够维持自身。但在近代天皇制下，国体与宪政充分融合时，集天皇一身的正当性契机与权力契机却使天皇主权趋向实质化，终导致其内在危机。象征天皇制下，在贯彻国民主权的过程中反对国民主权的实质化，抽出人权来监督和对抗现实权力，而其遗留的问题便是愈益纯化的象征天皇与普遍人权之间存在矛盾。

（审校：中　鹄）

## The Interruption and Continuity between the Japanese Symbolic Imperial System and Modern Imperial System from the Perspective of Constitutional Power

*Zhang Dong*

**Abstract**：As for the relations between Japanese symbolic imperial system and modern imperial system, the interruption between the two systems can be observed easily due to difference between sovereignty in the imperial family and sovereignty in the people, however, the continuity between them is difficult to be perceived and is often put in the context of political compromise and national sentiment. From the perspective of constitutional power, it can be argued that with the establishment of Japanese emperor's authorities, the ethic mode of imperial system made the emperor self-restraint, promoted the political participation of the mass and ensured the ministers to take political responsibilities. With the full integration of the ethical mode with the interpretation of Japanese constitution, Japanese emperor took political legitimacy and power, with the modern imperial system faced with the internal crisis. After the end of WWII, Japan established the principle of symbolic imperial system and national sovereignty, and the emperor was expelled from "the political relational". In the process of carrying out the abstract national sovereignty, the legitimacy of the emperor becomes linked with the people, or human rights, and therefore purifies its symbolic meaning of the emperor become even more purified. The essence of the continuity of the two systems lies in the self-restriction of their ruling power. The modern imperial system tends to be in crisis because of the materialization of sovereignty, and the symbolic imperial system opposes the materialization in the process of carrying out national sovereignty.

**Keywords**: Symbolic Imperial System; Modern Imperial System; Constitutional Power; National Sovereignty

《日本文论》（总第 2 辑）
第 122～142 页
© SSAP，2019

# 制造业服务化对中日制造业
# 行业绩效影响的实证分析

孙　丽　　张慧芳

**内容提要**：本文基于 WIOD 2000～2014 年中国和日本 18 个制造业部门的数据，通过对制造业整体以及具体部门的服务化程度进行测算，分析制造业服务化水平如何影响制造业行业绩效。结果表明，中国和日本的制造业均存在"服务化困境"，即随着制造业企业不断增加服务要素，对企业绩效有先抑后扬的作用。降低制造业企业的人力成本，加大政府对制造业发展的支持力度，增加制造业各部门的技术投入等，都能促进制造业企业的绩效提升。鉴于这一回归结果，中国似可通过提高制造业的服务化水平来提高制造业企业绩效，从而促进中国制造业的转型升级。

**关 键 词**：制造业服务化　企业绩效　制造业转型升级

**作者简介**：孙丽，辽宁大学国际关系学院教授、博士生导师；张慧芳，辽宁大学国际关系学院世界经济专业硕士研究生。

**基金项目**：国家社会科学基金项目"日本'去工业化''再工业化'的经验教训研究"（编号：18BGJ010）。

随着现代社会信息化技术的不断发展，当前工业化国家正在加紧推进"工业 4.0"战略，试图利用信息化技术来促进产业转型，这给以制造业为代表的实体经济带来了严重的冲击。在虚拟经济盛行的时代，工业经济如何保持成本与产出并存的优势，对企业的长久发展至关重要。传统制造业的经济增长方式受到资本、技术等方面的限制，在现代产业体系中发展越发困难。为了提升实体经济的价值，应将目光更多地放在实体经济中服务价值的提升方面，在制造业产品的生产中融入服务因素，有助于制造业产业链的拓展延伸。这种经济表现形式被称为"制造业服务化"。

近年来，国内外学者对制造业与服务业的融合趋势进行了研究。孙林岩等在分析世界制造业变革新趋势的基础上，提出服务型制造是适应国际制造和服务相融合趋势的先进制造模式，发展服务型制造具有提高中国制造业的竞争力、促进制造业结构升级和区域经济均衡发展的作用。① 丰志勇等提出的生产性服务业发展模式包括服务外包模式、集聚区模式和外资拉动模式，认为应鼓励进口国民经济发展所急需的生产性服务产品。② 冯泰文对发展服务型制造的路径选择进行了分析，提出发展服务型制造亟须解决服务价值定位、运营模式和定价策略三个方面的问题，认为服务要素与制造业的融合能够改善传统制造业，为制造业带来绩效的提高。③ 范德墨维和拉达认为第二产业和第三产业即制造业和服务业的融合将有利于产业多样化发展，在制造业行业中增加比较优势，从而使企业在行业竞争中更胜一筹。④

在制造业中加入服务因素已经成为全球制造业的未来发展方向，制造业服务化能够带来企业绩效的提升，但同时也可能导致"服务化困境"等问题。这种现象可以用"微笑曲线"理论来解释。在"微笑曲线"中，两边较高的部分表示产品生产中附加值较高的环节，产品的组装环节只创造较低的附加值。服务业一般分布在"微笑曲线"的两端，因此当制造业中融入服务要素的时候会带来更高的附加值；而且，随着时间的推移，"微笑曲线"的弧度会越来越大，即两边的附加值会变大，中间的附加值会变小，可见制造业与服务业的融合是一个动态变化的过程。当前关于制造业服务化与企业绩效之间关系的研究主要涉及线性关系、"U形"和"马鞍形"三种。其一，线性相关。陈丽娴和沈鸿采取 PSM-DID 的计算方法，通过对 2003 年到 2015 年中国制造业上市公司的实证研究发现，虽然存在时

① 孙林岩、李刚、江志斌、郑力、何哲：《21世纪的先进制造模式——服务型制造》，《中国机械工程》2007年第19期。
② 丰志勇、何俊：《中国生产性服务业的发展模式研究》，《软科学》2009年第1期。
③ 冯泰文：《制造企业的发展模式：服务型制造》，《价格月刊》2010年第1期。
④ S. Vandermerwe and J. Rada, "Servitization of Business: Adding Value by Adding Services", *European Management Journal*, No.6, 1988.

间滞后效应且不同所有制企业之间存在较小差异，但是整体来看制造业企业在服务转型过程中有效地提高了企业绩效。[①] 李靖华等在分析浙江省制造业服务化及其对经营绩效影响的现状的基础上，以 2012 年浙江省 12 个制造业行业中 134 家上市公司为样本，验证了制造业服务化对企业绩效的积极影响，且这种影响随着企业规模的增大而不断加深。[②] 其二，制造业服务化与企业绩效之间呈"U 形"关系。陈洁雄对中国和美国的制造业企业进行的对比研究表明，中国制造业企业的服务化程度低于美国，美国的制造业服务化促进了企业绩效的提升；中国企业盈利率与服务率之间呈"倒 U 形"的关系。[③] 徐振鑫等通过对欧美等发达国家的制造业企业进行研究发现，企业盈利率与服务率之间呈"U 形"关系。[④] 其三，关于制造业服务化与企业绩效之间的"马鞍形"关系。科斯塔利和洛伊研究了 2001 ~ 2007 年全球 44 家从制造业向提供产品服务转型的公司的价值创造过程，结论表明，这些样本公司成功实现了转型，提供服务活动与公司盈利能力之间的关系呈"马鞍形"，当对服务活动的投资转变为规模经济时，企业才能实现盈利。[⑤] 李靖华等以中国 518 家制造业上市公司做案例研究，发现企业刚开始在制造业中加入服务要素时，绩效会有轻微提升，随着服务要素投入的增加，绩效开始下降，但当服务要素的投入更大的时候，绩效会再次回升，即二者之间的"马鞍形"关系明显。[⑥] 李博雅收集了 2007 ~ 2016 年中国 1287 家制造业上市企业的数据，进行分区域回归后表明，东部地区制造业企业的服务化水平和业绩之间呈"U 形"，而中部、西部地区则呈现"马鞍

---

[①]　陈丽娴、沈鸿：《制造业服务化如何影响企业绩效和要素结构——基于上市公司数据的 PSM-DID 实证分析》，《经济学动态》2017 年第 5 期。

[②]　Li Jing Hua, Li Lin, De Ping Chen and Li Ya Ma, "An Empirical Study of Servitization Paradox in China", *Journal of High Technology Management Research*, Vol. 26, 2015.

[③]　陈洁雄：《制造业服务化与经营绩效的实证检验——基于中美上市公司的比较》，《商业经济与管理》2010 年第 4 期。

[④]　E. Fang, R. Palmatier and J. Steenkamp, "Effect of Service Transitions Trategies on Firm Value", *Journal of Marketing*, Vol. 72, 2008；徐振鑫、莫长炜、陈其林：《制造业服务化：我国制造业升级的一个现实性选择》，《经济学家》2016 年第 9 期。

[⑤]　Ivanka Visnjic Kastalli and Bart Van Looy, "Servitization: Disentangling the Impact of Service Business Model Innovation on Manufacturing Firm Performance", *Journal of Operations Management*, Vol. 31, 2013.

[⑥]　李靖华、马丽亚、黄秋波：《我国制造企业"服务化困境"的实证分析》，《科学学与科学技术管理》2015 年第 6 期。

形"相关关系。①

还有不少学者对日本及其他国家的制造业服务化与企业绩效的问题进行了研究。渡边千仞和胡尔通过对日本电器行业的研究发现，越深入实施服务化战略的企业越能获得更好的企业价值。② 魏作磊、李丹芝比较了中国及经济合作与发展组织各成员国的制造业服务化水平，研究显示，1995～2005年，日本制造业对服务要素投入的依赖性增强，中国则呈现先下降后上升的特点。③ 黄群慧和霍景东对 1995～2009 年的世界投入产出表进行了分析，发现日本、美国、西班牙等国的制造业服务化水平在样本期内基本保持稳定。④ 肖挺等分析了全球制造业服务化水平如何影响行业生产率和绩效，提出日本等国制造业服务化水平的提升拉高了世界平均水平，而中国的制造业服务化系数明显处于世界平均水准之下。⑤

综上所述，在制造业中加入服务因素已经成为全世界制造业的发展方向。制造业服务化能够带来企业绩效的提升，但也存在"服务化困境"等问题。之所以会出现差异，可能与样本的选取、指标的限定或者时间的不同有关。以往的文献较多集中在单独的国别研究或者以全球国家为样本的研究，关于中日的比较研究较少。本文基于世界投入产出数据库（WIOD）2000～2014 年两国 18 个制造业行业的投入产出数据，对中日两国的制造业服务化程度对绩效的影响进行比较，以期为中国制造业转型升级寻找更好的出路。

# 一　制造业服务化的内涵及中日发展现状

为了更好地研究中日制造业服务化程度对不同企业绩效的影响，首先通

---

① 李博雅：《制造业服务化对企业绩效的影响研究》，硕士学位论文，上海社会科学院，2018 年。

② C. Watanabe and J. Hur, "Firm Strategy in Shifting to Service-oriented Manufacturing : The Case of Japan's Electrical Machinery Industry", *Journal of Services Research*, No. 4, 2004.

③ 魏作磊、李丹芝：《中国制造业服务化的发展特点——基于中美日德法的投入产出分析》，《工业技术经济》2012 年第 7 期。

④ 黄群慧、霍景东：《全球制造业服务化水平及其影响因素——基于国际投入产出数据的实证分析》，《经济管理》2014 年第 1 期。

⑤ 肖挺、蒋金法：《全球制造业服务化对行业绩效与全要素生产率的影响——基于国际投入产出数据的实证分析》，《当代财经》2016 年第 6 期。

过梳理制造业服务化的内涵及中日制造业服务化发展现状，为中日制造业行业发展的定量研究奠定研究基础。

## （一）制造业服务化的内涵

制造业服务化是国内外学者长期以来密切关注的现象，并且使用两个新词"servitization"或者"servicizing"来形象地说明这一现象。"制造业服务化"（the servitization of manufacturing）这一概念，是指制造业企业从物品提供者向"物品 + 服务"捆绑的转变过程，由范德墨维和拉达最早提出，指的是制造业企业由提供产品变为提供产品和服务组合。① 莱维特提出，制造业除了提供以制造为中心的产品外，还需提供相应融入服务因子的产品，不仅要重视产品本身，还需要考虑顾客的消费体验与需求。② 格雷戈等人指出，制造业服务化是一个转变的过程，即制造业企业逐渐接受以服务为导向或者以开发更多、更好的服务为宗旨，满足顾客需求，实现获得企业竞争优势和提高企业业绩的目标。绍洛韦茨更详细地界定了制造业服务化的内涵：一是产出服务化，即不局限于以往制造业仅将有形产品作为产出，还提供无形的服务，而且将服务作为产出价值增值的主要来源；二是投入服务化，即在制造业的投入要素中，服务因素的投入比例逐渐增加。按照所提供服务的内容，制造业服务化也可分为外部服务化和内部服务化两种。外部服务化包括产品运输、上门安装、售后维修及废品回收等环节，可以给消费者直接的消费体验；内部服务化则是内部融资借贷、人才培养、企业管理以及影响制造业的企业文化和人才吸引等。二者对于制造业的发展同等重要。③ 怀特等人认为，制造业服务化是企业由"纯制造"转向"制造为主，服务为辅"的过程，也就是在输出制造业产品的过程中加入服务因素，给制造业企业带来增值。④ 豪威尔斯认为制造业生产厂商不仅销售产品，还为购买商品的客户提供后续的相关服务，这种有形的产品结合无形的服务也被认为是制造业

---

① S. Vandermerwe and J. Rada, "Servitization of Business: Adding Value by Adding Services", *European Management Journal*, No. 6, 1988.

② Levitt, "Production-Line Approach to Service", *Harvard Business Review*, Vol. 50, 1972.

③ A. Szalavetz, "Tertiarization of Manufacturing Industry in the New Economy: Experiences in Hungarian Companies", Hungarian Academy of Sciences Working Papers, 2003, p. 134.

④ A. White, M. Stoughton and L. Feng, *Servicising: The Quite Transition to Extended Producer Responsibility*, Boston: Tellus Institute, 1999.

服务化的一种表现。[①] 德斯梅特等人认为，制造业"服务化是制造业企业在其提供的产品中加入更多的服务元素的趋势"。以产品为基础的服务模糊了制造业与传统服务业的界限，这些活动的出现被称为"制造业服务化"，制造业服务化就是对核心产品增加额外的服务因素。[②]

综上所述，当前市场竞争的激烈程度不断加剧，制造业仅凭削减成本难以取胜，因此制造业与服务业融合是大势所趋，表现为制造业对服务业的需求增加，在日常经营中不断加入服务要素，同时随着服务业经营范围的扩大，与制造业企业的交集也不断扩大。本文的"制造业服务化"是指制造业企业从单纯制造产品向"产品＋服务"的组合转型，而且将服务作为产出价值增值的主要来源。随着制造业行业中融入的服务要素越来越多，制造业企业能够获得竞争优势、增加利润、提高效率，最终使制造业实现转型升级。

### （二）中日制造业服务化发展的现状

中国和日本是亚洲的两大主要经济体，在经济发展方面存在较多的互补性，具体到制造业发展方面，相关经验也可以互相借鉴。

自1978年实施改革开放以来，中国经济得到了飞速发展。中国劳动力资源丰富，制造业产品的产量位居世界第一，在全球制造业中拥有独特的竞争力，可以说是世界第一制造业大国。但是，中国制造业的发展以加工制造为主，陷入了"大而不强""多而不精"的尴尬局面。中国在快速推进工业化过程中，受国外"去工业化"和"再工业化"的影响，一些基本完成工业化的发达地区也自觉不自觉地盲目发展服务业、金融业，实施"去工业化"政策；甚至有一些相对落后的地区也不甘示弱，对服务业、金融业的发展给予高度关注、倾注大量心血，从而严重影响了实体经济的发展。[③] 近年来中国的制造业产品质量有了一定程度的提高，但与世界其他国家相比，

① J. Howell, "Innovation and Services: The Combinatorial Role of Services in the Knowledge-based Economy", *New Trends and Challenges of Science and Technological Innovation in a Critical Era*, No. 10, 2003.

② S. Desmet, R. Van Dierdonck and B. Van Looy, *Services Management: An Integrated Approach*, Pearson Education, 2003.

③ 孙丽：《日本的"去工业化"和"再工业化"政策研究》，《日本学刊》2018年第6期。

中国制造业的整体服务化水平仍然较低。当然，中国的制造业行业也已经意识到服务要素的重要性，不断加大服务投入，涉及的服务种类众多，且目前来看带来了较为可观的利润率。关于中国制造业的未来发展目标，中国政府已经做出了部署和规划，即将"中国制造"转为"中国智造"。①

反观日本，二战后，日本的制造业飞速发展，直至辉煌一时，"日本制造"凭借其质量和性能受到世界各地的追捧。根据有关资料，日本制造业持有全球90%的数码相机、37%的半导体设备和相关原材料。② 从20世纪六七十年代起，日本开始"去工业化"的进程，削弱了制造业在国家经济发展中的重要作用，再加上日本制造业行业不断曝出造假和质量丑闻，日企的品牌形象一跌再跌。同时为了走出20世纪80年代末期泡沫经济给国内带来的困境，日本效仿美国实施"去工业化"政策，不但使日本的"去工业化"和"再工业化"偏离了正确轨道，而且美国"再工业化"政策的失误在日本被放大。这正是日本自20世纪90年代以来"产业空心化"日益加剧以及日本制造面临质量问题等巨大挑战的共同根源所在。③ 新兴国家制造业的不断崛起，使日本失去了制造业发展的传统优势，为了产生更高的附加值，日本制造业企业也开始向服务业拓展，在人工智能和物联网新技术等方面取得较好发展。通过分析日本制造业的投入与产出发现，服务要素占中间投入的比例在逐年上升，随着时间的推移，日本的制造业越来越依赖服务业。"安倍经济学"提出的"新经济发展战略"以"通往增长之路"为主线，主要推出了三项行动计划作为具体实施措施：一是最大限度地挖掘民间力量，加速产业的新陈代谢及风险企业的发展，实行制度改革和国企开放；二是培养立于世界不败之地的人才；三是开拓新领域，通过技术立国、知识产权立国再次振兴日本。④ 这指明了日本制造业的发展方向。

综上可见，中日制造业的发展均面临转型升级的压力。在一国工业化进

① 韩涛：《制造业服务化对中国制造业全球价值链分工的影响》，硕士学位论文，首都经济贸易大学，2018年。

② 薛洪言：《日本制造业兴衰启示录》，2018年5月9日，https://m.baidu.com/s? from = 1012852y&word = % E6% 97% A5% E6% 9C% AC% E5% 88% B6% E9% 80% A0% E4% B8% 9A，最后访问日期：2019年5月18日。

③ 孙丽：《日本的"去工业化"和"再工业化"政策研究》，《日本学刊》2018年第6期。

④ 孙丽、赵兴赛：《评析安倍经济学的现状与挑战》，载张季风主编《日本经济与中日经贸关系研究报告（2014）》，社会科学文献出版社，2014年。

程中应首先稳固实体经济，保持制造业在实体经济中的核心地位，同时注意实体经济与虚拟经济的均衡发展，制造业服务化是大势所趋。当前中国和日本都在积极地推行制造业服务化，但是由于中日的制造业处于不同的发展阶段，两国的制造业服务化水平存在差异。这种制造业服务化程度的不同会对制造业企业绩效带来不同的影响。

## 二 研究设计

本文拟利用最新的国际投入产出表，对中日两国制造业服务化程度和企业绩效的关系进行对比研究。

### （一）样本选取与数据选择

本文所用数据来源于 2000～2014 年世界投入产出数据库的供给表、社会核算表（SEA）以及世界银行数据库，所用的数据具有权威性和代表性。根据 WIOD 使用指南的说明[①]，该数据库涵盖了世界 44 个国家和地区，对每个国家和地区都统计了 56 个行业生产部门 r1～r56 的数据，其中 r1～r4 分别代表了农业部门和采矿业部门，r5～r22 为制造业部门，r23～r56 为服务业部门。本文选取 WIOD 中国和日本 2000～2014 年的 15 年间 18 个制造业企业的面板数据为研究样本，各部门的具体描述如表 1 所示。

同时，为了研究制造业部门之间的异质性，将制造业各行业划分为技术要素含量较低的低技术制造业和技术要素含量较高的中高技术制造业，以此分析两类制造业行业中各部门服务化水平对企业绩效的影响。

### （二）变量界定

根据前文的分析，我们认为制造业服务化与企业绩效之间存在重要关联，本部分将根据前文的总结以及研究经验对制造业服务化、企业绩效以及相关的控制变量进行界定并进行定量分析。

---

① M. P. Timmer, E. Dietzenbacher, B. Los, R. Stehrer and G. J. de Vries, "An Illustrated User Guide to the World Input-Output Database: The Case of Global Automotive Production", *Review of International Economics*, Vol. 23, 2015.

**表 1　制造业产业部门的分类**

| 分类 | ISIC Rev. 4 | WIOD 编号 | 详细部门 |
|---|---|---|---|
| 低技术制造业 | C10 – C12 | r5 | 食品、饮料和烟草制造业 |
| | C13 – C15 | r6 | 纺织品、服装及皮革制品制造业 |
| | C16 | r7 | 木材/软木制品（除家具）、草编结材料制造业 |
| | C17 | r8 | 纸和纸制品制造业 |
| | C18 | r9 | 记录媒体的印刷与复制 |
| | C19 | r10 | 焦炭和精炼石油产品制造业 |
| | C22 | r13 | 橡胶塑料制品制造业 |
| | C23 | r14 | 其他非金属矿产品制造业 |
| | C24 | r15 | 基本金属制造业 |
| | C25 | r16 | 金属制品制造业（除机器和设备） |
| | C31 – C32 | r22 | 家具制造业，其他制造业 |
| 中高技术制造业 | C20 | r11 | 化学品和化工产品制造业 |
| | C21 | r12 | 基本药物产品和药物制剂制造业 |
| | C26 | r17 | 计算机、电子及光学产品制造业 |
| | C27 | r18 | 电子设备制造业 |
| | C28 | r19 | 机械设备制造业 |
| | C29 | r20 | 汽车、拖车和半挂车制造业 |
| | C30 | r21 | 其他运输设备制造业 |

## 1. 制造业服务化程度的衡量

关于制造业服务化的内涵，可以分为基于制造业输出产品角度的"产出服务化"和基于中间投入角度的"投入服务化"两种。本文借鉴的是黄慧群、霍景东采用的测算方法，即利用投入产出表中制造业部门的总投入量中服务要素投入的占比来衡量服务化程度。制造业部门 $m$ 生产一单位的产量所消耗服务部门 $s$ 的投入系数为 $X_{sm}$，即为 $t$ 年制造业部门 $m$ 的服务化水平。消耗量为 $q_{sm}$，$Q_m$ 是制造业总产出，就有：

$$PSI_{mt} = X_{sm} - \frac{q_{sm}}{Q_m} \tag{1}$$

根据公式（1）计算中国和日本 18 个制造业部门的服务化指数。具体的计算结果见表 2、表 3。

表 2　2000～2014 年中国制造业各部门的服务化指数

| 部门 | 2000 | 2002 | 2004 | 2006 | 2008 | 2010 | 2012 | 2014 |
|---|---|---|---|---|---|---|---|---|
| r5 | 0.1259 | 0.1348 | 0.1099 | 0.1132 | 0.1120 | 0.1167 | 0.1180 | 0.1306 |
| r6 | 0.1218 | 0.1421 | 0.1161 | 0.1136 | 0.1033 | 0.1098 | 0.1106 | 0.1229 |
| r7 | 0.1529 | 0.1569 | 0.1108 | 0.1034 | 0.0915 | 0.0920 | 0.0876 | 0.0957 |
| r8 | 0.2021 | 0.2003 | 0.1599 | 0.1523 | 0.1371 | 0.1388 | 0.1427 | 0.1582 |
| r9 | 0.1575 | 0.1430 | 0.1163 | 0.1127 | 0.1080 | 0.1153 | 0.1222 | 0.1401 |
| r10 | 0.1359 | 0.1687 | 0.1291 | 0.1094 | 0.0864 | 0.0875 | 0.0939 | 0.0979 |
| r11 | 0.2102 | 0.2179 | 0.1794 | 0.1761 | 0.1550 | 0.1551 | 0.1558 | 0.1727 |
| r12 | 0.1796 | 0.1791 | 0.1901 | 0.2208 | 0.2027 | 0.2035 | 0.2033 | 0.2205 |
| r13 | 0.1380 | 0.1410 | 0.1132 | 0.1111 | 0.1076 | 0.1194 | 0.1239 | 0.1369 |
| r14 | 0.2447 | 0.2687 | 0.2171 | 0.2043 | 0.1789 | 0.1823 | 0.1794 | 0.1932 |
| r15 | 0.1979 | 0.2035 | 0.1583 | 0.1481 | 0.1267 | 0.1321 | 0.1302 | 0.1442 |
| r16 | 0.1777 | 0.1908 | 0.1566 | 0.1500 | 0.1425 | 0.1630 | 0.1638 | 0.1798 |
| r17 | 0.1191 | 0.1300 | 0.1198 | 0.1263 | 0.1352 | 0.1279 | 0.1304 | 0.1448 |
| r18 | 0.1547 | 0.1622 | 0.1308 | 0.1299 | 0.1228 | 0.1305 | 0.1317 | 0.1460 |
| r19 | 0.1562 | 0.1679 | 0.1405 | 0.1392 | 0.1333 | 0.1422 | 0.1463 | 0.1594 |
| r20 | 0.1395 | 0.1345 | 0.1274 | 0.1295 | 0.1302 | 0.1283 | 0.1417 | 0.1481 |
| r21 | 0.1404 | 0.1400 | 0.1248 | 0.1216 | 0.1166 | 0.1133 | 0.1149 | 0.1204 |
| r22 | 0.1251 | 0.1287 | 0.0989 | 0.0914 | 0.0888 | 0.0959 | 0.0977 | 0.1112 |

表 3　2000～2014 年日本制造业各部门的服务化指数

| 部门 | 2000 | 2002 | 2004 | 2006 | 2008 | 2010 | 2012 | 2014 |
|---|---|---|---|---|---|---|---|---|
| r5 | 0.1788 | 0.1746 | 0.1734 | 0.1781 | 0.1738 | 0.1651 | 0.1699 | 0.1627 |
| r6 | 0.2202 | 0.2389 | 0.2371 | 0.2359 | 0.2184 | 0.2247 | 0.2159 | 0.1987 |
| r7 | 0.1935 | 0.1534 | 0.2183 | 0.1955 | 0.2415 | 0.1852 | 0.1775 | 0.1508 |
| r8 | 0.2460 | 0.2727 | 0.2679 | 0.2812 | 0.2903 | 0.2750 | 0.2658 | 0.2613 |
| r9 | 0.1937 | 0.2004 | 0.1887 | 0.1934 | 0.2072 | 0.1919 | 0.1875 | 0.1847 |
| r10 | 0.1024 | 0.0928 | 0.0877 | 0.0833 | 0.0743 | 0.0879 | 0.0684 | 0.0673 |
| r11 | 0.2554 | 0.2541 | 0.2333 | 0.2245 | 0.2456 | 0.2039 | 0.2181 | 0.2199 |
| r12 | 0.3147 | 0.3204 | 0.3198 | 0.3326 | 0.3057 | 0.3155 | 0.2958 | 0.2926 |
| r13 | 0.2087 | 0.2299 | 0.2060 | 0.2055 | 0.2046 | 0.1904 | 0.2028 | 0.2056 |
| r14 | 0.3043 | 0.3201 | 0.3060 | 0.2937 | 0.2883 | 0.3055 | 0.2821 | 0.2595 |
| r15 | 0.2061 | 0.2228 | 0.1886 | 0.1755 | 0.1773 | 0.1894 | 0.1602 | 0.1507 |
| r16 | 0.2099 | 0.2252 | 0.2164 | 0.2044 | 0.1934 | 0.1990 | 0.2073 | 0.2057 |
| r17 | 0.1990 | 0.2282 | 0.2021 | 0.1888 | 0.1917 | 0.1869 | 0.1805 | 0.1773 |

| 部门 | 2000 | 2002 | 2004 | 2006 | 2008 | 2010 | 2012 | 2014 |
|------|------|------|------|------|------|------|------|------|
| r18 | 0.2069 | 0.2296 | 0.2176 | 0.2145 | 0.2093 | 0.2155 | 0.2213 | 0.2200 |
| r19 | 0.1948 | 0.2242 | 0.2018 | 0.1847 | 0.1748 | 0.1783 | 0.1749 | 0.1775 |
| r20 | 0.1156 | 0.1157 | 0.1176 | 0.1095 | 0.1174 | 0.1133 | 0.1154 | 0.1290 |
| r21 | 0.2032 | 0.2006 | 0.1940 | 0.1912 | 0.1694 | 0.1611 | 0.1524 | 0.1623 |
| r22 | 0.2358 | 0.2466 | 0.2603 | 0.2787 | 0.2708 | 0.2614 | 0.2604 | 0.2553 |

对比表 2、表 3 可知，18 个制造业部门中，中国的服务化指数整体上小于日本。具体而言，2000～2014 年，中国制造业各部门的服务化水平经历了先上升后下降的波动，转折发生在 2008 年；而日本的制造业服务化指数表现为逐年小幅度降低。由于中国和日本的制造业发展深入程度存在差异，两国之间的产业分工也有所不同，中日两国制造业对服务要素的需求量不一致，中间投入的服务要素也不尽相同。从整体来看，日本的制造业各部门中除了焦炭和精炼石油部门外，其余部门的服务化程度均大于 11%，而中国制造业各部门的服务化程度在 10% 左右，日本的制造业服务化程度高于中国。

制造业服务化程度的变动可以反映出一国产业发展计划的变动。日本在"去工业化"进程中，国家整体发展战略重心由制造业转向服务业，同时将制造业转移到新兴工业国家。在这期间，日本制造业的服务化比例降低，中国的则在持续上升。2008 年国际金融危机过后，日本开始重新审视制造业的发展，加大服务要素投入，使制造业的服务化水平开始提高。

根据上文的划分标准，可以将 18 个制造业行业按照技术密集度分成两种，即中高技术制造业和低技术制造业，按照公式（1）计算得出各类型制造业的服务化指数，计算结果如图 1 所示。

观察图 1 可得到如下结论。第一，2000～2014 年，日本的制造业服务化指数略有下降，其间 2008～2009 年有一个涨幅，或许与 2008 年国际金融危机的影响有关。中国则经历了一个先下降后上升的过程。从 2002 年起，中国的制造业服务化水平开始下降，这是因为中国在 2001 年加入世贸组织，制造业的发展得到推动，制造业产出量增加，但是由于服务业投入变化较小，出现了一个下降的波动。第二，日本两种类型的制造业服务化指数均大于中国的指数。第三，中国的中高技术制造业的服务化程度高于低技术制造

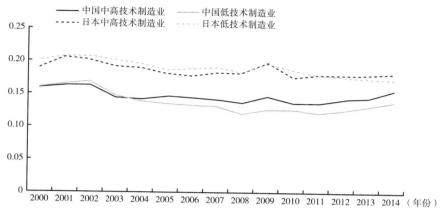

**图1　中日不同类型制造业的服务化指数**

资料来源：根据 WIOD 相关数据整理得出。

业，而日本的低技术制造业和中高技术制造业的服务化程度相似，前者略高
于后者。

2. 企业绩效指标的衡量

为研究制造业各部门绩效与服务程度在中日是否存在"服务化困境"
的问题，本文采用制造业各部门总产出中对各服务部门中间投入的消耗来测
算制造业的服务化程度；采用肖挺、蒋金法关于产业绩效的计算方法[1]，用
WIOD 中的社会核算表中的制造业行业的产业增加总值与在职人员总数之
比，即制造业各行业中的人均产业增加值来衡量产业绩效（Prof）。

根据企业绩效的结果可以看出，2000～2014 年中国和日本制造业的产
业绩效呈现上升的趋势，日本制造业企业的绩效大大高于中国，中国制造
业企业的增长率则相对较快。中日制造业之间绩效的巨大差距集中体现在
技术密集型产业上，技术含量较低的产业则差距较小，从而说明日本制造
业的技术含量高，中国在今后制造业发展中需要大力发展技术密集型制
造业。

3. 控制变量的选取

除了上述的主要解释变量和被解释变量外，还需要对其他一些影响企业

---

① 肖挺、蒋金法：《全球制造业服务化对行业绩效与全要素生产率的影响——基于国际投入产
出数据的实证分析》，《当代财经》2016 年第 6 期。

绩效的因素进行控制。一是技术水平。技术可以促进经济增长和经济发展，在本文中使用两个指标来度量。一个是每百万人中研发人员数量（tech），数据来自世界银行数据库；另一个是全要素生产率（tfp），表示技术进步的程度，即在投入要素如资本、劳动力、土地等均不变的情况下，产出量仍然增加的部分。本文用各制造业部门的总产出与要素投入总量之比来表示，数据来自 WIOD 中的供给表，计算公式如下：

$$tfp_{mt} = \frac{Q_m}{要素投入总量_{mt}} \qquad (2)$$

二是政府介入经济的程度（gcom）。在一个国家各行各业的发展过程中，政府都扮演了重要角色，对行业的发展也会产生影响，在本文中用政府消费与该国国内生产总值（GDP）之比来衡量一国政府对该国经济的介入程度，数据来自世界银行数据库。三是人力成本（hrc），一个部门的经营绩效除了要考虑总收益以外，还需要看净收益，因此要剔掉其中的成本要素。本文中使用劳动分配率来表示，也就是制造业各部门将一段时间内新创造的总价值中支付给员工的部分。计算公式如下：

$$hrc_{mt} = \frac{员工薪酬_{mt}}{增加值_{mt}} \qquad (3)$$

其中数据均来自 WIOD 中的社会核算表。

## （三）模型设计

本文旨在对比研究中国和日本两国的制造业服务化程度与制造业产业绩效的关系，选取 2000～2014 年两国的面板数据来分析问题。本文的研究对象只有两个，可以将个体效应视为固定效应，而且固定效应下不需要假定个体效应与误差项不相关，因此根据本文的研究主题将采取固定效应模型，模型设计如下：

$$Prof_{mt} = \alpha_m + \lambda_t + \beta_0 PSI_{mt} + \beta_1 PSI_{mt}^2 + \sum \beta_i X_{mt} + \mu_{mt} \qquad (4)$$

式（4）中，$m$ 表示制造业行业，$t$ 表示年份；$\alpha_m$ 是行业固定效应，表示不随时间变化、影响制造业企业绩效的特定因素；$\lambda_t$ 是时间固定效应，指的是只随时间变化而不随行业变化的对企业绩效有影响的因素；$Prof_{mt}$ 表示的是制造业的产业绩效；$PSI_{mt}$ 表示制造业的服务化指数，$PSI_{mt}^2$ 是该指数的平方项，以验证"服务化困境"现象的存在；$X_{mt}$ 为所有的控制变量；$\mu_{mt}$ 表示残差项。

## 三　实证研究

本节将根据中日 2000~2014 年 18 个制造业行业的相关变量的界定及计算，对中日制造业企业服务化程度、企业绩效及其他方面做直观的对比分析，根据回归结果分析中日整体制造业服务化程度对企业绩效的影响以及中高技术制造业和低技术制造业服务化程度对企业绩效的影响。

### （一）数据描述性统计

本文回归所使用的数据根据 WIOD 表格整理而成，其中制造业服务化水平是根据 2000~2014 年 WIOD 的供给表，企业绩效是根据 2000~2014 年 WIOD 的社会核算表，对上述数据做描述性统计如表 4、表 5 所示。

表 4　中国主要变量的描述性统计

| 变量 | 平均值 | 标准误 | 最小值 | 最大值 |
| --- | --- | --- | --- | --- |
| 企业绩效 | 1.9796 | 3.0222 | 0.0600 | 20.18 |
| 制造业服务化水平 | 0.1414 | 0.0342 | 0.0858 | 0.2687 |
| 国家介入程度 | 0.0988 | 0.0185 | 0.0842 | 0.1344 |
| 人力成本 | 0.4048 | 0.0850 | 0.2203 | 0.6327 |
| 全要素生产率 | 1.3416 | 1.3333 | 1.1665 | 1.8216 |
| 技术水平 | 867.9768 | 198.9121 | 541.6635 | 1184.47 |

表 5　日本主要变量的描述性统计

| 变量 | 平均值 | 标准误 | 最小值 | 最大值 |
| --- | --- | --- | --- | --- |
| 企业绩效 | 55.9280 | 119.8922 | 2.3726 | 711.1111 |
| 制造业服务化水平 | 0.2078 | 0.0573 | 0.0673 | 0.3517 |
| 政府介入程度 | 0.0929 | 0.0216 | 0.0147 | 0.1059 |
| 人力成本 | 0.5917 | 0.2051 | 0.0303 | 0.9476 |
| 全要素生产率 | 1.5798 | 0.2183 | 1.1368 | 2.3363 |
| 技术水平 | 5142.992 | 124.2722 | 4871.167 | 5332.617 |

　　表 4 和表 5 是针对中日两国 15 年间 18 个制造业行业的主要解释变量和被解释变量以及相关控制变量的描述性统计。对比可得，日本的制造业企业绩效整体远高于中国，这与日本制造业发展优于中国的实际相一致；两国的制造业服务化指数在 15 年内均有波动，日本的制造业服务化程度比中国更深；日本制造业的技术发展水平高于中国，人力成本也较高，而中国政府对制造业发展的介入程度高于日本；中国制造业服务化程度最大的部门是其他非金属矿产品部门，日本则是药品制造行业；中日两国企业绩效最高的制造业部门是焦炭和石油产品，这与该部门的生产流程和技术要求相关。

## （二）实证结果分析

　　本部分将根据研究模型对制造业服务化程度对企业绩效的影响做回归分析。根据回归结果，分析中日制造业服务化程度对制造业各部门企业绩效的影响，并根据制造业的技术化水平的分类来分析中高技术制造业以及低技术制造业服务化程度对各类企业绩效的影响，以此来对比整体样本的回归结果与分样本的回归结果有何不同。

　　1. 整体回归结果

　　表 6 给出了中日制造业服务化程度对制造业各部门企业绩效影响的 OLS 回归结果，除了主要的解释变量和被解释变量以外，还包括人力成本、政府介入经济的程度、技术水平和全要素生产率 4 个控制变量。考虑到在回归方程中放入制造业服务化及其平方项会产生的内生性问题，在回归中对制造业服务化做标准化处理，从而降低二者之间的内生性问题，整体回归结果如表 6 所示。

**表 6　中日制造业服务化对企业绩效的影响**

| 变量 | 中国 | 日本 |
|---|---|---|
| | *Prof* | *Prof* |
| *PSI* | − 0.753 ** | − 40.98 *** |
| | （− 2.97） | （− 6.37） |
| *PSI*$^2$ | 0.445 ** | 31.35 *** |
| | （3.13） | （5.97） |

续表

| 变量 | 中国 | 日本 |
|------|------|------|
|      | *Prof* | *Prof* |
| *hrc* | − 9.760 *** | − 214.9 *** |
|       | ( − 3.77 ) | ( − 5.26 ) |
| *gcom* | 23.22 * | 26.67 |
|        | ( 2.08 ) | ( 0.11 ) |
| *tech* | 0.000277 | − 0.0223 |
|        | ( 0.25 ) | ( − 0.49 ) |
| *tfp* | − 4.073 ** | 12.37 |
|       | ( − 2.60 ) | ( 0.90 ) |
| _cons | 8.416 * | 244.3 |
|       | ( 2.38 ) | ( 1.01 ) |
| *N* | 270 | 270 |

注：* 表示 $p < 0.05$，** 表示 $p < 0.01$，*** 表示 $p < 0.001$。

观察表 6 可得出如下几个结论。其一，中国和日本两国的制造业服务化水平与企业绩效之间确实存在显著的先下降后上升的"正 U 形"关系，说明在中日制造业行业中均有"服务化困境"的现象，且日本的制造业服务化程度对企业绩效的影响系数要大于中国。该结果表示，在中日两国制造业中加入服务因素，虽然初期会抑制企业绩效，但是随着服务化指数的提高，最终会促进企业绩效的提升。其二，人力成本的降低会显著带来企业利润的增加，说明制造业行业在人力上耗费越多绩效越低，而且日本的人力成本对企业绩效的抑制作用高于中国。其三，政府介入经济程度对两国制造业企业绩效均有正向影响。其四，技术水平会显著促进中国制造业各行业的绩效提高，但是影响系数较小，全要素生产率则明显会带来企业绩效的降低。但是，技术水平和全要素生产率对日本制造业企业绩效的影响与中国刚好相反，且结果均不显著。为了进一步研究技术水平对制造业各部门的影响，有必要将 18 个制造业部门再细分为中高技术行业和低技术行业。

2. 分样本回归结果

上文通过对总样本的整体回归得出制造业服务化程度与制造业企业绩效之间存在"先下降后上升"的"正 U 形"关系。由于不同的制造业行业之间存在异质性，接下来将分析不同技术密集度的制造业行业服务化程度对企业绩效的影响。分样本回归的结果如表 7 所示。

表 7　中日各类型制造业的服务化对企业绩效的影响

| 变量 | 中国 | | 日本 | |
|---|---|---|---|---|
| | Prof | | Prof | |
| | 中高技术制造业 | 低技术制造业 | 中高技术制造业 | 低技术制造业 |
| PSI | -0.425 * | -0.868 ** | 8.165 *** | -69.42 *** |
| | (-2.45) | (-3.01) | (4.66) | (-9.34) |
| PSI$^2$ | 0.647 *** | 0.356 * | 1.543 | 62.69 *** |
| | (5.15) | (2.61) | (1.13) | (9.31) |
| hrc | 3.004 ** | -17.88 *** | -74.41 *** | -20.30 |
| | (2.78) | (-5.03) | (-4.41) | (-0.50) |
| gcom | 28.03 *** | 18.38 | 20.35 | -33.62 |
| | (4.81) | (1.12) | (0.27) | (-0.14) |
| tech | 0.00270 *** | -0.000988 | 0.0117 | -0.0426 |
| | (5.33) | (-0.59) | (0.83) | (-0.83) |
| tfp | 8.070 *** | -7.158 *** | 2.026 | -2.211 |
| | (6.05) | (-3.88) | (0.23) | (-0.14) |
| _cons | -16.05 *** | 17.81 *** | 5.499 | 249.6 |
| | (-7.06) | (3.83) | (0.07) | (0.92) |
| N | 105 | 165 | 105 | 165 |

从表 7 的结果可以看出，在制造业各个部门之间确实存在异质性。首先，中国技术密集度相异的制造业各部门之间都存在"服务化困境"的现象；而在日本，中高技术制造业部门的服务化水平能够提高企业绩效，低技术制造业部门则存在"服务化困境"的问题。产生这种差异的原因或许和日本制造业部门的发展成熟度有关，随着服务要素的增加，中高技术制造业部门能够促进企业的发展。其次，中国的中高技术制造业部门中，人力成本与企业绩效呈正相关；而在技术含量较低的制造业部门，更多地依靠劳动力数量，在该类型行业中对劳动力投入越多，企业绩效越高。再次，政府介入经济发展的程度对日本低技术制造业的发展有负效应，这与日本当前实施

"科技立国"的战略一致，在科技创新方面增加支出，鼓励制造业企业大量引进专业对口的人才，实现创新。最后是技术水平对企业绩效的影响。技术发展对中国中高技术制造业有正向影响，对低技术制造业的企业绩效则有负向影响。这表明，在技术密集度相对较高的制造业部门，对技术要素的需求较高，增加该方面的经费支出有利于推动制造业的发展。至于日本的这两种类型制造业，其回归结果与中国一致，但是均不显著且回归系数较小。

# 四　结论与政策建议

本文基于中日两国的制造业面临"科技创新立国"的背景，通过对中日制造业服务化与制造业部门绩效之间影响的分析，得出以下结论。首先，两国制造业在服务化过程中，都存在"服务化困境"问题。即在制造业服务化的初始阶段，增加服务要素的投入能降低制造业各部门的利润，但随着服务化程度的加深，最终制造业的企业绩效会提高，各部门会受益于该服务化的过程。从制造业长远发展来看，应鼓励各部门进行制造业服务化转型升级，从而保障各部门绩效的提升。其次，在中日两国制造业发展过程中，应该降低人力成本，加大对制造业产业发展的支持力度，在政府政策的引导下，推进制造业企业绩效的稳步提升。最后，制造业各部门的技术要素水平对其部门的发展具有推进作用，通过对制造业各部门进行分类研究可知，对技术要素含量不同的制造业部门应采取不同的科技发展策略，对中高科技制造业企业应加大技术投入的力度，对技术含量较低的制造业企业应该缓慢地进行技术革新。

总之，制造业服务化是制造业提升综合实力的发展方向，是制造业转型升级的关键。根据上述研究结果，中国应在以下几个方面借鉴日本制造业服务化的经验，做好中国制造业的转型升级。

## （一）将制造业作为经济发展基础，为其发展提供优良的政策保障

在一国经济发展低迷的时候，制造业可以发挥稳定一国经济的作用，因此从国家层面来看，制造业的发展是经济发展的基础，保护制造业的发展就是在稳固实体经济，为各行各业的发展建立保障。因此，中国应大力支持制造业的发展。需要给予制造业发展一个稳固的政策和制度环境，完善相关税收政策，鼓励金融机构为制造业的发展提供资金帮助，为制造业

产品的输出创造一个公平公正的环境，同时要保护制造业产品的消费者权益。政府的政策可以打通制造业与其他行业之间的联系，重视制造业各部门的服务化程度，让服务业充分与制造业各部门融合，以提升制造业各部门的综合实力。

### （二）鼓励服务业各部门的发展，让服务业部门与制造业适度融合

制造业服务化有利于企业绩效的提升，因此国家也应该制定相关政策鼓励服务业的发展，使各行各业实现均衡发展。同时要引导服务业各部门适度融入制造业的相关部门，发挥服务要素在制造业中的积极作用，提升制造业企业的绩效。在制造业行业实行服务化的过程中，要注意适度的原则，因为每个行业的结合都有一个恰当的比例，超出该比例范畴就会演变成过度服务化，会抑制一国的经济发展。因此，应该鼓励服务业部门与相应的制造业各部门均衡发展和适度融合，从而带来企业绩效的提升。

### （三）借鉴日本制造业发展经验，制定独特的服务化战略

纵观全世界，日本经历了第一次工业革命、第二次工业革命，其制造业的发展较为成熟，中国应积极学习日本制造业的发展经验。虽然在日本国内存在"产业空心化"的困境，但是在意识到该问题后，日本政府及时调整产业发展战略，重点关注发展实体经济。小松电器就是日本制造业行业服务化的典型案例。近年来，小松电器的财务业绩一路下滑，利润下降幅度达到三成之多，但是 2018 年小松积极推出了"制造业服务化"战略，加大研发投入，转换商业模式，将顾客对产品的体验放在第一位，并成功实现收益的增长，这标志着日本制造业正向全新的方向发展。[1]

同时还需注意的是，制造业处于不同的发展阶段，会面临不同的严峻挑战，因此制造业要想促进自身的发展，首先应分析自身正处于哪个发展阶段以及其中与服务要素结合的程度。中国制造业的发展处于由利用人工成本加工转向科技化的阶段，服务化水平也较低；而日本的制造业发展较为成熟，服务化水平较高。中国制造业各部门应该立足于自身的实际，制定出独特的服务化发展方案。

---

① 张玉来：《小松：日本"制造业服务化"的急先锋》，《董事会》2018 年第 Z1 期。

## （四）加大研发投入，走创新发展道路

制造业的发展应充分利用国家在税收、资金、人力、科技等方面的政策支持，在发展过程中应用于创新，加大科技投入，提高制造业产品质量。日本制造业曾经是全球制造业的引领者，这是因为日本制造业产品精益求精，产品质量优于其他国家。对于中国来说，加大对制造业的研发投入，在制造业中引进创新型人才，提高制造业产品的附加值和售后服务水平，提高制造业各领域在世界范围内的地位和水平，要深化制造业的服务化程度，实现制造业与服务业的关联互动，促进制造业转型升级。

## （五）对全球"再工业化"浪潮所带来的贸易战风险有充分认识

日本经济泡沫的形成和最终破灭，虽然原因复杂，但美国通过各种手段对日本施压，迫使日本快速推进贸易自由化、金融自由化，以及强迫日元升值以营造其顺利实施"再工业化"战略的国际环境，是重要原因。如今，特朗普为了顺利实施其"再工业化""制造业回归"战略，正在对华故伎重施，例如为了打压中国制造业的国际竞争力，特朗普重新启动"301调查"。因此，面对"再工业化"浪潮引发的对各种资源的全球性激烈争夺，中国必须给予高度警惕并采取有效措施予以积极应对。[①]

（审校：田　正）

# An Empirical Analysis of the Impact of Manufacturing Servitization on the Performance of Chinese and Japanese Manufacturing Industry

*Sun Li    Zhang Huifang*

**Abstract**：Based on the data of 18 manufacturing sectors in China and Japan from 2000 to 2014, this paper analyzes how the service level of manufacturing

---

① 孙丽：《日本的"去工业化"和"再工业化"政策研究》，《日本学刊》2018年第6期。

industry affects the performance of manufacturing industry by calculating the servitization degree of manufacturing industry as a whole and of specific sectors. The results show that there are "servitization dilemma" both in the manufacturing industries of China and Japan, which means that as the manufacturing enterprises continue to increase the service elements, the performance of those enterprises will fall initially and then rise up later. Reducing the labor cost of manufacturing enterprises, increasing government support for the development of manufacturing industry and enhancing the technical investment of manufacturing departments can promote the performance of manufacturing enterprises. In view of this regression result, China should improve the performance of manufacturing enterprises by improving the servitization degree of manufacturing industry, so as to promote the transformation and upgrading of Chinese manufacturing industry.

**Keywords**: Manufacturing Servitization; Performance of Enterprise; Manufacturing Transformation and Upgrading

《日本文论》（总第 2 辑）
第 143~159 页
© SSAP, 2019

# 论日本的政府开发援助模式

## ——以经济治国论为视角

### 国　晖

**内容提要：** 日本政府对于开发援助一贯保持着付出即要求回报的态度。从 1954 年开始，日本政府开发援助就已经在为达成带有政治性质的外交目标而服务——用援助赔款消解二战受害国对日本军国主义的仇视与忧虑。日本政府利用开发援助所取得的经济回报也成为日本走向政治强国之路的铺垫。因此，关于日本政府开发援助，应当以"经济治国论"的视角去审视，它是为日本的政治外交目标服务的。在这一视角下，日本政府开发援助呈现出三个特点：强制性和影响性、委托－代理模式以及曲折的发展历程。日本实施政府开发援助的经验教训或可对中国对外援助工作有所启示。

**关　键　词：** 经济治国论　日本政府开发援助　外交目标

**作者简介：** 国晖，澳大利亚悉尼大学博士研究生。

经济治国问题是近几十年来国际关系学界讨论的热门话题之一，国际上第一部系统研究该问题的著作是大卫·鲍德温[①]的《经济治国论》（*Economic Statecraft*）。正是由于该书的问世，西方学界在 1985 年之后逐渐

---

[①] 大卫·鲍德温（David A. Bladwin）是美国著名国际关系学者，是国际政治科学协会政治权力研究委员会（Research Committee on Political Power of the International Political Science Association）的创始人和首任主席、普林斯顿大学伍德罗·威尔逊公共和国际事务学院（Woodrow Wilson School of Public and International Affairs at Princeton University）高级政治学家以及哥伦比亚大学（Columbia University）政治学荣誉退休教授。他先后任职于达特茅斯学院（Dartmouth College，1965~1985 年）、哥伦比亚大学（1985~2005 年）以及普林斯顿大学（2005 年至今）。

掀起了围绕经济治国论的研究浪潮，但是这一理论模式在中国国内研究界尚未引起足够重视。鲍德温对"经济治国论"给予了明确的定义：一国（sender）政府通过使用经济工具来影响目标国（target）的行为，以此达到一国设定的外交目标。① 这一模式的关键问题在于"什么是经济工具"以及"如何使用经济工具"，只有启用明确的经济工具，才能有效完成外交目标、维护国家利益。这就突出了经济治国论的手段性与目的性。当下，国际关系的关注点往往集中在一国政府如何制定政策，而对一国政府使用怎样的工具去执行政策缺乏关注。重视经济手段的经济治国论有效填补了这一空白。在围绕经济治国论的讨论中，针对它的手段性与目的性，一些学者不禁发问：在什么情况下，一国政府可以通过提供有形的经济奖励或威胁去破坏现有的经济关系，进而改变目标国的国家行为？经济治国论的成功在多大程度上依赖于经济激励或制裁的力度？是否存在这样一种系统的逻辑——即使经济治国论中的经济激励和制裁结合起来，它们的实施有时会达到预期目的，也会时常经历失败？② 带着这样的问题，笔者观察日本政府开发援助（ODA）的发展历程时设想：日本的政府开发援助是否属于经济治国论中的一种经济工具？

当前学界对日本政府开发援助的研究比较认可的一种观点是：政府开发援助是日本倡导的经济外交模式，本质上是为日本的经济利益服务的。不可否认，日本的政府开发援助为战后日本的国内经济复苏与重建做出了极为重要的贡献，但值得注意的是，从 1954 年开始日本的政府开发援助就已经在为达成带有政治性质的外交目标而服务——用援助赔款消解二战受害国对日本军国主义的仇视与忧虑，尤其是 1992 年和 2015 年两次颁布的《政府开发援助大纲》的政策内容，更直接表明了日本政府希望利用政府开发援助实现政治目标。相对于经济外交而言，经济治国论更像是与硬实力相关联的具有强制性的影响手段。③ 它是以一种付出必须得到回报的态度来推动事态发

---

① D. A. Baldwin, *Economic Statecraft*, Princeton University Press, 1985, pp. 2 – 4.

② Jean-Marc F. Blanchard, Edward D. Mansfield and Norrin M. Ripsman, *Power and the Purse*, *Economic Statecraft*, *Interdependence*, *and National Security*, New York and London: Routledge, Frank Cass, 2000, pp. 1 – 3.

③ A. Lalbahadur, "Economic Statecraft in South Africa's Regional Diplomacy", *South African Journal of International Affairs*, Vol. 23, No. 2, 2016, pp. 135 – 149.

展的，一旦未能获得回报就意味着整体战略的失败。这样一来，用经济外交模式界定日本政府开发援助就显得不太恰当了。笔者认为，日本的政府开发援助应当是具有日本特色的一种经济治国模式，是为日本的政治外交目标服务的。

## 一　政府开发援助——日本的经济工具

经济治国论十分重视经济工具的选择，它通常把经济工具称为"制裁"。所谓"制裁"，是一国为了追求外交目的、迫使目标国屈从而采取的干预其经济的行为。[1] 面对不同的国际局势，制裁可以分为经济激励（积极的经济制裁）、经济制裁（消极的经济制裁）以及这两者的混合体。通过这样的灵活选择，一国政府可以及时有效地对何时以及如何利用制裁与激励进行调整，以确保有意义的政策让步。

积极的经济制裁措施包括优惠关税、补贴、政府开发援助、投资担保和对外国投资的税收优惠；消极的经济制裁包括拒绝出口（禁运）、拒绝进口（抵制）、隐性拒绝贸易（黑名单）、旨在使货物不落入目标国手中的购买（排除性购买）、剥夺所有权（没收）、惩罚性税收、暂停援助以及资产冻结等。[2] 那么，日本为什么钟情于政府开发援助这一经济工具呢？这与日本战后的特殊历史背景是分不开的。

1945 年 8 月日本战败投降，盟军接管了日本的外交工作，只允许外务省进行媾和的前期准备工作。[3] 此后一直到 1952 年 4 月《旧金山媾和条约》生效，日本处于由美国单独占领的"间接统治"下，外交权力大为受限，只能被动地接受美国管辖。[4] 日本宪法第 9 条限制了日本的军事权力，虽然从法理的角度看日本依然拥有自卫权，但是日本不能进行自卫战争。也就是说，战后初期的日本政府同时丧失了外交权力与军事权力。而且，战争也给

---

① Jean-Marc F. Blanchard, Edward D. Mansfield and Norrin M. Ripsman, *Power and the Purse*, *Economic Statecraft*, *Interdependence*, *and National Security*, pp. 1 – 3.

② D. A. Baldwin, "The Power of Positive Sanctions", *World Politics*, Vol. 24, No. 1, 1971, pp. 19 – 38.

③ 转引自吕耀东《战后日本外交战略理念及对外关系轨迹》，《日本学刊》2015 年第 5 期。

④ 许显芬：《未走完的历史和解之路——战后日本的战争赔偿与对外援助》，世界知识出版社，2018 年，第 18 页。

日本自身造成了沉重的打击。日本政府与民众都迫切希望能够尽快恢复国力，发展经济，重新融入新的世界格局。在这样的历史背景下，日本政府急需一种方式来代替外交和军事手段以帮助日本与世界沟通、重建国内经济。1954 年，日本终于等来了一个机会——"科伦坡计划"。日本政府从中找到了政府开发援助这一经济工具，并希望其尽快成为日本政府合法的主动外交途径。加之《旧金山媾和条约》生效后日本恢复国家主权，也为其实施政府开发援助提供了法律依据。

《旧金山媾和条约》第 14 条明确规定了日本政府需要进行战后赔偿的责任。[①] 大多数亚洲国家作为二战的受害国，与日本协商，确立了三种赔偿形式——战争赔款、资金赠予以及贷款（等同于战争赔款的形式）。基于这种多样化的赔偿形式，日本政府巧妙地避开了完全以现金支付赔偿金的形式进行战后赔偿，而使用日本企业提供的物品及服务作为等价交换赔偿。[②] 这便是日本政府开发援助的最初形式，也决定了日本的政府开发援助从一开始就具有商业性质，其目的是获取商业利益、促进日本的财富积累。[③] 但是，商业目的显然无法作为一个政府实施对外援助的终极目标。实际上，日本也希望通过政府开发援助的方式缓和与亚洲尤其是东南亚国家的关系，消除它们对日本军国主义的怨恨和忧虑。正如日本前外交官东乡和彦所指出的，经济援助，被称为政府开发援助，可能是战后日本外交政策最一致和最有效的工具。[④] 政府开发援助不仅帮助日本实现了经济的迅速崛起，也帮助日本逐渐树立起战后的国家形象。政府开发援助成为日本综合国力全面复兴计划中极为重要的工具，是日本施行外交战略的重要经济武器。

## 二　日本的外交目标——政治利益

鲍德温在《经济治国论》中提到了对外援助的一种"利益说"：所谓的

---

① K. Togo, *Japan's Foreign Policy 1945 - 2009: The Quest for a Proactive Policy*, Brill, 2010, p. 320.

② K. Togo, *Japan's Foreign Policy 1945 - 2009: The Quest for a Proactive Policy*, p. 320.

③ D. Arase, "Public-private Sector Interest Coordination in Japan's ODA", *Pacific Affairs*, 1994, pp. 171 - 199.

④ K. Togo, *Japan's Foreign Policy 1945 - 2009: The Quest for a Proactive Policy*, p. 316.

对外援助既不是"外援"也不是"援助",它暗示的是这些钱被用来促进国家利益。[①] 在经济治国论的实施过程中,一国是通过外交目标的达成来实现其国家利益的,外交目标才是一国政府实施对外援助的根本动因。同理可得,日本的外交目标指引着本国的政府开发援助不断变化发展。不可否认,日本在战后强调发展经济,一是因为战争对国内经济破坏严重,二是迫于和平宪法的限制,追逐经济利益从某种意义上说也是日本的无奈之举。而究其根本,日本从未放弃过追逐政治上的权益。战后,日本用经济的快速发展及疯狂的攫取经济利益行为隐藏了它的政治目的,尤其是 20 世纪 60 年代末日本成为资本主义世界第二大经济体,这一良好的契机为不甘当"政治矮子"的日本提供了"明目张胆"实现政治大国梦想的可能性,从追求"隐性的政治目标"转为争取"显性的政治目标"。

### (一)政府开发援助政治目标确立的初始期(1954~1969年)

1957 年 2 月,岸信介颁布了他的亚洲外交三点原则:通过巩固睦邻关系改善日本的地位,通过发展合作改善亚洲的福利,通过补偿和经济合作促进日本经济的发展。[②] 这三点外交原则说明了日本为何要着手推进政府开发援助项目:首先是基于人道主义的考虑,其次是基于日本睦邻关系的考虑,最后是基于日本经济利益的考虑。其中,前两者是日本实施援助战略的重点,人道主义的考虑表明日本承担国际责任的决心,友好睦邻的考虑则表明日本极为重视稳定的双边与多边关系。这正是战后赔款期日本希望亚洲国家消解对日本军国主义敌视的目标的延续。

### (二)政府开发援助政治目标实施的深化期(1970~1991年)

20 世纪 70 年代到冷战结束,日本外交目标所体现出的政治性已经非常明显,并呈现出多元化的特点。应对国际环境中的各种危机是日本政府开发援助多元化发展的重要原因之一。1973 年 10 月,第四次中东战争爆发,石油输出国组织(OPEC)国家对支持以色列的美国、日本和其他西方国家实施石油禁运,导致第一次石油危机的爆发。这次危机无疑给

---

① D. A. Baldwin, "The Power of Positive Sanctions", *World Politics*, Vol. 24, No. 1, 1971, p. 291.
② K. Togo, *Japan's Foreign Policy 1945 – 2009: The Quest for a Proactive Policy*, p. 332.

石油严重依赖进口的日本带来了沉重的打击，并对日本经济产生了巨大的负面影响。正是这次石油危机让日本清醒地意识到日美同盟并不能确保其石油供给，日本需要考虑与产油国建立良好的外交关系，以避免再次发生类似的能源危机。在这次石油危机以后，日本政府开发援助的覆盖范围除了东南亚这个重点地区外，开始向世界各地延伸，遍布中东、非洲、拉丁美洲和其他资源丰富的第三世界，日本正式开始了对外援助的全球化进程。

日本面临的另一次较为严重的国际危机是田中角荣首相在 1974 年访问泰国和印度尼西亚期间遭遇当地民众大规模示威游行活动，公开谴责日本的政府开发援助是为了追求其自身的经济利益。这次危机促使日本重新思考该如何调整其援助政策。[①] 田中角荣是首位在日本发展政府开发援助战略中提出"扩大政府开发援助、降低贷款条件、推进无条件的援助、改善经济援助性质"等改革意见的首相。[②] 延续这种思想，1978 年 8 月，福田赳夫首相在访问东南亚期间宣布了"福田主义"，阐明日本不会成为军事大国，并决心与东盟建立紧密的双边关系。他还宣布日本将给东南亚地区提供10 亿美元的贷款援助，推出了日本政府开发援助的第一个倍增计划。借此，日本不仅成功化解了危机，也为其政府开发援助的发展创造了一个转折点。

此后，1985 年在美国纽约广场饭店召开了五国财长会议（美国、日本、联邦德国、法国和英国），达成"广场协议"。该协定决定提高日元汇率，迫使日本以集生产、贸易和金融力量于一身的超级经济强国的身份出现在国际舞台上。[③] 这一身份的建立促使日本政府开发援助承担更多的国际责任，同时也帮助日本重建国际形象、重塑政治地位。

## （三）政府开发援助政治目标的升华期（1992年至今）

冷战后，成为政治强国是日本核心的外交目标。[④] 一方面，冷战的结

---

① 国晖：《中日对外援助悖向发展研究——以经济治国论为视角》，《日本学刊》2019 年第 5 期。
② 草野厚「国際政治経済と日本」、渡辺昭夫編『戦後日本の対外政策』、有斐閣、1985 年、264 頁。
③ 张光：《日本政府开发援助政策研究》，天津人民出版社，1996 年，第 47 页。
④ H. R. Kerbo and J. McKinstry, *Who Rules Japan? The Inner Circles of Economic and Political Power*, Greenwood Publishing Group, 1995.

束、美苏两极格局的崩溃为日本谋求政治权力提供了一个绝好的机会；另一方面，日本的超级经济大国地位受到美国的压制，日本经济开始陷入低增长阶段。这从根本上削弱了日本对美国作为世界最大经济强国的威胁，也缓解了日美经济方面的冲突，为日本实现"政治大国梦"提供了发展空间。日本政府开发援助是帮助日本实现这一目标的有力武器。

为了更好地通过政府开发援助帮助日本实现政治理想，冷战后日本政府分别于 1992 年和 2015 年两次颁布《政府开发援助大纲》。前者宣布了日本政府开发援助在未来需要遵循的四点准则：一是政府开发援助将环境保护与经济发展列为同等重要的地位；二是政府开发援助不会用于军事目的或加剧国际冲突；三是政府开发援助应当关注受援国的军事动态；四是政府开发援助也要关注受援国在促进民主化、经济市场化和保护人权自由等方面的状况。① 从这四点准则可以看出，政治利益、环境保护与国家安全是日本政府开发援助的重点关注对象。后者是在 2015 年 2 月 10 日——日本政府开发援助实行 60 周年之际发表的，而后被修订为《政府开发合作大纲》。新大纲宣布：日本政府开发援助的目的是为国际社会的和平、稳定和繁荣做出更加积极的贡献，同时也有助于确保日本的国家利益。② 安倍政府首次明确表示日本政府开发援助是以服务于日本国家利益为目标的，标志着经济治国论模式下的日本政府开发援助项目已经全面倾向于追求政治外交目标。

## 三　经济治国论下日本政府开发援助的特点

为了实现外交目标，日本政府善于通过多样化的援助方式去执行经济治国的方针政策。这样的方式不同于日本官方的援助分类，即赠予、贷款以及技术援助，而是强调如何选取最优方案通过开发援助实现日本的外交目标——政治利益的最大化。这一模式下的日本政府开发援助有三个突出特点：一是注重强制性和影响性，二是注重以政府主导、私营企业配合的委托－代理模式，三是发展的曲折性。

---

① 外務省『政府開発援助大綱（旧 ODA 大綱）』、https：//www. mofa. go. jp/mofaj/gaiko/oda/seisaku/taikou/sei_1_1. html［2019－07－31］。
② 外務省「開発協力大綱について」、https：//www. mofa. go. jp/mofaj/press/release/press4_001766. html［2019－07－31］。

### （一）注重强制性和影响性

在经济治国论中，援助国对援助的进程拥有绝对的主导权与控制权，甚至有强制执行的权力。这里的强制执行不是指受援国被迫接受援助项目，而是指援助国对援助项目的开始与终止有着绝对的话语权和决定权。从实施政府开发援助之初，日本就将人道主义精神作为实施援助的一项重要原则。其实从本质上讲，这是日本有意彰显它的政治大国实力以及承担国际责任的决心。在 20 世纪 70 年代，日本就将维护世界和平与稳定、加强与受援国之间的相互依存关系加入援助理念中。在 90 年代出台的第一部援助大纲中，日本首次将发展中国家的人权发展状况作为日本给予援助的先决条件，确立了强调人道主义、人权、民主以及重视环保的援助基本理念。进入 21 世纪，日本更加重视自己的国际形象，在援助理念上也更加强调日本的国际责任，尤其是 2015 年新版大纲的颁布，更加凸显了日本希望作为"政治大国"出现在世界舞台上的态度。

作为曾经的军国主义者，日本深知国际社会对于军国主义行径的厌恶与憎恨，如若从自身做起，反对军国主义、倡导非军事化、推进人权与民主，将非常有利于日本国际形象的树立。针对高度军事化且缺乏人权与民主精神的国家，日本会采取暂停援助的策略。这一策略在现实中给日本带来了显著的政治效果，借此举，日本不仅可以有效地控制受援国的相关国家行为，还可以在世界上树立一个爱好和平与民主的新日本形象。

1997 年 7 月，洪森利用柬埔寨王子拉那里德不在国内的空隙发动政变夺取政权。这场政变导致世界对洪森的谴责，许多援助国决定减少对柬埔寨的援助。日本则反其道行之，时任日本首相的桥本龙太郎表示日本将试图说服敌对各方用和平方式解决冲突。当年 7 月 26 日，日本外务大臣池田行彦宣布：日本政府将承认洪森政权，并继续向柬埔寨提供政府开发援助。但是，日方明确提出了提供援助的条件。即柬埔寨政府必须做到以下几点：一是尊重巴黎协议，二是维护宪法和政治结构，三是保证基本的人权和自由，四是在 1998 年 5 月进行自由公正的选举。日本还多方斡旋，扮演政治协调人的角色。日本政府不仅承诺向西哈努克国王发送一份官方信函，还表示会说服拉那里德承认洪森政府；但是如果洪森不能保证拉那里德的安全及其参选权，日本会暂停对柬埔寨的援助。最终，在日本政府的支持与影响下，柬埔寨大选于 1998 年 7 月举行。东盟及非国家集团"柬埔寨之友"充分认可了日本在柬埔寨政变后提供的援助支持和为推进柬埔寨民主选举顺利进行而做出的不懈努力。

在这次柬埔寨政变危机中，日本利用政府开发援助扮演了一个推动人权与民主发展的"谈判专家"的角色。一方面，日本成功地运用了积极制裁与消极制裁并举的援助方案，不仅表示声援柬埔寨国内改革发展，也警告柬埔寨"一旦无法做到发展人权民主，日本将停止开发援助"。另一方面，多方斡旋谈判表明了日本的国际态度，日本希望借由这样的国际协调人的身份为世界人权民主做出贡献，从而为其成长为世界政治大国奠定基础。

## （二）委托 - 代理模式

"委托 - 代理"原则起源于 20 世纪 30 年代，原为经济学领域的代表性理论，后被有效地应用于现代公司治理。而日本政府将这一理论模式嫁接到了政府开发援助领域中，利用政府与工商业界的有效配合，共同完成援助项目。在政府层面，内阁是开发援助的主导，下设"四省厅"承担不同责任。"四省厅"即外务省（MFA）、通商产业省（MITI）、大藏省（MOF）以及经济企划厅（EPA）。其中，外务省扮演总协调员角色；通商产业省不仅负责制定日本的工业发展政策，也负责援助贷款项目；大藏省作为日本最强大的官僚机构，负责提供援助贷款和控制援助预算；经济企划厅的权力较弱，其任务是在援助政策以及项目实施过程中发挥综合调整的作用。基于此的政府决策层把援助项目委托给日本工商业界来具体施行。"在所有与日本政府开发援助有利害关系的团体中，最持久深入地介入其中的就是日本工商界。"[1]

关于日本的政府开发援助，之所以会形成"该项目是经济外交模式"的主流观点，是因为迄今为止的大多数研究都集中于日本与受援国之间的关系上。这或多或少会使日本政府开发援助的研究流于表面，因为一切政府开发援助都需要援助国和受援国的参与，它们之间也必然形成援助与受援的关系。而经济治国论关注更深层次的一种关系，即援助国政府与该国企业之间

---

① R. M. Orr, *The Emergence of Japan's Foreign Aid Power*, Columbia University Press, 1990.

的委托－代理关系。援助国政府委托本国的企业到受援国实施援助项目，受委托的企业带着援助国政府的外交任务去实施援助。这就形成了一种简单直接的利益链：由援助国政府支持的援助项目→由援助国政府派出的企业进行调研、考察项目实施→派出企业可以获得最直接的利益→企业将利益输送回援助国（见图 1）。其中，受援国只是充当了一个类似"加工厂"的角色，从表面看受援国通过援助项目获得了一定的经济发展，实质上却成了援助国利益链条上的一环。日本的政府开发援助项目就是在实施这样一种战略，它引导本国的工商企业运用政府开发援助这一经济工具竭尽所能地为日本谋取国家利益。

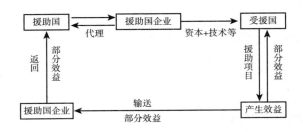

**图 1　委托—代理关系利益链**

　　日本工商业界包括四大主体形式，即经济合作关系团体、开发咨询机构或组织、综合商社以及建筑开发商与制造商。首先，经济合作关系团体在四省厅的授意下到受援国进行调研考察。尽管援助项目本应由受援国主动提出，但是那些符合日本政府意图的项目更有可能被采纳。其次，包含众多中小企业的日本开发咨询机构或组织在政府开发援助过程中起极其重要的作用。它们与四省厅形成了"转包"关系，受四省厅委托进行项目调查。再次，综合商社在政府开发援助过程中担任信息情报员的角色，通过有效的信息情报机制在援助过程中发挥重要作用。最后，基于以上三者充分的准备工作，以私营企业为主的建筑开发商和制造商以承包商或项目援助提供者的身份进入援助过程，实施具体项目。日本政府也会在贷款援助项目中雇用受援国企业，使之成为援助项目的实施者，这样的安排可以为受援国提供一定数量的就业机会，以便让受援国更易于接受日本在援助项目中提出的附加条件。这四大工商业主体成为日本政府开发援助的实际执行者，为日本攫取绝对的战略收益创造了更多的机会（见图 2）。

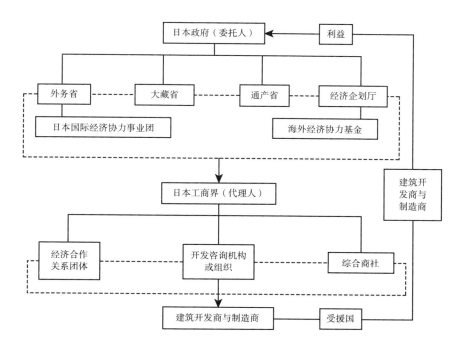

**图 2　日本政府开发援助的委托－代理模式**

东南亚地区一直是日本非常重视的援助对象，也是其运用委托－代理模式最多的地区。大部分东南亚国家不仅拥有丰富的资源，还占据重要的地理位置，与这些国家保持良好的双边及多边关系，会为日本实现"政治大国梦"增添有力的砝码。所以，一旦与这些国家出现外交裂痕，日本政府会及时采取修复方案。前述1974年田中角荣首相访问东南亚期间遭遇了印尼和泰国民众反抗日本政府开发援助的大规模游行示威活动，这对日本政府造成了强烈的刺激，也使日本政府极为困惑：为何在给予东南亚国家如此多援助的情况下，日本却遭到了反抗和抵制？如何修复与东南亚国家之间的外交关系成为日本政府在这一时期亟待思考的问题。这一年恰好是日本与印尼政府签约援助阿萨汉制铝工程的关键时期。无疑这一工程的实施给两国外交关系带来了转折点。

日本将阿萨汉制铝工程视为修复日本与印尼双边关系的重点突破口。阿萨汉制铝工程由日本政府整体负责、12家日本民间企业参与其中，由海外经济协力基金（OECF）参与出资援助，1976年成立了两国合资的印尼当地法人——印尼阿萨汉制铝股份有限公司，同年 9 月开工。该工程由印尼出资 25%，剩余的 75% 由日本民间企业和海外经济协力基金各出资一半（见图 3）。该图可以反映出，日本通过政府出资和私营企业融资将政府开发援助与对外直接投资有效地联系在一起，尤其是前期采购也都由日本的商社完成，表明该工程从准备阶段起的直接受益人就是日本私营企业。根据合同规定，该工程投产后的前 10 年日方拥有 90% 的股份，印尼方面只拥有 10% 的股份，此后逐年上升至 25%，30 年后制铝厂完全归印尼所有。① 从表面上看，阿萨汉制铝工程给印尼带来了发展工业的机会和先进的制铝技术，也为当地提供了诸多就业机会，但事实是该工程的最大受益者是日本。该工程投产以后，日本国内使用的铝锭半数以上是由阿萨汉制铝工程提供的。② 该工程使印尼成为日本极为重要的合作伙伴，更重要的是，在政治方面，两国外交关系得到了有效改善，良好的双边关系为日本更为顺畅地从印尼获取铝资源和其他资源的进口渠道提供了稳定的合作空间。

## （三）发展的曲折性

事实上，政府开发援助的效果很少用成败来衡量。首先，开发援助采取的方式多为建造经济性质的工程，所以经济效益很难在项目完成初期或者短期内看到。其次，很多项目是为了改善民生才实施的，需要长期的跟踪调查才能记录完整的发展程度，项目完成的初始阶段很难论成败。再次，援助项目的实施涉及援助国与受援国双方，项目成败并无统一标准。如果非要讨论成败，应该更多以受援国一方的实施效果为标准，因为援助项目的初衷是改变第三世界以及不发达地区的经济落后状况。但是，对坚持贯彻经济治国论的日本政府开发援助而言，成败论却是特殊的，因为在项目伊始就具有极强的目的性。

在经济治国论中，援助国对其自身利益回报的要求是非常高的，即投入产出需成正比。如果无法获得对等的政治回报，日本在开发援助中的经济付

---

① 参见 I. Storey, "China's Bilateral Defense Diplomacy in Southeast Asia", *Asian Security*, Vol. 8, No. 3, 2012, pp. 287 – 310; A. Rix, *Japan's Foreign Aid Challenge*, Routledge, 2010.

② 参见ケント・E. カルダー『戦略的資本主義—日本型経済システムの本質—』、谷口智彦訳、日本経済新聞社、1994 年。

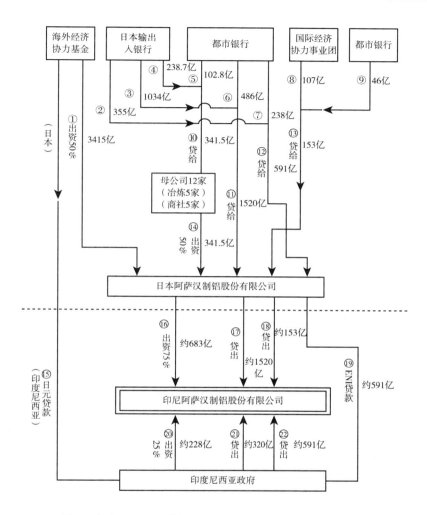

**图3 印度尼西亚阿萨汉制铝工程资金来源**（单位：日元）

资料来源：桜井雅夫『国際開発協力の仕組みと法』、三省堂、1985 年、2 頁。

出等同于浪费。由于存在这种利害关系，日本更加看重开发援助，即认为每一笔援助款都应该换取等值的回报。同时，日本政府开发援助也以追求政治利益为目的，因而其从一开始就承担了极大的失败风险。政治回报带有不确定性，这是必须承认的。与经济目的有所不同，政治目的往往是通过联署协议、共同法案或者双边关系的改善来体现的，一旦无法达成共识就等同于失败。从历史的角度来看，日本在对外援助中追求政治利益经历了曲折的发展历程。

　　亚洲国家是日本历来重视的援助对象，柬埔寨是其中的典型代表。日本将柬埔寨视为外交中的重点拉拢对象，在开发援助方面给予柬埔寨大力支持。仅从日本国际协力机构（JICA）官方提供的贷款项目数据来看，自 1969 年 10 月 6 日第一笔援助柬埔寨的贷款项目到 2017 年 8 月 7 日的最后一笔贷款项目，共计 22 个项目，总耗资 140.078 亿日元，援助类型涉及交通、电力与天然气、灌溉工程等七个方面（见图 4）。日本为这些项目提供了前期调研考察与中期设立等方面的援助，最后的项目执行则由柬埔寨的国内机构负责。之所以如此重视对柬埔寨的援助，很大的原因是日本期待柬埔寨能在日本需要政治支持的时候贡献一份力量。然而，2005 年日本却遭遇了柬埔寨的"政治背叛"。

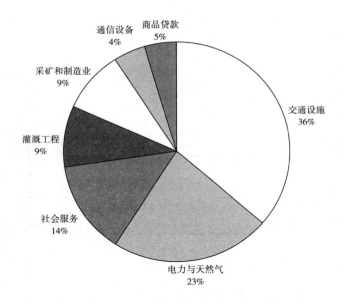

图 4　日本对柬埔寨提供的援助贷款项目

　　柬埔寨长期以来将中国和日本视为亚洲地区对柬埔寨影响最大的国家，与两国都保持着良好的关系，并从中获得了大量的援助。但进入 21 世纪以来，中日之间摩擦不断，中国反对日本成为联合国安理会常任理事国，柬埔寨面临艰难的外交抉择。2005 年，日本外务大臣访问柬埔寨，虽然柬埔寨郑重地口头支持日本成为联合国安理会常任理事国，但最终还是拒绝为这一提案联署。① 日本对于柬埔寨的这一态度表示失望与不满。

1993～2005年，日本累计向柬埔寨提供14亿美元援助。从日方的角度来看，日本不懈的开发援助本应该可以换取柬埔寨在政治上的利益回报，但柬埔寨在衡量政治得失后没有支持日本，日本希望通过政府开发援助来获取政治支持的初衷没有实现。尽管如此，2006年日本又向柬埔寨追加了1.3亿美元的援助，主要用于基础设施建设。② 从这一点来看，日本并没有放弃对柬埔寨的开发援助和通过开发援助获得政治回报的想法，其目的是在未来改变柬埔寨的态度，从而使柬埔寨支持日本的政治大国梦想。

## 四　结论及启示

迄今为止，鲜有学术论文以经济治国论的视角界定日本政府开发援助，日本国内甚至对"战略"一词也讳莫如深。因为日本希望世界用一种平和的目光审视其政府开发援助，更希望让世界关注和认可日本政府开发援助对受援国国内建设和发展做出的贡献。然而，在动荡的国际环境中，日本作为一个资源贫乏、贸易依赖型的经济体，需要更加敏感地将援助与海外贸易和货币政策等结合起来。③ 这就使日本政府开发援助形成了政治与经济合二为一的战略模式，好似一条"生产线"——有组织、有策划、讲实效、重结果。

首先，外交目标明确是指导日本政府开发援助模式做出正确战略调整的根本动因。"日本的路子至少有简单明了的优点：它的开发援助主要流向那些看起来最有可能在将来成为它的顾客的国家。"这是英国《经济学人》杂志在20世纪90年代对日本政府开发援助做出的评价。④ 如今看来，日本对于"顾客"的衡量标准也是根据不同时期的外交目标而确定的。自20世纪80年代稳坐世界第二大经济体的位子以后，日本的政治诉求越发明显。正是有了这样的政治诉求，外交目标与开发援助两者配合默契、相得

---

① 许家康、古小松主编《中国—东盟年鉴2006》，线装书局，2006年，第101页。
② 许家康、古小松主编《中国—东盟年鉴2006》，第101页。
③ 参见 I. Storey, "China's Bilateral Defense Diplomacy in Southeast Asia", *Asian Security*, Vol. 8, No. 3, 2012, pp. 287 – 310; A. Rix, *Japan's Foreign Aid Challenge*, Routledge, 2010。
④ 转引自张光《日本政府开发援助政策研究》，第75页。

益彰。

其次，委托－代理模式的运用是日本政府开发援助取得成功的关键因素。经济治国论讲求政府控制，但是，作为整个国家的运作者，日本政府不可能时刻顾及开发援助工作，这时就需要一个高效的代理人充当先锋官，在援助开发的准备阶段、实施阶段随时掌控一手资料，即使与受援国发生冲突也能及时化解矛盾，从而全面地推动援助进程。日本的工商业尤其是私营企业就是这样的先锋官。委托－代理模式使日本政府开发援助的各个环节紧密相连，为最终获取利益打下坚实的基础。

再次，注重影响效力。在开发援助中，经济治国论的目标是达成援助国对受援国的预期外交目标和国家利益。但是，作为原本不相干的两个国家，受援国凭什么会同意援助国"兑换"外交目标和国家利益？这就需要援助国通过援助的手段对受援国施加影响，以便两国对某些特定环节的意见达成一致。这样的影响力为日本实现政治大国梦提供了可能性。

尽管日本的国情与中国存在较大差异，但日本的政府开发援助模式给中国的对外援助工作或许可提供一些启示。第一，中国政府应当继续完善政府援助机制。尽管 2018 年 4 月 18 日中国成立了国家国际发展合作署统辖对外援助工作，但鉴于"部际协调机制"长期管理对外援助工作这一特点，想要在对外援助工作中彻底达到高效管理、有效落实这一目标还需时日。第二，坚定不移地走政治与经济双赢的路线。中国自 20 世纪 50 年代起开展对外援助工作，虽然取得了令人瞩目的成就，但也走过一些弯路。在当今经济全球化的大背景下，在"一带一路"建设受到举世关注的情况下，对外援助工作更应同时服务于政治与经济的外交目标，在受援国获得中国帮扶的同时，中国也应当为自身争取合理的利益，有效地平衡"援助"与"受援"之间的关系。第三，应当防止与日本形成援助对抗的关系。目前，中国超越日本成为世界第二大经济体，两国在经济领域存在一定的竞争。尤其是自美方挑起中美贸易摩擦后，日本和中国在外交与经济等方面的关系变得更加微妙。除此以外，日本和中国在世界援助体系中也都占据着特殊的位置：日本是经合组织（OECD）发展援助委员会（DAC）中最大的援助国，中国则是非经合组织发展援助委员会中最大的援助国。而且，两国同处东北亚地区。这一特殊情况使日本与中国在援助问题上很容易形成竞争关系，如果处理不当，有可能导致双方的利益冲突。面对竞争，中国需要在立足中国特色援助工作的基础上，借鉴日本政府开发援助的经验，取其精华、去其糟粕，使对外援助这一有效的经济工具服务于中国的经济治国方针。

（审校：叶　琳）

# Japan's Official Development Assistance Model
## —The View of Economic Statecraft
### Guo Hui

**Abstract**: The Japanese government has always maintained an attitude of "giving is the reward" towards official development assistance (ODA). Since 1954, Japan's ODA has served to achieve diplomatic goals—elimination of hostility and anxiety about Japanese militarism by the victimized countries in World War II with aid indemnity. The economic returns of Japan's ODA have also paved the way for Japan's political power. Therefore, the development assistance of the Japanese government should be viewed from the perspective of economic statecraft, which serves the political and diplomatic goals of Japan. In this perspective, Japan's ODA presents three characteristics: the coercion and influence, the principal-agent model, and the tortuous development. Japan's ODA may also have some implications for China's foreign aid work.

**Keywords**: Economic Statecraft; Japan's Official Development Assistance; Foreign Aid

《日本文论》（总第 2 辑）

第 160 ~ 181 页

© SSAP，2019

# 日本保守主义精神的源泉和发展脉络<sup>*</sup>

## —— 自然、历史和语言

［日］ 米原谦/著　　王俊英/译

**内容提要：** 现代日本的保守主义强化了回归战前的态势，围绕着这一点，保守主义阵营内外展开了激烈的论争。但是，这些关于"新保守主义"的论争往往流于表面，论证缺乏历史性的展望。从本居宣长的言说中探寻日本保守主义精神的源泉，并探讨深受宣长思想影响的和辻哲郎和小林秀雄二人的思想轨迹，或可对潜藏在日本保守主义思想深层的思考态度进行剖析。本居宣长将"自然"（自然而然）放在了与"人为"对立的位置上，试图排斥儒教这一外来思想。在日本历史上，对传统的挑战总是来自外部，所以宣长对于外来思想的批判便成了保守主义思维方式的雏形。和辻哲郎在《风土》等著作中从自然环境的角度阐释了日本人的感受性及其文化表征，强调了日本人的优雅、温柔。小林秀雄则怀着与马克思主义对决的强烈意识，在中日战争时期将战争、历史以及日语语言理解为日本国民的命运，对那些主张反省历史、构想未来的人们的态度进行了批判。这些思考态度在现代依然延续着，具有一定的危险性。

**关 键 词：** 保守主义　精神源泉　本居宣长　和辻哲郎　小林秀雄

**作者简介：** 米原谦，日本大阪大学教授。

**译者简介：** 王俊英，中国传媒大学外国语学院副教授。

---

\* 笔者曾在日本政治思想学会 2017 年度大会（2017 年 5 月 27 日，早稻田大学）"政治思想中的'保守'再探讨"上，口头发表了《日本保守主义思想的潜藏脉络——自然、语言、历史》。本稿即在此基础上修改而成。

在 21 世纪的日本，由于学术界、论坛、新闻媒体的讨论和关注，关于保守主义的问题成为一个异常热门的话题。这是因为，冷战结束后，日本国内状况以及国际形势均发生了根本性的改变。

所谓保守主义，是指抵触社会状况的急剧变化，试图维持旧有秩序和价值观的一种精神状态。保守主义精神并非积极地将某种理念作为命题，而是要依据旧有的思想或常识对新出现的价值观加以抵制。

第二次世界大战后，日本的保守主义者将社会主义（马克思主义）和占领军主导的改革视为最大的敌人。但是，二者所占的比重并不相同。而且，为了对抗社会主义，他们又不得不依靠所谓自由主义（抑或是资本主义）的价值，这也就意味着在一定程度上要接受由占领军主导的战后改革（民主化或者说美国化）。因此，战后日本的保守主义或多或少都保持着亲美的姿态。冷战不仅决定了国际形势，也影响到了日本的国内政治，所谓的"1955 年体制"即受其影响的典型表现之一。舆论、学术界亦如此，由于对社会主义抱有亲近感的知识分子（即所谓"进步知识分子"）占了主流，保守派似乎一直都在遭受冷遇。直到 20 世纪 70 年代以后，这种状况才逐渐发生变化，不过戏剧性的转折还是由冷战结束引起的。由于社会主义已不再构成现实的威胁，对战后日本社会价值观的形成做出过贡献的知识分子顿时丧失了话语权。一个对抗力量消失了，保守主义者便将矛头集中到战后改革上。所以说，冷战结束后，日本的保守主义强化了向战前回归的态势，这是符合其思想逻辑的。但是，保守派内部产生了严重的分裂。极为反对社会主义的保守派（在政界被称为"保守本流"）对自由主义的价值观一直以来都抱有亲近感，所以他们觉得那些明目张胆地主张回归战前的声音可以被视为生理上无法忍受的杂音。

冷战的终结掀开了历史的底层并将其暴露在人们的面前，围绕着历史认识的对立也日趋明显。"新历史教科书编纂会"（成立于 1997 年）就是在这样的时代潮流中诞生的。该编纂会的成立，将安倍晋三等在历史认识有关的一系列问题上采取强硬姿态的领导人推到了政治舞台的中央。但是，在慰安妇、靖国神社、东京审判等问题上，安倍的态度不可避免地与外交、安全保障方面的亲美主义产生了矛盾，这也是第一届安倍政府倒台的原因之一。① 第二届安倍政府吸取了前次失败的经验教训，安倍上台后在历史认识问题等方面的言行有所节制，不再进行频繁的挑衅。然而，这种策略的调整又引起了主张回归战前的保守派的强烈不满。因为第一次安倍上台之时，这些保守派曾给予安倍强有力的支持。于是，就出现了一种奇妙的情形，保守派三派相争，彼此都指责对方是"冒牌货"。

当然，本文并非要论述哪一派才是"真的"保守主义。有关保守主义的论争颇多，可谓百家争鸣。笔者希望在此基础之上，探寻近现代日本保守主义精神的起源和发展脉络，揭示其特征。通过这种探讨，或许可以抛开表面的喧嚣，在另一个层面上找寻出问题的所在。笔者将对本居宣长（1730 ~ 1801 年）、和辻哲郎（1889 ~ 1960 年）、小林秀雄（1902 ~ 1983 年）的思想言论做一番考察。一般认为，保守主义思想是以对抗法国革命的进步主义的形式出现的，但也不能完全将近代以前的思想家当作保守主义者。在日本，对旧有的秩序或价值观能够造成系统性影响的思想往往来源于外部。其中最典型的一个例子便是儒教，而对这一思想大系赌上身家性命发起挑战的是本居宣长。宣长的思想里几乎包含了日本近现代保守主义者构想的全部基本要素，诸如皇统万世一系、祖先崇拜、对天皇（或位高者）的无私忠诚、认为日本人本质上是善良的、日本优越于别国的本民族中心主义论、主张"本真""自然"比理论（道理）更珍贵的价值观、主张对已发生的事情要以宿命来接受的历史观以及钟情于古代日本人的素朴纯真和古日语（历史上的假名用法、旧体字）等。在这里，只有集团主义（家族主义）的"传统"没有列举在内，因为所谓的"集团主义"是明治时期为了对抗由西欧输入的个人主义而被"发现"的。

作为本居宣长思想的继承者，和辻哲郎将日本的自然环境与爱情表达联系在一起进行分析论述，至于小林秀雄，不仅十分关注马克思主义，还对战争和历史进行了考察。二人以各自独特的方式接受了本居宣长谱写下的旋律，创作出具有独创性的变奏曲，获得了众多读者的支持。笔者将选取和辻哲郎与小林秀雄在战争期间和战后的作品来进行探讨。这些著作现在依然具有潜在的影响力。

---

① 关于这一点，笔者在《现代日本的民族主义》（《日本学刊》2013 年第 3 期）一文中有所涉及。

# 一　本居宣长

本居宣长"对'自然'的观念有一种偏执和妄想"。① 宣长憧憬和向往没有虚饰与谎言的世界，但也深知现实世界不可能没有虚伪和客套。早期宣长频繁使用的"自然"一词，既包含着如实接受现实世界的意愿，也有对无视现实、只一味奢谈美好理念的人的憎恶。后来，宣长开始使用"物哀"一词来表达他解释世界矛盾性的立足点。宣长试图从古典中寻求曾经存在过的没有虚饰的真实世界，并试图通过对古语的解释再现《古事记》中所描述的原初的日本。接下来将简单地追溯一下宣长的思想轨迹。

宣长在写给京都游学时代友人的信中称，自己喜好和歌是一种"本性"和"癖好"。由此可以看出，宣长国学思想的出发点是对和歌的极端迷恋。在这一时期写成的稿本《排芦小舟》中，宣长解释说，咏歌是一种可以抒发喜怒哀乐等强烈情感、净化心灵的行为。一般认为，人在情绪高涨的时候，选词、调整语调等烦琐的工作往往会破坏人的心情。按照宣长的解释，并非如此。他认为，确定和歌的题目、选择恰当的词语、思考双关语等，为创作一首优秀的作品而煞费苦心，心绪也可以由此变得宁静，收敛起自己的妄念。

那么，如何评定一首和歌的优劣呢？宣长重视"情"和"词"，尤以后者为重。宣长强调和歌与汉诗的不同，他扬言"和歌乃吾神州开辟以来，以自然之声音言辞贯穿了自然天性之情"②。也就是说，和歌是自古以来日语中固有的自然的语言表达。然而，同样是日语，随着时间的流逝也已经发生了巨大的变化，这是不可否认的事实。既然"表达真心乃和歌本意"③，那么，现代人是不是可以用现代的语言来表达现代的心情呢？宣长坚决否定了这种看法。宣长认为，与"质朴乃实情"的上古不同，现代社会"虚饰"太多，若像古代那样如实表达所思所想，创作出来的和歌将难以入目。虽说要想创作出优秀的和歌，就必须模仿古代人，但这样一来，和歌咏唱的也就

① 百川敬仁『内なる宣長』、東京大学出版会、1987 年、236 頁。
② 本居宣長『本居宣長全集』（第 2 卷）、筑摩書房、1993 年、39 頁。
③ 本居宣長『本居宣長全集』（第 2 卷）、8 頁。

不是现代人的"真情"而是"虚伪"了。按照宣长的看法，在充满欺诈的现代社会，和歌世界里的"虚伪"也会多起来，这是"自然之理"。① 这种解释我们只能认为是强词夺理的诡辩，但宣长认为虚伪是后世人的宿命。

《石上私淑言》是宣长对《排芦小舟》的重新整理，其中关于和歌的解释更加精炼。宣长称，和歌是"知物哀"②的产物。"物哀"作为一个关键词在这里出现了。按照宣长的看法，所有的动物都有一种本能，即一旦有感受深切之事，都会试图用声音表达出来。尤其是人类，在喜怒哀乐之情难以抑制的时候，便会"自然而然地"诉诸语言，这便是歌。也就是说，所谓诗歌，是一种表达非语言所不能传达的情感、使听者也能深受感动，由此来消愁解闷的行为。在这一点上，中国的诗原本也具有相同的特性，但是中国人崇尚"盛大热烈之事"，所以这种情调后来便消失了。③ 而日本与中国不同，日本人心胸豁达开朗，故而无论是在神代还是在现代，事物的风情一如既往，没有任何变化。

当人们感受到"物哀"的时候，就把那无尽的愁情寄托在诗歌里，通过诗歌转达给他人。从人生的喜怒哀乐到自然灾害，这人世间的种种不合理之事皆出于"神的意志"，神意是人无法窥知的，所以凡事都要交托给"神的意志"。通过咏歌，使神和人都感受到"物哀"，是日本人自神代以来一直持续下来的传统。要想使神和人都能感受到"物哀"，现代人必须学习古代"优美的"语言和风雅，当然，现代人的诗歌表达会充满欺诈，这是后世的"宿命"。④

如上所述，宣长在《石上私淑言》中借"物哀"这一概念阐述了和歌的产生。此后，在《紫文要领》中，"物哀"被赋予了更为宽泛的意义。《源氏物语》全卷的精髓所在也被宣长阐释为知"物哀"。⑤ 宣长称，与论述善恶是非的外国书籍不同，《源氏物语》（或所有的日本文学）的意义并不在于垂训教诲，而是如实率真地表达人情，以知"物哀"为目的。那么，什么是知"物哀"呢？按照宣长的解释，所谓知"物哀"，就是移情于自己

① 本居宣長『本居宣長全集』（第 2 卷）、44 頁。
② 本居宣長『本居宣長全集』（第 2 卷）、99 頁。
③ 本居宣長『本居宣長全集』（第 2 卷）、149 頁。
④ 本居宣長『本居宣長全集』（第 2 卷）、174 頁。
⑤ 本居宣長『紫文要領』、『本居宣長全集』（第 4 卷）、筑摩書房、1993 年、57 頁。

周边的人或事，感受喜怒哀乐，形成情感共鸣。儒教、佛教认为人的自然情感会滋生出恶，规劝人们要抑制情感，因而陷入伪善之中。中国没有表达恋情的诗歌，往往只不过是做出雄壮的样子给人看，装饰门面而已。如此这般，宣长否定"汉意"，强调人的"真情"。①

另一方面，他也认为，并不是顺应人情就可以随心所欲地行动。毋宁说宣长虽然强调人的真实感情，但又觉得不能不压抑这种感情。亦即，一边是禁止或否定的命题，另一边是"人情的真实"，"物哀"就是在这二者上演激烈矛盾纠葛的过程中产生的。没有感觉到情感的压抑，或者是装出一副压抑情感的样子，这种人的心理犹如"木石"，与那些对人伦道德或死亡没有任何顾忌、反应迟钝的人一样，都是不知"物哀"之人。

"物哀"的观念是《紫文要领》的中心命题，但后来宣长的文章中没有再出现"物哀"一词。不过，"物哀"所表达的心绪始终萦绕在他思维方式的深处。按照宣长的思维模式，不难想象他会以什么样的态度去面对现实社会。我们从《玉胜间》里举一个例子。② 比如，在中国，人们举行葬礼的时候，对于服装以及服丧期限都有详细的规定，但用宣长的话来讲，这些都是装饰门面的"虚伪"。日本古代没有这样的规定，因为人们习惯毫不掩饰地表达内心悲伤的感情。这种对儒教的批判或者说挑衅频繁地出现在宣长的文章中，成了他的痼疾，但真正的问题还在后面。如今不同于往昔，日本也有了关于服丧的规定。那么，人们又该如何应对呢？宣长给出的回答是，规定要严格遵守，不可违反。即宣长主张，遵从形式上的规定是歪曲情感之"真诚"的行为，人们要先明确这一点，然后再去行伪善之事。任何事情，如果执着于以往的做法，就会与社会产生摩擦。世上发生的所有事情，无论善恶都是神的手笔，非人力所能及，所以，勉强拘泥于往日的习惯，是违反"神道"的行为。人们必须懂得古代那种理想的生活状态，但在现实生活中应遵守"国家规定"，顺应"世间风习"。③ 宣长称，要在知虚伪的基础之上顺应权力和时代大势。

宣长的古典研究以《古事记》为中心展开，对古典日语语法做了翔实

---

① 本居宣長『紫文要領』、『本居宣長全集』（第 4 卷）、94 頁。
② 本居宣長『本居宣長全集』（第 1 卷）、筑摩書房、1993 年、126 – 127 頁。
③ 本居宣長『くず花』、『本居宣長全集』（第 8 卷）、筑摩書房、1993 年、177 – 178 頁。

周密的考察，现在依然享有极高的评价。他通过对《古事记》《日本书纪》
《万叶集》的研究，发现了诸多语法上的规则，诸如万叶假名用字的一贯
性、发音上清浊井然有序的区别等，论证了《古事记》最能反映古日语的
真实情况。宣长指出《日本书纪》的旨趣是"拟汉文"，而《古事记》的
主要特点则是"未丢失古语"，他用了 30 多年的时间完成了对《古事记》
的注释。① 宣长对古代日语的研究热情和他所取得的伟大成就，皆源于一种
信念，即他相信语言传递出了那个时代人们的心情。换句话说，宣长认为
《日本书纪》是依据后人的解释、通过汉文来记事的，而《古事记》与《日
本书纪》不同，在记述上有效发挥了古日语的特点，"意""事""言"一
致，所以古代人对所发生事情的理解或心情都如实地被表达了出来，没有丝
毫歪曲，通过对其语言的训读，即可还原古代人（指汉字传入日本以前的
原始日本人）的思想和言行。也就是说，如果不从古典的记述中将长期积
淀下来的中国文化的影响剥离出去，便无法显现出真正的日本。宣长的文章
中充斥着这种近乎偏执的自以为是的批判，或者说这是一种"信念"。

　　那么，宣长到底想通过这样的操作来说明什么问题呢？可以说，他最终
想要强调的就是古代日本的那种理想状态，其核心归结为一点，即古代日本
存在着日本独有的"自然神道"，这个"道"不同于儒教之"道"。② 为了
说明这一点，宣长将"神随"一词作为突破口。按照宣长的解释，原本古
代日语中只有在"山路野路"等的"路"字前面加上了接头词"御"（み）
的"みち"一词，只是出于对抗儒教之"道"的目的才将日本人独有的思
维方式称为"神道"。因此，所谓"神随"即"追随神道"，意思是要像神
代以来人们的所作所为那样，原始真实，不添加丝毫"自作聪明"的虚饰。
要言之，日本古代虽没有"道"的词汇，但实际上存在着优秀的大"道"，
所以才能治而不乱。③

　　基于上述神道观，宣长于 1787 年向纪州藩主德川治贞献上了意见书
《玉匣》和《秘本玉匣》（前者作为别卷，附在《秘本玉匣》的后面）。在
意见书中，宣长阐述道，日本是天照大神的故乡，每一代天皇皆依据神敕对

　　① 本居宣长『古事記伝』、『本居宣长全集』（第 9 卷）、筑摩书房、1993 年、6 頁。
　　② 本居宣长『本居宣长随筆』、『本居宣长全集』（第 13 卷）、筑摩书房、1993 年、599 頁。
　　③ 本居宣长『古事記伝』、『本居宣长全集』（第 9 卷）、50 頁。

日本进行统治，德川家康及每一代的大将军对人民的统治也是受了天照大神的委托。万事皆是神的造化，世上有善也有恶，人们不可能像"角角落落都清扫过"一样只行善事。①

宣长的旨趣在于，并不是说要一味地放任自流而什么都不去做，而是说成败与否只能交给"神的御裁夺"。② 他阐述了古代的理想政治，但又坚决反对复古，认为维持现状更好。因为人的知识有限，有时候以为是行好事，却会招致坏的结果，适得其反。毋宁遵守历来的做法，即便有些弊端，却也不会导致大的失败，即"新事物，大抵不去尝试为妙"③。宣长决不去追求至善至美，毋宁说他希求最好，但又从一开始就对美好事物的实现不抱有任何幻想。

## 二　和辻哲郎

本居宣长使用的"自然"一词是"自然而然"的意思，而意指人类周边客观环境的"自然"一词是在明治 30 年代④以后才作为"nature"的译词在日语中固定下来的。⑤ 不过，也有人指出，将"自然"理解为"自然而然"，这种思维方式原本就存在于日本人的思想深处。⑥ 或者也可以认为译词"自然"是以"自然而然"的"自然"为基础才得以成立的。和辻哲郎便是基于这样的一种思路，将风景、气候与国民性格联系在一起，由此将自然与历史完美地结合起来，描绘出日本的"传统"。

---

① 本居宣長『本居宣長全集』（第 8 卷）、319 頁。
② 本居宣長『本居宣長全集』（第 8 卷）、320 頁。
③ 本居宣長『本居宣長全集』（第 8 卷）、354 頁。
④ 明治 30 年代指的是明治 30 ～ 39 年间，即 1897 ～ 1906 年。——译者注
⑤ 有关"自然"是如何作为"nature"的译词为人们所接受的，参见柳父章『翻訳の思想—「自然」とnature—』、平凡社、1977 年。至于"自然而然"的"自然"与意为"nature"的"自然"之间的关联，参见相良亨「『自然』という言葉をめぐる考え方について」、「『おのずから』形而上学」、「『おのずから』としての自然」、『相良亨著作集』（第 6 卷）、ペリカン社、1995 年；相良亨『日本人の心』、東京大学出版会、1984 年、第 8 章；相良亨『日本の思想』、ペリカン社、1989 年。
⑥ 关于这一点，除了前面注释中所列文献之外，还可参见竹内整一『「おのずから」と「みずから」—日本思想の基層—』、春秋社、2010 年；相良亨等編『講座　日本思想』（第 1卷）、東京大学出版会、1983 年；丸山真男「歴史意識の『古層』」、『丸山真男集』（第 10卷）、岩波書店、1996 年；柄谷行人『言葉と悲劇』、講談社、1993 年。

　　和辻于 1918 年与友人一道前往奈良旅行，并于 1919 年出版了《古寺巡礼》，记录了当时旅行中的感悟。① 在旅行接近尾声的时候，他们去了法隆寺和中宫寺。和辻认为中宫寺的菩萨半跏像是"爱的化身"，称赞其"独特无与伦比"。他写道："如果说其甜美的、牧歌式的、充满了哀愁的心绪反映了那个时代日本人的心情，那么这尊菩萨像同时也体现了日本的特质。从古代《古事记》中的和歌到现代的殉情文学，以物哀和恬淡的爱情为核心的日本人的艺术，这里已经有了最杰出最鲜明的代表。"②

　　《古寺巡礼》的文体总体来说比较煽情，而关于这尊半跏像的描写更是情感泛滥。在这本书最后有关中宫寺佛像的描写中，不足十页的篇幅却到处可见"眼泪""哀愁""慈爱""慈悲""温顺"等语句。这些都是用来说明不同于西域、朝鲜（但与希腊人相似）的日本人与日本文化特征的关键词。和辻认为孕育出日本文化这些特征的"母胎"便是日本"温和的自然"。他总结道："陶醉于自然的甜美心绪贯穿于日本文化始终，是日本文化的显著特征，其根本与那尊观音一样，终归都来源于我国土之自然本身"③，即文化特征归根结底还是由自然环境决定的。

　　实际上早在《古寺巡礼》之前，和辻就已经表达过他的上述想法。和辻在 1916 年至 1917 年写了很多随笔（收录在《偶像再兴》中）。这些随笔内容有些夸张，稍显稚拙，但正如"转向"以及"放荡儿子的归来"等标题所示，和辻对自己过去对权威、价值的反叛精神的浅薄感到羞耻，表明了自己重新回归日本传统文化的某种心意。1917 年初春，和辻前往奈良，7 月发表了随笔《古代人的特质》（收录于《面孔与人格》）。这篇随笔读起来

---

① 《古寺巡礼》（岩波书店出版发行）除了 1919 年的初版之外，还有 1924 年与 1946 年发行的修订版。1924 年的修订版只是对初版作品的"四五处进行了稍微改动"，但 1946 年版在语言表达方式上有相当多的变动。关于各版的异同，苅部直在《和辻哲郎眼中的"古代"——以〈古寺巡礼〉为中心》一文中做了具有启发性的考察，参见「和辻哲郎の『古代』—『古寺巡礼』を中心に—」、『秩序の夢　政治思想論集』、筑摩書房、2013 年。笔者参考的是 1928 年刊发的第 15 版，可以在日本国会图书馆的电子图书馆里看到。（仅就引用部分而言，笔者参考的版本与战后版本的差异微乎其微）。另外，和辻在战后版的"改版序言"中写道，《古寺巡礼》是他 1917 年的旅行印象记，也许是因为这个缘故，几种有关和辻哲郎的研究里也有相同的记述。但事实上，和辻确实在 1917 年春到过奈良，但《古寺巡礼》的旅行却是在 1918 年，这一点从和辻写给他妻子的书简中可以得到证实。

② 和辻哲郎『古寺巡礼』、『和辻哲郎全集』（第 2 卷）、189 頁。

③ 和辻哲郎『古寺巡礼』、『和辻哲郎全集』（第 2 卷）、191 頁。

感觉像是在努力推翻"古代日本人在文化上明显不及埃及、希伯来、希腊、印度"的评价。其根据就是日本的自然环境。和辻辩驳道:"生活在被沙漠包围着的热带的自然人大抵都有过色彩强烈的想象以及欲望如热沙般燃烧的体验,同样,居住在气候温和的大和地方的自然人,他们的生活充满了优雅恬淡的情趣。"① "我们不能因为他们柔顺矮小而轻蔑他们,而应透过他们柔顺的外表所表现出来的思维深度和意志的坚韧程度,学会如何给他们的存在赋予价值"②,不必因为文化上的劣势而感到自卑。日本民族在自身所处的"自然"环境中创造了与自然相适应的文化。

年轻的和辻在《古寺巡礼》之后又出版了堪称其代表作的《日本古代文化》(1920年)。③ 在该书的开头,和辻论述称,要想"观察日本民族的禀性",须先"考察我们岛国值得亲近热爱的'自然'的影响"。④ 和辻强调的是日本温和的气候,以及日本人素食型的饮食生活。因为有"肥沃的土壤和充足的湿度",岛国农作物种类多、生长茂盛;因为不需要竞争,古代日本人过着和平的生活;素食型的生活不仅决定了他们的体质,也决定了他们的"心理素质",造就了古代日本人"欲望淡泊、只在刹那间爆发激烈感情的仁慈的灵魂"。而古代中国以及周边民族由于统治者的"强烈征服欲和酒池肉林的过度享乐",其民族性格也具有征服的、享乐的特征。这是古代中国或周边民族与古代日本的明显区别。⑤ 大和民族是和平的、情感细腻的民族,这一点也体现在出云的让国传说中。和辻认为,《古事记》《日本书纪》中出现的有关雄略天皇、武烈天皇残暴的记述,可能是那个时代受到重用的归化人撰写的。

如上所述,和辻在《日本古代文化》的开头部分强调了由于自然环境的影响,古代日本人及其文化与大陆存在差异,但在正文的叙述里几乎没有

---

① 和辻哲郎『和辻哲郎全集』(第17卷)、岩波书店、1963年、335頁。

② 和辻哲郎『和辻哲郎全集』(第17卷)、337頁。

③ 《日本古代文化》每次改版都有大幅度的修改(不是从根本上改变论点的修改)。该著共有四版,即初版(1920年)、修改版(1925年)、昭和14年改稿版(1939年)、新版(1951年)。本文的论述依据的是初版。引用部分除了初版之外,收录在全集里的新版相应部分也一并标记了卷数和页码。

④ 和辻哲郎『日本古代文化』、岩波书店、1920年、12頁;和辻哲郎『和辻哲郎全集』(第3卷)、岩波书店、1963年、23頁。

⑤ 和辻哲郎『日本古代文化』、13-14頁;和辻哲郎『和辻哲郎全集』(第3卷)、24頁。

论及环境对文化所起的决定性作用。比如，在谈到《古事记》《日本书纪》中以恋爱为主题的歌谣占压倒性多数的时候，和辻认为古代人更喜欢讴歌"人类生的喜悦"，而不怎么表达对自然的神秘及超自然现象的畏惧。① 和辻将这些歌谣与中国的恋爱诗歌做了对比，指出古代日本人的恋爱是"人格健全的"，"在恋爱中感受到了人生的意义"；② 而在家族制度完善的中国，"恋爱受到制度的束缚"③。其结果是，在日本恋爱被视为"生命的最佳状态"，而在中国恋爱只不过是"淫乐"。④ 在没有制度束缚的日本，恋爱是"自然而然"的行为；而在文化发达的中国，"制度的压迫窒息了恋爱的自然"。⑤ 即日本是自然本真的，中国是"人为虚饰"的。

笔者认为，将已经确立了婚姻制度的中国与未开化的日本拿来做比较，由此来谈民族性的差异显然是不妥的。不过这种对照让人联想到本居宣长。和辻将古代人对恋爱、自然的感情表述为"可爱的平静的心情"，称他们是"孩童般"的"自然儿"（或者说是自然人）。⑥ 他解释说，日本的神话"神化"了这些"自然儿"，民间故事所体现出来的道德基准是"对古代人的原始自然无条件的肯定"。⑦ 这些评价与宣长的名言"与生俱来的真心"才是"道"在根本上是相通的。⑧

如上所述，和辻很早就注意到了自然环境对文化的影响作用，同时他又主张古代人那种"自然"，换言之"原始"的生存状态是最好的。这显然是受到了宣长的影响。在《风土》中，和辻对他的这些想法展开了更为系统的论述。1927 年到 1928 年，和辻留学德国。刚到德国不久，他便阅读了刚刚出版的海德格尔的《存在与时间》，对该书只关注时间性而没有考察空间性的契机感到不满。和辻对于自然环境在人类生存中所具有的重要性原本就抱有关心，此次前往欧洲途中所经过的亚洲各地区、阿拉伯半岛的风景更是给他留下了深刻印象。以前和辻只注意到了自然环境对文化的决定性作用，

---

① 和辻哲郎『日本古代文化』、353 頁；和辻哲郎『和辻哲郎全集』（第 3 卷）、242 頁。
② 和辻哲郎『日本古代文化』、354 頁；和辻哲郎『和辻哲郎全集』（第 3 卷）、243 頁。
③ 和辻哲郎『日本古代文化』、362 頁；和辻哲郎『和辻哲郎全集』（第 3 卷）、248 頁。
④ 和辻哲郎『日本古代文化』、367 頁；和辻哲郎『和辻哲郎全集』（第 3 卷）、251 頁。
⑤ 和辻哲郎『日本古代文化』、368 頁；和辻哲郎『和辻哲郎全集』（第 3 卷）、252 頁。
⑥ 和辻哲郎『日本古代文化』、376 頁；和辻哲郎『和辻哲郎全集』（第 3 卷）、257 頁。
⑦ 和辻哲郎『日本古代文化』、431 頁；和辻哲郎『和辻哲郎全集』（第 3 卷）、280 頁。
⑧ 本居宣長『玉勝間』、『本居宣長全集』（第 1 卷）、47 頁。

受到海德格尔思想的启发，他开始关注人类生存与自然之间的相互作用，从"风土"开始重新审视"自然"。

在《风土》的开头部分，和辻以"寒冷"为例对"风土"做了一番说明。下面按照笔者的理解重新表述一下。寒冷的感觉是由于皮肤接触到一定温度的空气后由感觉器官引起的反应。不过，这只是生理学上的解释。皮肤僵硬的感觉、不由自主地缩脖子、听到周边人喊"冷"便急急忙忙关上窗户打开取暖设备，或者是母亲为自己添衣加帽等，在这些经验累积的基础上，当我们接触到户外一定温度的空气时，便会理解寒冷。这里包含了三方面的意思：第一，寒冷不单是指户外空气的寒冷，也是主体在自身积累起来的经验的基础上产生的一种心理现象；第二，寒冷并非瞬间性的反应，其中也包含着过去的记忆等历史性的契机；第三，寒冷不是个人的感觉，而是具有一定规模的集团共有的感觉。就这样，作为"风土"被重新定义的自然环境便成了一定地域内的人们所共有的、可历史传承的东西，其不是从外部规定文化的性质，而是历史积淀在该地域文化内部的内在要素。① "在文化方面，历史与风土是一块盾牌的两面。"②

众所周知，和辻将全世界的风土划分为季风型、沙漠型、牧场型三类。印度是典型的季风型气候的国家，中国与日本是季风型气候的"特殊形态"。接下来仅就日本展开一些探讨。按照和辻的观点，季风型气候的典型特征是"湿气"，而湿气的侵袭是人类无法抵御的，所以人们断绝了"与自然对抗"的念头。③ 湿润一方面会带来"自然的恩惠"，另一方面也会带来

---

① 和辻虽然主张不是环境决定文化，但在叙述上频繁出现的一些语言表述只能理解为环境决定论。奥古斯坦·贝鲁克也回忆说，初次读这本书的时候，感觉通篇讲的就是环境决定论，没有引起自己的兴趣。参见オギュスタン・ベルク「和辻と環境決定論」、『和辻哲郎全集』月报8、岩波书店、1963年。另外，贝鲁克受到和辻的刺激，撰写了《风土的日本》，参见オギュスタン・ベルク『風土の日本』、篠田勝英訳、筑摩書房、1992年。在该书中，贝鲁克特意用"milieu"一词来表达"风土"，将"风土"定义为"既是自然的也是文化的、既是集团的也是个别的、既是主观的也是客观的、既是物理的又是现象的、既是物质的又是观念的、既是'空间构成的'又是'场所的'"。即自然与文化、集团与个别等的二元对立就是风土（贝鲁克将其表述为"通态的"）。在和辻的"风土"概念中，其问题意识的出发点也有这些意思，但正如本文揭示的那样，最终和辻还是像预先协调好的一样，对自然与文化进行了阐述，将自然等同于风土，由此使自己文化上的意识形态有了正当的依据。参见和辻哲郎『日本古代文化』、210页。

② 和辻哲郎『和辻哲郎全集』（第8卷）、岩波书店、1963年、119页。

③ 和辻哲郎『和辻哲郎全集』（第8卷）、25页。

大雨等 "自然的淫威"，使人类变得 "被动" "忍从"。也就是说，人类在享受自然恩惠的同时，也会养成 "天灾只能忍受" 的顺从自然的态度。日本除了这些特点之外，还具有 "台风般的性格"。台风是 "季节性的" "突发性的"，尤其是南北狭长的日本列岛，由于同时具有热带和寒带的气候特点，其季风型的被动、顺从的性格也会带有双重性。最后和辻对日本人的生存方式做了如下说明："流露出来的丰富情感在变化中悄然持续，而持续性的变化在每个瞬间又具有突发性。这种富于变化的情感在对抗自然的时候表现出放弃和顺从，在突发性的激昂的背后藏着果断放弃的平静。"① 就这样，和辻将 "日本的国民性格" 概括为 "平静的激情，战斗的恬淡"。

研究过和辻初期著作的人，应该对 "平静的激情" 一词感到熟悉而又亲切。"平静" 是和辻谈到古代日本人性格特质的时候经常使用的口头禅。但 "战斗的恬淡" 如果离开 1931 年和辻写作的时代背景，恐怕是无法理解的。从某种层面上看，记纪神话②属于战斗故事，但之前和辻关注的并不是战斗，而是恋爱。在《古代日本文化》中，他强调了日本人的 "温和性格"，称他们 "没有强烈的征服欲望"③，并且指出古代日本人热爱 "平静祥和的、牧歌式的风光"，而不去慨叹大雨、洪水等狂暴的自然现象，评价其自然观是 "与祥和的自然的拥抱"。④ 本居宣长在《石上私淑言》中评价人的本性皆如 "妇女儿童"，和辻也常常对古代日本人做女性化的描写。"战斗的恬淡" 一语给人的印象是，到了 20 世纪 30 年代，和辻弹奏的旋律与之前不同了。

与《风土》同一时期，和辻还撰写了《作为人学的伦理学》，在其延长线上又开始了《伦理学》的写作，该著也被认为是和辻的代表作。不过，笔者关注的是从《尊皇思想及其传统》（1943 年）到《日本伦理思想史》（1952 年）的一系列著作。⑤ 和辻撰写这些著作的目的，是想从历史

---

① 和辻哲郎『和辻哲郎全集』（第 8 卷）、138 頁。

② 记纪神话指的是日本古代典籍《古事记》和《日本书纪》当中收集的神话故事，汇集了日本民族有关起源的群体理解，对后世日本的民族、文化、社会、艺术等产生了深远的影响。

③ 和辻哲郎『日本古代文化』、46 頁。

④ 和辻哲郎『和辻哲郎全集』（第 3 卷）、256 – 257 頁。

⑤ 《日本伦理思想史》是在《尊皇思想及其传统》的基础上增添新内容修改而成的。有关二者的呼应关系，参见木村纯二在岩波文库版《日本伦理思想史》（四）的卷末制作的对照表。另外，下面将要讨论的《尊皇思想及其传统》中的叙述，在《日本伦理思想史》中被原封不动地保留着。

的维度来论证"尊皇思想乃我国民生活根深蒂固的基调，在任何时代都没有消失过"。① 在这些著作中，和辻认为记纪神话是皇室祖先"依据神圣的权威完成国家统一的故事"②，这是对断定"神代史是为了说明皇室的由来而编纂的故事，并不属于'国民传说'或'国民叙事诗之类'"③的津田左右吉的批判。也就是说，和辻是将记纪神话理解为对皇室权威在日本国民中间确立过程的描述，其核心就在于记纪神话集中体现了日本人祭祀习惯的改变。按照记纪神话的记载，最初日本各地的部落只祭祀自己的氏族神，后来演变为以皇室祖先神为中心的祭祀。将和辻的主张归纳起来看，他认为在"祭祀的统一"上有两点极为关键。第一，这种统一不是对皇室祖先神以外的氏族诸神的排斥，而是以说明诸神与皇室祖先神血缘关系的形式完成的。也就是说，通过"祭祀的统一"确立起来的国家形态被自觉地认为是"血缘关系的统一"。④ 第二，各个地域的祭祀都被统合到皇室祖先神的祭祀中，由此而形成的"民族整体性的自觉"通过"皇室祖先神及其传统的神圣权威"体现出来。⑤

无须赘言，从第一个观点出发，必然会引出家族国家论。但是和辻的解释并不似正统意识形态"国体的本义"那般幼稚。⑥ 和辻解释说，重要的是人们将神话中所说的有血缘关系的诸神看成自己的先祖，相信他们彼此之间存在血缘关系，至于事实与否不是问题。"祭祀的统一"是一个极其巧妙的概念和道具。第二个观点直截了当地论证了天皇乃日本"国民全体"的代表。因此，和辻成为具有代表性的战后象征天皇制的拥护者。和辻批判佐佐木惣一的"国体变更"论（1946 年），称"天皇是日本国民统一的象征，这是贯穿于日本历史的事实。天皇体现了原始集团生存延续的整体性，同时也体现了政治上分裂成无数小国的日本国民'一体性的统一'"。⑦

---

① 和辻哲郎「尊皇思想とその伝統」、『和辻哲郎全集』（第 14 卷）、岩波書店、1963 年、3 頁。
② 和辻哲郎『和辻哲郎全集』（第 14 卷）、19 頁。
③ 津田左右吉「神代史の新しい研究」、『津田左右吉全集』（別巻第一）、岩波書店、1989 年、144 頁。
④ 和辻哲郎『和辻哲郎全集』（第 14 卷）、40 頁。
⑤ 和辻哲郎『和辻哲郎全集』（第 14 卷）、42 頁。
⑥ 《国体的本义》称"我等臣民乃侍奉过皇祖皇宗的臣民的子孙"，"我国乃君民一体之一大家族国家，奉皇室为宗家，敬仰天皇，以天皇为亘古不变之中心"，参见和辻哲郎『国体の本義』、文部省、1937 年、37－38 頁。和辻是《国体的本义》的编纂委员。
⑦ 和辻哲郎「国民統合の象徴」、『和辻哲郎全集』（第 14 卷）、364 頁。

如此，神代史就成了讲述人们天皇信仰形成过程的故事，这意味着对体现了日本国民整体性的天皇 "神圣权威的归依" ①。神话里的英雄们表现出 "为了完成任务舍弃生命的勇气"，即所谓 "战斗的恬淡"，这种精神为后代的武士所承继，开了 "武士道" 的端绪。② 过去在《风土》中言及 "战斗的恬淡" "激烈" "战斗性" 等词语，暗示的不过是恋爱情感等的炽烈，但在这里已经与灭私奉公、武士道精神联系在一起。

对于《尊皇思想及其传统》，我们需要关注的另一个重要地方是，和辻在言及记纪神话中的诸神之时，导入了 "祭祀神" 与 "被祭祀神" 的概念。伊邪那岐命与伊邪那美命生产国土失败，向国之常立神询问缘由，国之常立神通过占卜回答了二神。和辻从这个故事中注意到，国之常立神并非最高神。他总结道，占卜祭祀的是 "深不可测的神秘本身"，这种神秘虽 "让诸神显化为神"，但其自身并非神那样的存在，换句话说是 "神圣的 '无'"。③

在《尊皇思想及其传统》中，和辻将这种终极意志并 "不确定" 的神观念的特征表述为 "对所有世界宗教的自由开放和包容" ④，但在海军大学举行 "日本人的为臣之道"（1944 年）的演讲中，和辻却做了如下解释："绝对者依然是无限定的，但人们观念中的绝对者形态就是天照大神和皇位继承。如此，除了归依天皇以外，便不可能再有对绝对者的归依，这就是尊皇的立场。在使绝对者成为国家的具体体现这一点上，该立场比所谓的世界宗教要具体得多，而在不将绝对者视作特定的神这一点上，又比所谓的世界宗教高出了一个层次。"⑤

和辻原本试图从自然环境出发阐明日本文化的独特性，最后却转向论证国家的绝对性、对天皇的臣服和日本文化的优越性。

## 三　小林秀雄

"我是作为一个对政治一无所知的国民应对事变的，我保持了沉默。对

---

① 和辻哲郎『和辻哲郎全集』（第 14 卷）、54 页。
② 和辻哲郎『和辻哲郎全集』（第 14 卷）、55 页。
③ 和辻哲郎『和辻哲郎全集』（第 14 卷）、38 页。
④ 和辻哲郎『和辻哲郎全集』（第 14 卷）、38 页。
⑤ 和辻哲郎『和辻哲郎全集』（第 14 卷）、308 页。

此，我如今依然没有任何后悔……因为无知，所以我也不会反省。那些聪明的家伙多反省一下不好吗？"① 这是小林在题为"喜剧轨道 与小林秀雄在一起"的座谈会上的发言，登载在 1946 年第 2 期《近代文学》（受马克思主义影响的同人杂志）上。出席此次座谈会的共有 6 人，小林的发言是针对其中本多秋五的提问做出的回答。

本多的问题意识是历史的必然性与人类自由的关系。小林在《文学与自我》（1940 年）一文中批判了那种自己虽置身于历史的潮流中，却将历史视为客体，宛如置身在历史潮流之外，给历史中发生的事件定罪的态度。本多的提问针对的就是小林的这番叙述，指出小林关于自由观念的考察并不充分。本多正欲阐明自己的理由，小林却打断了本多的话，用郑重其事的口吻反驳说自由与必然的问题不是理论问题而是实践问题。马克思主义者认为应该对历史潮流做出积极贡献，由此而辩证地解决必然与自由的对立，小林意识到了这一点，所以意图将其作为简单的纯"理论"予以否定。针对小林的回答，本多又进一步追问，是否认为日本侵华战争是历史的"必然"，小林的回答便是前面引述的那段台词。

本多以这种形式提问是有自己的道理的。他将历史的必然与人类的自由联系起来，在战争期间写了《〈战争与和平〉论》（1947 年发行）。托尔斯泰的《战争与和平》不用说是站在俄国人的立场上来描写 1812 年至 1813 年拿破仑的军队进攻俄国及其遭遇失败的历史，但在结局部分（第 4 卷第 3 编）出现了"棍棒胡乱打论"的议论。故事中的两个人物按照剑道法则开始了决斗，一方受伤，意识到自己生命不保，于是不顾体面，随手拿起一根棍棒打向对手。按照剑道法则决斗的是法国人，而不顾体面挥舞棍棒的是俄国人。下面是本多引用的托尔斯泰的议论："国民战争的棍棒以惊人的伟大力量被挥舞了起来，它不会在意任何人的兴趣和法则，虽愚直，却能很好地达成目的，胡乱挥舞着，胡乱打着，终于将法国人打倒，直至侵略者全部覆灭。"本多从中读出了"通过不合理的生命的跳跃一举解决所有矛盾的自我生存的哲学"②。也就是说，超越人类个人的意志而展开的历史是必然的，同样，个人（或者是民族）"想要活下去的意志"作为支配人类的力量也是

---

① 小林秀雄『小林秀雄全作品』（第 15 卷）、新潮社、2005 年、34 - 35 頁。
② 本多秋五『増補 「戦争と平和」論』、冬樹社、1970 年、369 頁。

必然的。不知道本多的觉悟究竟有多高，如果将引文中的俄国换成中国，将法国换成日本，其含义不言自明。

很可能本多与小林是从不同的方向想到了同一个问题。创造历史的是人，但作为个体的人只不过是创造历史的齿轮，个人非但不能阻止历史的潮流，反而只能顺应潮流，这是一个严峻的事实。人是否有办法摆脱这种软弱无力，这是被卷入历史剧变当中的人们都会碰到的一个难题。本多站在马克思主义历史观的立场上，用了"想要活下去的意志"来说明历史的必然性这一观点所无法涵盖的自我存在。按照马克思主义的公式，本多觉得人类对自由的渴望是无法解决的，尽管这是历史的必然，但他试图通过也可以说是生存本能的"生命的跳跃"，来达成对人类自由领域的救济。所以，本多反驳小林太过顺随"必然"。但小林的立场没有动摇，他回应说，"必然性不是图式。无论愿意与否，它都会降临在我身上。我总是接受这种必然性"①。两人在认识上的距离一如当初，没有丝毫缩小。

1939年，当日本侵华战争陷入泥淖的时候，欧洲也爆发了战争，人们便开始把"神风"一词挂在嘴边。这种风潮引来了不少批判。针对这些批判言论，小林撰写了短文《关于神风一词》，对于那些在所有的事态都与当初的意图背向而行的时候，依然相信"意识形态的残渣碎屑"的人进行了激烈的批判。"对所有不确定的事情都去怀疑吧。人们可以看得到你鄙视人的精神这种赤裸裸的心态，还可以看到像性欲一样无法怀疑的你的自私，亦即所谓的爱国心吧。"② 对于自由的渴望，本多称其为"想要活下去的意志"，小林则表述为"自私"。二人虽然有相似的地方，但方向是相反的。一方欲与历史潮流相抗争，在改变历史方向的意志方面寻求救济，而另一方则选择了顺从"命运"的安排。

这次座谈会还有后话。本多在《近代文学》第3号、第4号上分别刊载了《小林秀雄论》《小林秀雄论补充》，对此次交流很不充分的论争做了概括总结。③ 本多指出，在小林那里，自我的必然与历史的必然融合在一起，也就是说自我的内在要求最终与状况的必然合流了。即小林虽然在主观

---

① 小林秀雄『小林秀雄全作品』（第15卷）、35頁。
② 小林秀雄『小林秀雄全作品』（第12卷）、新潮社、2005年、224頁。
③ 后来，本多在此基础上进行了内容补充，刊发了《小林秀雄论》（被《增补　转向文学论》再次收录）。参见本多秋五『増補　転向文学論』、未来社、1964年。

上对于时势有一种抵触感，但又完全接受现实，通过与现实融为一体去感受"自由"。

小林非常自觉地将文学创作与政治严格区别开来。比如，当有人问到作为一个文学家，对战争有无心理准备时，他会说，这种问题毫无意义，必要时我会随时"为了祖国去扛枪"，但不是以文学家而是以一名士兵的身份。[①] 这里边包含了对将政治价值观带到文学评价里的马克思主义者的批判。小林的确忠实于自己的文学理念，从来不会因为是"非常时期"，就去发表谄媚时势的文章。无论右还是左，对于来自意识形态的言论，他一贯持批评的态度。小林认为，将文学的价值和领域与政治严格区别开来，由此出发去批判"政治"才是真正的批评。但是，置身在远离政治的地方去谈论政治，其言论是不是就不具有政治意义呢？比如，在听到日本偷袭珍珠港成功的新闻报道后，他写道："我们都感到吃惊。简直就像白痴、孩童那样大吃一惊。就像是名人的绝技在毫无准备的情况下突然展现在我们的眼前。伟大的专家与可怜的门外汉！这就是我当时的印象。"[②]

小林以"坦率简洁"的语言讲述了听闻消息时的"感动"。然而，在"辉煌的战果"之后必然会有困难来临，只要是稍微有些政治嗅觉的人，大概都会产生担忧。但是这些担忧在小林这里却被预先封堵了，因为他对历史有一种顽固的观念。小林称，生在日本是自己的命运，全体国民在面对重大考验时，对事态要"坦率地承认，认清事态之后毫不迟疑地接受考验，这才是正确的做法"。小林认为，从过去的历史中学习是好的，但不能从未来反观现在，去指摘过去的"历史局限性"，"我们不能忘却那个时代的人们是如何走过艰难坚持活下去的，对他们要永远心怀敬意"。[③]

小林认为，人无法站在历史潮流之外去客观地审视历史。将历史看成朝着一定的目的发展的过程，站在超越性的立场上去谈论过去的局限性，从而将现在相对化，只不过是不对现实做负责任的观察、只顾自命不凡地讴歌自由而已。按照小林的思考，人总是被封闭在自己生活的那个时代。所谓懂得历史，是指接近历史赋予那个时代的思想和文化。抢在时间的前面，或者是

① 小林秀雄「文学と私」、『小林秀雄全作品』（第 13 卷）、新潮社、2005 年、140 頁。
② 小林秀雄「三つの放送」、『小林秀雄全作品』（第 14 卷）、新潮社、2005 年、130 頁。
③ 小林秀雄「戦争について」、『小林秀雄全作品』（第 10 卷）、新潮社、2005 年、16－17 頁。

用现在的知识去分割过去的时间，都是傲慢的行为。

断言历史就是命运的小林是如何度过"黑暗时代"的呢？1941 年以后小林撰写的具有代表性的随笔《当麻》《无常这种事》《平家物语》《西行》《实朝》等，说明他在这一时期潜心于传统文化研究，但背后流露出浓厚的悲观主义色彩。唯一的例外是《历史之魂》（1942 年 7 月），该书间接地提到了当时的时势。在书中，小林写道，"历史是第二个自然"，他一边呼吁"我们应该回归传统，回归自然。那里自然会开出一条新的创造的通途"，一边又在慨叹人们不得不为那些空洞的口号上蹿下跳的现状。[①]

历史是"第二个自然"，是历史归于传统这一信念的另外一种表述。小林坚信，不应该怀疑在过去漫长的历史中孕育起来的文化以及在其中生活、死去的人们（亦即民族）的"眼睛、耳朵"。[②] 也就是说，思想、文化是"经年累月积蓄起来的精神能力"[③]，人类总是在这种历史的积淀中呼吸，将过去的遗产作为生存的食粮。所以，比起嘲笑"神风"一词是迷信的"白痴般的理性"，发明这个词的"庶民百姓的朴素智慧"更具有"牢固的根基"。[④] 与其强词夺理，还不如贴近庶民的真实感觉，接受历史累积下来的常识。

如上所述，宣长强调《古事记》中"意""事""言"的一致，认为这是人们语言表达应该有的形态。和辻也将语言视为"从一个民族的体验中客观地提炼出来的结晶"（《作为人学的伦理学》）[⑤]，认为语言中有民族历史的结晶。小林也有相同的说法和历史观。在其晚年的大作《本居宣长》中，小林最终没有陷入宣长对《古事记》的解释中，只是反复言及日语的"语言传统"。"语言本身具有一种冲动，即语言内在的神力，能够自发地应对所处的环境。遇事验己，经受锻炼，形成自我。"[⑥] 小林的这种腔调听起来就像是在说语言就是超越个人意志、行为的主体。小林觉得宣长也一定是感受到了"万叶人"用"言灵"一词所传递出来的语言的作用。古代人

①　小林秀雄『小林秀雄全作品』（第 14 卷）、162 頁。

②　小林秀雄「私小説論」、『小林秀雄全作品』（第 6 卷）、新潮社、2005 年、187 頁。

③　小林秀雄「事変と文学」、『小林秀雄全作品』（第 12 卷）、新潮社、2005 年、186 頁。

④　小林秀雄「イデオロギイの問題」、『小林秀雄全作品』（第 12 卷）、280 頁。

⑤　和辻哲郎『和辻哲郎全集』（第 9 卷）、岩波書店、1963 年、37 頁。

⑥　小林秀雄『小林秀雄全作品』（第 27 卷）、新潮社、2005 年、300 頁。

"真实率直地感受到了"自然的"性质状况", "为表达的困难而费尽心思", 小林觉得这是无可比拟的值得尊敬的事情。① 他想说的是, 在文字出现之前, 古代人的语言表达与身体的举止动作一样, 完全出于自然本能, 由于存在着"国语"这一巨大的、几乎是无意识的共同感觉的基础, 社会生活才得以成立。

宣长在古代人可以说是本能的语言表达行为之中真实地感受到了古代人的"心性", 试图由此阐明日本人过去的历史和应该有的面貌。对于宣长的思想轨迹, 小林表达了发自内心的共鸣。语言中包含着人们在生活中长期积累下来的经验、思维, 在此基础上, 人们生存, 感受喜怒哀乐, 考虑问题, 判断是非。所以, 人无法从给予自己生命的传统、历史中摆脱出来。所谓活出自己, 是指意识到自己背负的传统并接受它。"正确的做法是, 虚心地顺应历史的潮流, 在历史中正视自己。"②

# 结　语

以上, 笔者将自然、历史、语言作为关键词, 介绍了本居宣长、和辻哲郎、小林秀雄三位思想家的言论。其中, 本居宣长可谓近代以后日本保守主义思想的源泉, 而和辻哲郎和小林秀雄则各自上演了自己独特的曲目。他们对宣长通过古典研究再现出来的古代日本的面貌都深为感动, 一方面以"自然"为主要杠杆对历史及文化传统展开考察, 另一方面又通过对"历史""语言"的探讨, 挖掘出一条保守主义精神的脉络。笔者想指出的是, 在他们创造出来的保守主义精神里, 有两个问题是他们没有充分意识到的。其一是从"古代"一词所代表的"原始""自然性"的梦幻中派生出来的问题, 另一个则是内在于他们的历史观之中的问题。

关于第一个问题, 宣长认为世间的事情皆是神的所为, 是难以凭借人力办到的。灾难、不幸也是祸津日神的"狂暴"带来的, 人们只能敬畏其恼怒, "一心一意地祭祀神"③。这种自然性或者说彻底的被动性基于宣长对于

---

① 小林秀雄『小林秀雄全作品』(第28卷)、新潮社、2005年、189頁。
② 小林秀雄「文学と私」、『小林秀雄全作品』(第13卷)、154頁。
③ 本居宣長『古事記伝』、『本居宣長全集』(第9卷)、61頁。

善的乐观主义态度，他相信善恶相争最终获胜的是善。但是，这种充满乐观主义精神的、求得"安心"的方法并不是对所有人都行得通。如果对社会的不满郁积，人们都产生了危机意识，事态发展到民粹主义横行的程度，那么宣长提倡的"自然而然"的"神道"梦想大概是最能抓住人心的吧。当危机变得更加深刻的时候，蓄积已久的失意和沮丧便会挣脱宣长"复古乃'自作聪明'"的阻拦，朝着旧时代的梦想喷涌而去。在近代日本的历史上，类似的事态至少出现过两次。第一次是从幕末到明治初期，第二次是 20 世纪 30 年代。当然，导致社会秩序混乱的能量必须靠武力和意识形态去抑制。前一次通过"国体论"的意识形态装置得到了压制，后一次则是通过统制派构筑的总体战体制得到了遏制。

　　第二个问题关系到历史意识。历史是由错综复杂的许多要素相互关联编织而成的。从这些数不清的要素中摘取几个出来，推测如果排除掉这几个因素，历史的结果会不会有很大的不同，由此来确定因果关系。对历史的叙述，即便是无意识的，也都会进行这样的观念操作。在无法对历史进行复原的现实世界里，这是一道不可避免的手续。而在观念性的历史复原过程中，与曾经生活在该历史时期的人们有关的个别经验和事件，往往会作为对因果关系没有重要影响的因子被舍弃掉。结果，这种复原没有把历史上真实存在过的人们的实际生活状态表现出来，或者是凭借理论性的历史裁断就将具体的历史内容舍弃掉，因而屡屡遭到批判。

　　小林秀雄在探讨历史的时候，总是重复这种批判。但是，否定对历史事件因果关系的推定，比起理论更重视个别经验的具体性，这种手法很容易将错综复杂的历史要素的相互关联随意切断，将历史时间的流逝切割成碎片。说得极端一点，这里就成了飞矢不动，或者是"阿基里斯永远追赶不上乌龟"。其结果是，在历史的时间长河中只记住了侵略战争的事件，这些侵略战争被每个特定瞬间的行为所肢解，最终成为每一个"自卫"行为片段的连续。接近亲历者的真实感受不是坏事情，但是这些操作反而与当事者的意图相反，导致了对历史的疏离，最后的结果极有可能是为那些不负责任的信口胡说提供根据。

　　以上这些担忧如果只是杞人忧天，那便是幸事。但是现实中所有人都知道，网络上受自称是保守主义者的言说的鼓舞、妄论历史的言论正在泛滥。网络的使用者必定会使用检索功能筛选信息，所以往往会在无意识中只去接触自己喜欢的信息。其结果就是从储备着庞大信息的黑匣子中单方面地抽出没有确切证据的信息来获得自我满足。现代社会充满了这样的陷阱，我们必须要当心。

（审校：中　鹄）

# The Spiritual Origin and Development of Japanese Conservatism
## —*Nature, History and Language*
### *Yonehara Ken*

**Abstract**: There has been a growing trend for modern Japanese conservatism to be back to the situation before the WWII, which arises fierce debates inside and outside the conservative group. However, those debates over neoconservatism tend to be superficial, lacking in a historical prospect. It may contribute to understand the spiritual origin of Japanese conservatism by investigating the writings of Motoori Norinaga and thoughts of Watsui Tetsuro and Kobayashi Hideo, who were deeply influenced by Motoori. Motoori tried to reject the foreign thought of Confucianism by putting "nature" in the opposite position with "man-made". His criticism of foreign thoughts has become the origin of Japanese conservative thinking. Watsui, in his writings, explains the Japanese sensibility and its cultural representation from the perspective of natural environment, and emphasizes the elegance and tenderness of Japanese people. Kobayashi Hideo, with a strong sense of confrontation with Marxism, interpreted war, history and Japanese as the fate of the Japanese people during the Sino-Japanese War and criticized the attitudes of those who advocated reflecting on the history of the past and imagining the future. Those ways of thinking continue in modern times and are dangerous to a certain extent.

**Keywords**: Conservatism; Spiritual Origin; Motoori Norinaga; Watsui Tetsuro; Kobayashi Hideo

# 《日本文论》征稿启事

为了促进日本研究学科发展，2019 年日本学刊杂志社创办学术集刊《日本文论》。《日本文论》将以半年刊的形式，由社会科学文献出版社出版发行，期待广大海内外学界同人惠赐高水平研究成果。

一、《日本文论》将以专题形式刊发重大理论研究成果；注重刊发具有世界和区域视角、跨学科和综合性的比较研究，论证深入而富于启示意义的成果；注重刊发应用社会科学基础理论的学理性文章，特别是以问题研究为导向的创新性研究成果。

二、本刊实行双向匿名审稿制度。在向本刊提供的稿件正文中，请隐去作者姓名及其他有关作者的信息（包括"拙著"等字样）。可另页提供作者的情况，包括姓名、职称、工作单位、通信地址、邮政编码、电话、电子邮箱等。

三、本刊只接受电子投稿，投稿邮箱：rbyjjk@ 126. com。

四、论文每篇不低于 1 万字。请附 200～300 字的中文及英文摘要和 3～5 个关键词。稿件务请遵守学术规范，遵守国家有关著作、文字、标点符号和数字使用的法律及相关规定，以及《日本学刊》现行体例的要求（详见日本学刊网 http：//www. rbxk. org）。

五、切勿一稿多投。作者自发出稿件之日起 3 个月内未接到采用通知，可自行处理。

六、本刊不收版面费。来稿一经刊出即付稿酬（包括中国学术期刊电子版和日本学刊网及其他主流媒体转载、翻译部分）和样刊（1 册）。作者未收到时，请及时垂询，以便核实补寄。

**图书在版编目（CIP）数据**

日本文论. 2019 年. 第 2 辑：总第 2 辑 / 杨伯江主编
. －－北京：社会科学文献出版社，2019.10
ISBN 978 － 7 － 5201 － 5667 － 7

Ⅰ. ①日…　Ⅱ. ①杨…　Ⅲ. ①日本 － 研究 － 文集
Ⅳ. ①K313.07 － 53

中国版本图书馆 CIP 数据核字（2019）第 213967 号

**日本文论**　2019 年第 2 辑（总第 2 辑）

主　　　编 / 杨伯江

出 版 人 / 谢寿光
责任编辑 / 郭红婷

出　　　版 / 社会科学文献出版社·当代世界出版分社（010）59367004
　　　　　　　地址：北京市北三环中路甲 29 号院华龙大厦　邮编：100029
　　　　　　　网址：www. ssap. com. cn
发　　　行 / 市场营销中心（010）59367081　59367083
印　　　装 / 三河市尚艺印装有限公司

规　　　格 / 开　本：787mm × 1092mm　1/16
　　　　　　　印　张：11.75　字　数：197 千字
版　　　次 / 2019 年 10 月第 1 版　2019 年 10 月第 1 次印刷
书　　　号 / ISBN 978 － 7 － 5201 － 5667 － 7
定　　　价 / 68.00 元

本书如有印装质量问题，请与读者服务中心（010 － 59367028）联系